高职高专**新媒体运营管理**系列教材

新媒体营销基础

刘洋 施洪玲 范红召 / 主编

刘杰平 王玥 刘玲 李璐 / 副主编

清华大学出版社

北 京

内 容 简 介

本书以项目任务为导向,让学生完成任务的同时学习和掌握新媒体营销理论知识与工作策略。本书以项目任务书、任务指导书、项目所需的基础知识、自我练习为载体,并配套多样化的教学素材,帮助学生建立新媒体营销知识结构,提高新媒体营销综合能力和工作素养。本书主要内容包括认识新媒体及新媒体营销、认识新媒体营销模式和价值、了解新媒体营销战略、熟悉新媒体营销用户定位与分析、了解不同类型的新媒体营销、熟悉新媒体运营的内容、熟悉新媒体营销与目标管理、熟悉新媒体营销与人力资源管理、熟悉新媒体营销与数据管理、认识新媒体舆情危机与管理、新媒体营销案例分析。本书提供课件、动画、视频等电子化教学资源。

本书由主持和参与新媒体营销横向课题并具有多年一体化课程教学经验的教师和具有实战经验的企业一线专家共同编写。本书可作为高等职业院校电子商务、市场营销及相关专业的教学用书,也可供电子商务、市场营销新媒体类从业人员参考使用。

图书在版编目(CIP)数据

新媒体营销基础/刘洋,施洪玲,范红召主编.—北京:清华大学出版社,2021.8
高职高专新媒体运营管理系列教材
ISBN 978-7-302-57952-6

Ⅰ. ①新… Ⅱ. ①刘… ②施… ③范… Ⅲ. ①网络营销-高等职业教育-教材 Ⅳ. ①F713.365.2

中国版本图书馆 CIP 数据核字(2021)第 064125 号

责任编辑:左卫霞
封面设计:傅瑞学
责任校对:袁 芳
责任印制:沈 露

出版发行:清华大学出版社
　　网　　址:http://www.tup.com.cn,http://www.wqbook.com
　　地　　址:北京清华大学学研大厦 A 座　　　　　邮　　编:100084
　　社 总 机:010-62770175　　　　　　　　　　　邮　　购:010-62786544
　　投稿与读者服务:010-62776969,c-service@tup.tsinghua.edu.cn
　　质量反馈:010-62772015,zhiliang@tup.tsinghua.edu.cn
　　课件下载:http://www.tup.com.cn,010-83470410
印 刷 者:北京富博印刷有限公司
装 订 者:北京市密云县京文制本装订厂
经　　销:全国新华书店
开　　本:185mm×260mm　　　印　　张:14.75　　　字　　数:358 千字
版　　次:2021 年 8 月第 1 版　　　　　　　　　　印　　次:2021 年 8 月第 1 次印刷
定　　价:48.00 元

产品编号:086157-01

丛书序

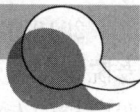

随着科学技术的不断发展,互联网与信息技术的应用渗透到各行各业,它深刻改变了人们的生活习惯,如人际沟通、消费、娱乐等,使社会文化环境发生了巨大的变化,影响着整个社会的变迁。

新媒体在我国的出现正是源于这样的背景,并且在持续、迅速地发生变化,对企业营销活动产生明显的冲击。微博、微信、短视频平台、小程序、其他各类平台等新信息产品拓宽了新媒体渠道,革新了新媒体传播生态;网红经济和共享经济推动了新媒体产业发展;大数据、云计算、人工智能技术引领技术创新;VR技术发掘出更多线上和线下交融的应用场景。移动化、交互化、体验化、定制化、线上线下一体化、全终端大融合的技术正在让新媒体的创意与内容瞬息万变,受众与技术驱动的"一个内容、多种创意、多次开发;一个产品、多种形态、多次传播"的新媒体不断释放出更多的红利和能量,更新、改写了营销的生态系统,同时也对企业营销提出了更高的要求,机遇与挑战并存。

除了科技的因素,其他因素也对营销环境产生或大或小的影响。例如,2020年新冠肺炎疫情严重期间,人们线下交流客观上变得十分困难,这使直播带货迅速发展,而疫情防控可能会较长时期地存在也使这一趋势得到了加强。2020年7月6日,人力资源社会保障部联合市场监管总局、国家统计局向社会发布了9个新职业,其中就包括"互联网营销师"职业。

新媒体营销人才能够帮助企业利用新媒体的优势,如多渠道、精准触达、长尾效应、实时化、双向化等来实现企业的营销目标。面对迅速变化的营销环境,企业急需引进或培训新媒体营销人才。因此,培养社会需要的新媒体营销人才成为职业院校相关专业的迫切任务。

在这样的大环境下,许多高职院校进行了有益的尝试,开设了相关的专业或专业方向,根据企业需求开发人才培养方案和课程。例如,北京信息职业技术学院自2014年开始在市场营销专业中开设了新媒体运营管理方向,北京工业职业技术学院自2015年开始在市场营销专业中开设了新媒体营销方向。没有开设这类专业方向的相关专业多数也开设了其中的一些课程,如新媒体营销、微信微博运营、短视频运营、直播营销等。由于该行业紧跟技术的应用,相关技术也在不断地更新、迭代,培训机构及自媒体个人或公司也正在或已经进入这个培训市场。最近三四年,市面上相关的教材、书籍开始由少变多。

作为多年从事该领域教学的教师,从高等职业教育教学实践的角度来看,市面上能直接用于高职新媒体营销类课程教学的优秀教材较少。目前的教材或者是由学者编写的偏重于理论方面的教材,或者是由企业、培训机构有实操经验的人员编写的偏重于实操方面的图书。第一种教材理论性强但实战性不足,内容更新也较慢。第二种图书实战经验强,但结构性较差,往往不成体系,内容相对片面,侧重如何去做,但对于为什么要这样做或者说理论性阐述较少,有些仅局限在某几个点或某几条线上,不利于高职学生的后续发展。这两类图书均存在不足。基于以上调研,开发一套适用的新媒体营销课程优质教材是本套丛书产生的一个最直接原因。

2019年5月,在清华大学出版社和北京信息职业技术学院的共同推动下,"全国高职高专院校市场营销专业新媒体营销培训及教学研讨会"在北京顺利举办。来自全国30多所高职院校的专业教师和企业专家齐聚一堂,共同研讨,决定开发一套适用于高职层次教学的新媒体运营管理系列教材,由已开设过相关课程的有经验的教师和企业专家联合创作、编写。

本套丛书在编写体例上融入"工作过程一体化"思想,采用项目式教材思路,以项目任务为引领,将相关的知识点融入其中,学生通过项目任务实践获得经验,掌握相关的知识,实现在"做中学"。同时,进行课程的信息化资源建设,以利于线上线下混合式学习。本套丛书的大致体例为"项目任务书→任务指导书→项目任务评分标准及评分表→基本知识→自我练习",这样的体例设计极大地方便学生学习及教师指导,也方便业内人员自学。

编写团队基于前期对企业相关岗位的调研及课程开发论证,初步确定了以下十本教材作为本系列教材第一批:《新媒体营销基础》《新媒体运营工具》《互联网营销思维训练》《新媒体文案创作》《微信与微博运营》《社群运营》《新媒体营销实务》《新媒体营销策划》《短视频运营》《直播运营》。随着信息技术在行业中应用的变化或其他环境因素导致的变化,我们会及时推出满足教学需要的新教材。

我们希望,这套既有理论性又有实战性、既方便学生学又方便教师教的新媒体运营管理系列教材能够有力地促进职业教育教学质量的提高,为社会培养出更多的企业急需的新媒体营销人才。

高职高专新媒体运营管理系列教材

编写委员会

前　言

　　《新媒体营销基础》是电子商务、市场营销等相关专业以及新商业、新营销及新媒体等相关课程的教材。本书结合 40 多项企业数字化营销案例的横向课题成果，根据企业新媒体营销岗位任务和工作内容的要求搜集素材和研发内容，包括 3 个项目、11 个任务，帮助学生由浅入深地理解新媒体营销的知识框架，并逐步掌握新媒体营销的策略和流程。

　　本书的体例是项目任务书→任务指导书→基础知识→自我练习。项目任务书帮助学生提纲挈领地掌握本任务的要求和要点；任务指导书帮助学生明确任务完成过程中的每个环节和操作；基础知识部分涉及任务完成所需的理论知识和背景信息，帮助学生理解每步任务所关联的业务，可以在布置任务前学习，也可以在任务执行后温习；自我练习部分是对学生学习和实施任务工作的检验。这样的体例设计，旨在以任务为导向，紧紧围绕岗位工作需要，遵循职业教育教学规律，明确学习重点，充分调动学生的主观能动性。

　　依据校企合作的产教融合项目及企业新媒体营销系统横向课题，本书安排了 3 个项目、11 个任务，涉及新媒体营销的理论知识、实战策略、实操方法及案例分析，每一个任务关联新媒体营销的不同要点，分为若干环节来完成。高职院校教师可以直接使用，也可以结合课程标准及教学计划，选择性安排项目任务教学，还可以结合实际需要，针对性地选取项目任务安排技能培训。本书结合书中涉及的基础知识，配套制作了电子化教学资源，包括教学课件、教学视频、教学动画等，可供教师教学时使用。

　　本书由刘洋、施洪玲、范红召担任主编，刘杰平、王玥、刘玲、李璐担任副主编。项目设计及内容编写还得到了山东晶荣食品有限公司、济南爱理食品有限公司、山东瑞烨法兰有限公司领导及新媒体营销部门负责人的大力支持，在此深表感谢。本书可作为职业院校开展新媒体营销相关课程的教材，也可作为新媒体从业者岗前培训的教材。

　　由于本书涉及的内容领域发展迅速，加上编者水平有限，书中难免存在不足之处，恳请广大读者批评、指正。

编　者

2021 年 2 月

目 录

CONTENTS

项目一

认知新媒体营销

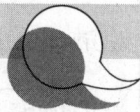

任务一　认识新媒体及新媒体营销

随着信息技术和网络技术的迅猛发展,新媒体技术已经渗透到社会生产生活的各个方面。新媒体的发展不仅对传统媒体形成了极大挑战,而且深刻改变着人们的思维和生活方式。对于企业来说,新媒体技术开启了企业发展新的增长点,因此企业必须把新媒体营销上升到战略的认识高度。

学习完本任务,学生能够了解新媒体的含义、特点和类型,了解新媒体营销的特点,了解新媒体的发展历程和新媒体营销的发展趋势,熟悉新媒体营销专员和营销主管的岗位职责和职业技能要求,了解新媒体营销人员系统提升的路径,并由此制定个人职业发展规划。

项目任务书

课内学时	2	课外学时	持续1周,累计不少于2学时
学习目标	1. 了解新媒体的含义、特点和类型 2. 了解新媒体营销的特点 3. 了解新媒体的发展历程和新媒体营销的发展趋势 4. 熟悉新媒体营销专员和营销主管的岗位职责和职业技能要求 5. 了解新媒体营销人员系统提升的路径 6. 能制定新媒体营销人员的个人职业发展规划		
项目任务描述	1. 学生组建小组团队,阅读可口可乐营销案例 2. 归纳传统媒体和新媒体的区别 3. 根据案例和资料归纳出新媒体营销的特点、含义和类型 4. 查找资料,梳理新媒体的发展历程,探讨其未来发展趋势 5. 查阅各大招聘网站,搜集新媒体营销的岗位职责、技能要求和素养要求 6. 制定自己从事新媒体营销的职业发展规划		
学习方法	1. 教师讲授、学生搜集例证讨论 2. 组建团队,小组分工,共同完成项目任务		

续表

所涉及的专业知识	涉及传播学、广告学、市场营销、网络营销等学科知识,包括传统媒介、新媒体、新媒体营销、新媒体营销岗位要求等知识
本任务与其他任务的关系	本任务是新媒体营销的入门认知,是其他任务的先行知识,必须先学
学习材料与工具	学习材料:任务指导书后所附的基础知识 学习工具:项目任务书、任务指导书、计算机或手机、笔
学习组织方式	所有步骤以小组为单位组织

任务指导书

完成任务的基本路径如下。

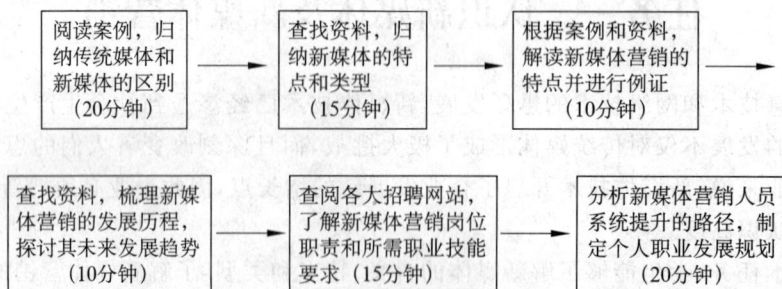

阅读案例,归纳传统媒体和新媒体的区别(20分钟) → 查找资料,归纳新媒体的特点和类型(15分钟) → 根据案例和资料,解读新媒体营销的特点并进行例证(10分钟) →

查找资料,梳理新媒体营销的发展历程,探讨其未来发展趋势(10分钟) → 查阅各大招聘网站,了解新媒体营销岗位职责和所需职业技能要求(15分钟) → 分析新媒体营销人员系统提升的路径,制定个人职业发展规划(20分钟)

第一步:学生组建小组团队,阅读可口可乐的营销案例,归纳新媒体与传统媒体的区别,并归纳新媒体的含义。

学生阅读课程导入案例中的可口可乐新媒体营销案例,找出传统媒体的四大媒介、新媒体的媒介,了解新媒体与传统媒体的区别,归纳新媒体的含义,并填写表 1-1。

表 1-1 了解新媒体

传统媒体		新　媒　体			
媒介 1		媒介 1		媒介 5	
媒介 2		媒介 2		媒介 6	
媒介 3		媒介 3		媒介 7	
媒介 4		媒介 4		媒介 8	
新媒体的含义:					

第二步:查找资料、归纳新媒体的特点和类型。

教师布置任务,各小组学生讨论学习、生活中常见的新媒体媒介,并通过查找资料、讨论,归纳新媒体的特点和类型,课堂讨论后由教师进行补充修正,学生根据自己常用的新媒体媒介找出相应的实例,通过相互印证加强理解,填写表1-2。

表 1-2 新媒体的特点和类型

项 目	具体内容	现实实例
新媒体的特点	特点1	
	特点2	
	特点3	
	特点4	
	特点5	
新媒体的类型	类型1	
	类型2	
	类型3	
	类型4	

第三步:根据案例,解读新媒体营销及其特点。

学生查找可口可乐传统营销及其他新媒体营销的案例,小组讨论,通过传统营销与新媒体营销的对比,归纳新媒体营销的特点,了解新媒体营销的应用领域和运行模式,教师引导总结,课后学生查找更多现实例证并进行补充修正,填写表1-3。

表 1-3 新媒体营销的特点及例证

项 目	具体内容	现实实例
成本	经济成本	
	技术成本	
	时间成本	
应用	博客	
	网络视频	
	网络社区	
	IPTV	
	移动电视	
	手机	
模式	微博营销	
	SNS营销	
	LBS位置营销	
	网站营销	
	搜索营销	
	视频营销	

第四步:查找资料,梳理新媒体的发展历程,探讨新媒体营销的未来发展趋势。

学生通过互联网等渠道查阅资料,了解新媒体的发展历程,分析判断新媒体营销的发展趋势,各小组发言,教师引导进行综合归纳,学生课后补充修正,填写表1-4。

表 1-4　新媒体的发展历程和新媒体营销的发展趋势

新媒体的发展历程		新媒体营销的发展趋势
精英媒体阶段		
大众媒体阶段		
个人媒体阶段		

第五步：查阅各大招聘网站，整理新媒体营销岗位职责和所需职业技能要求。

学生通过查阅智联招聘、BOSS 直聘、前程无忧、拉勾网等招聘网站以及新媒体企业网站，整理新媒体营销专员和新媒体营销主管的招聘条件和要求，归纳新媒体营销岗位职责和职业技能要求，填写表 1-5（条目可增删）。

表 1-5　新媒体营销岗位职责和职业技能要求

新媒体营销专员	岗位职责	1. 2. 3. 4.
	职业技能要求	1. 2. 3. 4.
新媒体营销主管	岗位职责	1. 2. 3. 4.
	职业技能要求	1. 2. 3. 4.

第六步：分析新媒体营销人员系统提升的路径，制定个人职业发展规划。

学生根据以上的岗位职责和职业技能要求表，分析系统提升路径，并在课后对自己从事新媒体营销岗位制定一份职业发展规划，填写完成表 1-6。

表 1-6　新媒体营销人员系统提升的路径和个人职业发展规划

新媒体营销人员系统提升的路径	
个人职业发展规划	

任务阅读案例

可口可乐新媒体营销

1. 2013 快乐昵称瓶

2012 年，可口可乐在澳大利亚推出了名为 Share A Coke 的宣传活动。2013 年夏季，可口可乐在中国推出了"昵称瓶"活动，将众多网络昵称印在瓶身（图 1-1）。以社交网络为主平台，开启个性化的昵称瓶定制，实现当季可口可乐独享装的销量比 2012 年同期增长 20%，超出 10% 的预期销量增长目标，并在中国艾菲奖颁奖中摘得全场大奖。

图 1-1　昵称瓶

执行：分为三步走。

第一步：预热，借助媒体明星、草根大号等关键意见领袖进行内容的传播。

5 月 28 日开启悬念预热营销，让合作的媒体、意见领袖、员工及忠实粉丝放出一系列悬念图片，5 月 29 日进行全网揭秘。可口可乐陆续给一部分有影响力的明星、草根大号赠送了印有他们名字的昵称瓶，林俊杰、黄晓明等纷纷在微信、微博等社交网络上晒出自己独一无二的可口可乐定制昵称瓶。

第二步：活动上市，围绕代言人持续炒热话题。

6 月 9 日全面展开快乐昵称瓶夏季活动。深圳五月天"爽动红 PA"演唱会现场，利用手机应用软件"啪啪"同步录音发布，并通过微博、微信预告线下活动行程。活动现场摆放定制昵称瓶的机器，现场打印昵称瓶标签，消费者可以印上自己的名字、昵称等，实现了线上线下的整合，从线上导流到线下，粉丝线下拿到瓶子后再到线上晒照片，形成一个 O2O 闭环。

第三步："异业结合＋社会化电子商务"，通过衣、食、住、行等方面的跨界合作，带动在线销量，实现全包围。

与新浪微钱包合作：在活动的 7 天内，每天接受一定数量的定制瓶，邮费 20 元。第一天

300瓶,一个小时被订光;第二天500瓶,用了半个小时;第三天900瓶,只用了5分钟;第四天300瓶,1分钟被抢光。后来的几天都是几秒就被抢光。

与快书包合作:24瓶凑齐一起卖,满足那些有收藏爱好的人。

与1号店建立合作:购买一定数量的可口可乐就可以在1号店免费定制属于自己或朋友的昵称瓶。

2. 2014歌词瓶

2014年夏季,可口可乐又推出歌词瓶,将流行歌曲歌词印在瓶身和易拉罐上。这一举措使中国业务增长达到了9%,并在2014年6月1个月内,在2013年同期双位数增长的基础上,为可口可乐带来10%的增幅。

执行:与昵称瓶打法类似。

一是针对意见领袖进行定制化产品投放,利用明星效应和KOL在社交网络的活跃度和影响力,制造信息高点。如潘石屹晒出送给任志强的定制版"由我们主宰"的可口可乐瓶。

二是通过社交媒体引发活跃粉丝的跟进,进而利用社交媒体的扩散作用影响更多普通消费者。在微博平台,转发微博加上"#可口可乐歌词瓶#"标签并@一下小伙伴就有机会获得一个专属定制瓶。

突破如下。

内容上更加深入,歌词瓶的歌词来源都是经过社交媒体的大数据分析、消费者聆听等多重筛选后确定的,考虑到了不同人群年龄、性别、性格及喜好。

添加二维码,让应用场景更加广泛,有利于社会化分享。用户只需要扫描瓶身上的二维码就可以听到歌曲,还可以点击进入相应的活动页面,看到每首音乐对应的表情符号,更可通过一键分享将歌曲分享到朋友圈。

重点玩转粉丝经济,借助歌手背后强大的粉丝力量。可口可乐开展有奖活动,例如让粉丝说出自己最喜欢的歌手的一句歌词等,从而为最后的爆发做预热。

时间节点的把握,传播节奏的有效控制:例如,在高考日,关于梦想的歌,"超越自己才是成功""最初的梦想绝对会到达"表达了对考生最好的鼓励;在毕业季,"时间都去哪儿了"才想起"一生一起走"的朋友;世界杯期间,2014年巴西世界杯中文主题曲《由我们主宰》。

9月15日,可口可乐官微发布"人生是一首歌"系列内容,再次回到以歌传情的初衷,宣告歌词瓶活动结束。

3. 2015台词瓶

继昵称瓶、歌词瓶之后,2015年可口可乐推出共计10亿瓶"台词瓶","下辈子还做兄弟""臣妾做不到啊"等耳熟能详的台词出现在瓶身上,共计49款。同时消费者还可以个性定制独一无二的专属台词瓶,在"咱们结婚吧""如果爱,请深爱"等经典台词的前面加上恋人或朋友的名字,如图1-2所示。此举实现social impression(社会印象)达到万亿级别,成功将互动成果转变为商业价值,促成了销量的提升。

执行如下。

(1)运用社交媒体多平台传播,打响台词瓶营销战役。5月27日,围绕同一主题——"让

图 1-2　台词瓶

夏天更有戏",推出一系列使用不同艺术表达形式重新演绎的影视剧经典海报,开启本次台词瓶营销战役。@顾爷 @石榴婆报告 @作势 @毒蛇电影当红自媒体集体发声,以不同形式宣布台词瓶来了,官方微博发起的话题#可口可乐台词瓶#,攀升至当日最热话题第二名。

(2) 创新传播形式:创意微动图技术的应用。创意微动图是动态摄影和静态图片的结合,将静止的图片和视频结合在一起,向受众展示了静止时空的魔法,体会"刹那芳华"的视觉效果。通过趣味互动及有奖机制的设置,引发消费者自发大量地转发评论及回复。

(3) 抓取热点事件迅速延展,发挥创意,从情感入手,吸引粉丝自主讨论和传播。例如,高考期间,官方微信推出图文消息并配以原创手绘图为高考考生加油助威;周杰伦升级当爸爸,官方微博及时推出文案及配图给予祝福。

(4) 节日期间推出 H5,通过创意的互动和内容,有效地传播"台词瓶"。端午节,官方微信推出了"小可电影院"端午粽子大片 H5 互动游戏,选取了 3 部经典电影或电视剧,将里面的经典场景变换为与粽子相关的互动小游戏,例如《疯狂水果粽》通关后出现《疯狂原始人》的经典台词——骑着太阳去明天,掀起了互动狂潮。

(5) 与主流网络视频平台优酷合作,打造跨界互动平台,从线下无缝连接线上。线上,优酷土豆利用强大的平台运营资源、UGC(用户原创内容)资源、影业资源及自制资源等,打造"让分享更有戏"互动平台,可口可乐则借助第一大视频网络的传播力,加强与观众的互动,进一步扩大影响。例如,在"全民来入戏"板块,用户可以通过下载"开拍"App,上传含"让分享更有戏"活动前缀的特效视频参与活动。

截至 7 月 27 日,总 PV(页面浏览量)超过 2000 万,UV(独立访客)超过 1300 万;数百万人通过网站专题直接参与投票及点赞,互动量近 700 万;近 600 个开拍作品分享至优酷参与活动。

(资料来源:根据百度文库资料整理)

基础知识

一、认识新媒体和新媒体营销的含义和特点

（一）新媒体

1. 新媒体的含义

"新媒体"一词是英文 new media 的直接翻译，一般认为，"新媒体"作为传播媒介的一个专有术语，最早是由美国哥伦比亚广播电视网（CBS）技术研究所所长戈尔德马克（P. Goldmark）在 1967 年提出的。

新媒体是相对于传统媒体而言的，是继报纸、广播、电视等传统媒体之后发展起来的新的媒体形态，是利用数字技术、网络技术、移动技术，通过互联网、无线通信网、卫星等渠道及计算机、手机、数字电视机等移动终端，向用户提供信息和娱乐服务的传播形态和媒体形态。

严格来说，新媒体应该称为数字化媒体。清华大学的熊澄宇教授认为："首先，新媒体是一个不断变化的概念。在今天的网络基础上又有延伸，无线移动的问题，还有出现其他新的媒体形态，跟计算机相关的，这都可以说是新媒体。"

广义的新媒体包括两大类：一是基于技术进步的媒体形态的变革，尤其是基于无线通信技术和网络技术出现的媒体形态，如数字电视、IPTV（网络电视）、手机终端等；二是随着人们生活方式的转变，以前已经存在，现在才被应用于信息传播的载体，例如楼宇电视、车载电视等。狭义的新媒体仅指第一类，即基于技术进步而产生的媒体形态。

实际上，新媒体可以被视为新技术的产物，数字化、多媒体、网络等最新技术均是新媒体出现的必备条件。新媒体诞生以后，媒介传播的形态就发生了翻天覆地的变化，诸如地铁阅读、写字楼大屏幕等，都是将传统媒体的传播内容移植到了全新的传播空间。

这种变化包含如下几个技术元素。首先，数字化的出现使大量的传统媒体加入新媒体阵营，这一改变主要呈现为媒体的技术变革；不论是内容存储的数字化，还是传播的数字化，都大幅度提升了媒介的传播效率。其次，媒介形态也因新技术的诞生而呈现出多样化，网络电视、网络广播、电子阅读器等均将传统媒体的内容移植到新的媒介平台上。

2. 新媒体的特点

以数字技术为代表的新媒体，其最大特点是打破了媒介间的壁垒，消融了媒体介质之间、地域、行政之间，甚至传播者与接受者之间的边界。新媒体还表现出以下几个特点。

（1）媒体个性化突出。新媒体可以做到面向更加细分的受众，可以面向个人，个人可以利用新媒体定制自己需要的新闻、娱乐等资讯。

（2）受众选择性增多。在新媒体时代，人人都可以接收信息，人人也都可以充当信息发布者，新媒体是"受众主导型"。受众有更大的选择，可以自由阅读，也可以放大信息。

（3）表现形式多样。新媒体形式多样，各种形式的表现过程也丰富，可融文字、音频、画面为一体，也可做到即时、无限地扩展内容，从而使内容变成"活物"。

（4）信息发布实时。新媒体无时间限制，随时可以加工发布信息。新媒体利用强大的软件和网页呈现内容，轻松地实现 24 小时在线。

(5)交互性极强。新媒体独特的网络介质使信息传播者与接受者的关系走向平等,受众不再轻易受媒体"摆布",而是在新媒体上互动,发出更多的声音,影响信息传播者。

3. 新媒体的类型

(1)手机媒体。手机媒体是网络媒体的延伸,能够做到与新闻同步,真正跨越了地域和计算机终端的限制;其接受方式由静态向动态演变,受众的自主地位得到提高,可以自主选择和发布信息,让信息的及时互动或暂时延宕得以自主实现;人际传播与大众传播因手机得以完全结合。

(2)数字电视。数字电视是指从演播室到发射、传输、接收的所有环节都是使用数字电视信号或对该系统所有的信号传播都是通过由0和1数字串所构成的数字流来传播的电视类型。数字信号的传播速率是19.39MB/s,如此大的数据流的传递保证了数字电视的高清晰度,克服了模拟电视的先天不足。

(3)互联网新媒体。互联网新媒体包括网络电视、博客、播客、视频、电子杂志等。

网络电视具有互动个性化、节目丰富多样、收视方便快捷等特点。

博客具有三大主要作用:个人自由表达和出版;知识过滤与积累;深度交流沟通。

播客是指自我录制广播节目并通过网络发布的人。

视频将一系列的静态影像以电信号方式加以捕捉、记录、处理、储存、传送与重现,包括个人视频上传、电影视频。

电子杂志一般用Flash的方式将音频、视频、图片、文字及动画等进行集成展示,因展示形式犹如传统杂志具有翻页效果,故名电子杂志。一般电子杂志网站都提供客户端订阅器,供杂志的下载与订阅,具有发行方便、发行量大、分众等特点。

(4)户外新媒体。有别于传统的户外媒体形式(广告牌、灯箱、车体等),户外新媒体以液晶电视为载体,如楼宇电视、公交电视、地铁电视、列车电视、航空电视、大型LED屏等。

(二)新媒体营销

1. 新媒体营销的含义

新媒体营销是指企业或个人在新媒体思维的指导下,充分利用新媒体平台的功能、特性,通过对目标受众的精准定位,针对目标受众的需求,研发个性化的产品和服务,采用新媒体营销方法开展营销活动的全过程。

新媒体营销与传统营销的区别:传统的营销(广告以及公关)追求的是"覆盖量"(或者叫到达率),在报纸杂志上体现为发行量,在电视广播上体现为收视(听)率;与传统的营销相比,新媒体的营销模式突破了传统的营销模式,不仅能够精确地获取访问量,还能够搜集整理出访问的来源、访问的时间、受众的年龄、地域以及生活、消费习惯等,这样比传统营销更精准、更有效、更节省时间。

新媒体营销对企业的作用:新媒体营销在企业中担任着非常重要的角色,它可以通过新媒体渠道直接面对目标用户群体,更有效地搜集客户资料,更精准地了解客户需求;新媒体营销可以通过内容提高曝光度、知名度,增加用户信任度,增强用户黏性,增加用户活跃度等;新媒体的传播更迅速,互动性和开放性更高,能够以更低的成本、更高的效率进行企业品牌宣传。

总的来说,新媒体营销是基于特定产品的概念诉求与问题分析,对消费者进行有针对性的心理引导的一种营销模式。从本质上来说,它是企业软性渗透的商业策略在新媒体形式上的实现,通常借助媒体表达与舆论传播使消费者认同某种概念、观点和分析思路,从而达到企业品牌宣传、产品销售的目的。

2. 新媒体营销的特点

(1) 成本低廉。

① 经济成本低廉。即资金投入较少。一是固定成本低廉,通过新媒体营销创建网络平台,可以减少固定资金的投入;二是流动成本低廉,借助多媒体技术手段对产品、服务进行描述,使潜在消费者更形象、更直接地接受企业的营销信息。

② 技术成本低廉。新媒体营销是科学技术发展到一定程度的产物,所以技术成本不高。以微博为例,微博营销对技术性支持的要求相对较弱,具体表现为企业微博的注册、认证、信息发布和回复等功能的使用已经接近简易的程度。

③ 时间成本低廉。营销信息的传播无须经过相关行政部门的审批,简化了传播的程序;同时,网络信息传递的互动性使营销信息能够获得"一传十,十传百"的效果,这种便捷式的传播方式自然使新媒体营销时间成本降低。

(2) 应用广泛。随着新技术和新思维的层出不穷,新媒体营销的传播渠道非常多,应用领域也日新月异,主要应用如下。

博客:公司、企业或者个人利用博客,发布并更新信息,密切关注并及时回复疑问和咨询,以达到宣传目的。

网络视频:主要有视频分享类、网络直播类、网络传媒类和企业视频应用类等,以受众为中心,注重双向性、互动性,受众可以随意选择自己需要的节目。

网络社区:主要的表现形式有 BBS、SNS、聊天室等,让网民产生互动、情感维系及资讯分享,能带来稳定及更多的流量,增加广告收入,另外,注册会员还能借此拥有独立的资讯存放与讨论空间。

IPTV:即网络电视,一般是指通过互联网络,特别是宽带互联网络传播视频节目的服务形式。

移动电视:具有覆盖广、反应迅速、移动性强的特点,抓住了受众在乘车、等候电梯等短暂的无聊时间进行传播。

手机:互动营销以快速、互动、即时的沟通模式取代了单向、压迫式的广告传播,而且拥有真实、精确、强大的数据库分析挖掘功能,实现了真正意义上的分众沟通。

(3) 模式健全。随着新媒体营销应用领域的不断开拓,各种新媒体营销模式异军突起,在当前呈现 6 种较为健全的运行模式。

微博营销:受众最感兴趣的内容和最容易引起讨论的话题一经投入,就会引起快速复制、热烈讨论和参与,从而形成源源不断的传播浪潮。企业只要创造出恰当的话题发送到受众群体中,就可等待受众自由发挥、创造,不断扩充其内容,如新浪微博。

SNS营销:即社会性网络服务,专指旨在帮助人们建立社会性网络的互联网应用服务;也指社会现有已普及的成熟信息载体,如短信 SNS 服务。SNS 还有一种常用解释:全称 social network site,即社交网站或社交网,它基于 SNS 网站的分享和共享功能,用病毒式的传播手段传播产品,让更多的人了解,如星巴克的 SNS 营销。

LBS 位置营销:基于位置的服务,它是通过电信移动运营商的无线电通信网络或外部定位方式获取移动终端用户的位置信息,在 GIS(地理信息系统)平台的支持下,为用户提供相应服务的一种增值业务。它融行为、时间与地理三位一体,以其精准的定位为用户提供本地化活动经验,如嘀咕网的位置营销。

网站营销:企业网站是最突出的、能够同社会各个层面沟通的一种形态,也是企业所有营销传播的基础。它不仅可以塑造、传达品牌形象,而且可以利用新媒体平台为企业提供更多可控制的传播形态,传播自己的品牌信息等,例如亚马逊推出的图书"在线试读"功能。

搜索营销:搜索引擎帮助网民从大量信息中快速获取所需要的信息,为企业带来巨大的商机。搜索营销大幅降低了品牌建设的成本,企业可以通过搜索营销增加网站流量,也可以寻找合作伙伴,从而扩大品牌知名度。

视频营销:视频营销包含电视广告、网络视频、宣传片、微电影等各种方式,它将产品或品牌信息植入视频中,以内容为核心、创意为导向,通过网民的力量实现自动传播,达到营销产品或品牌传播的目的。

二、了解新媒体的发展历程和新媒体营销的发展趋势

(一)新媒体的发展历程

根据新媒体使用主体及受众群体的变化情况,新媒体的演进历程可分为精英媒体阶段、大众媒体阶段和个人媒体阶段。

(1)精英媒体阶段。在新媒体诞生之初的相当一段时间内,仅有为数不多的群体有机会接触新媒体,并使用新媒体传播信息,这部分人多数是媒介领域的专业人士,他们具有前卫的媒介传播意识,也掌握着更先进、更丰富的媒介资源,是新媒体的第一批受益人群,具有较高的文化素质及社会阶层身份,因此这一时期是精英媒体阶段。

(2)大众媒体阶段。当新媒体得到普及并大规模发展时,其发展历程就进入大众媒体阶段。直至今日,以手机等移动媒体为主的新媒体已为广大受众所享有,利用新媒体传递知识、信息也成为媒介传播的一种常态。新媒体以更低廉的传播成本、更便捷的传播方式及更丰富的信息传播内容成为一种大众媒体,其传播的内容及形式从某种程度上甚至改变了人们的生活方式及对媒介本质的理解。

(3)个人媒体阶段。随着新媒体技术的不断发展和普及,以往没有占据媒体资源和平台且具备媒介特长的个体,开始逐渐通过网络来发表自己的言论和观点,通过平台展示给受众,这是个人媒体阶段到来的一个标志。

(二)新媒体营销的发展趋势

(1)海量信息及内容碎片化。新媒体的出现不仅扩大了传播主体,而且带来了海量的传播信息。碎片化内容也可以叫作"微内容",它们并非整块的内容,而是零碎地堆砌在一起,没有得到有效的整合。信息呈现碎片化的特点,进而产生信息缺乏深度、逻辑性等问题,影响着新媒体时代受众阅读习惯的养成,所以新媒体营销要优化信息的呈现形式,第一时间抓住受众的注意力。

针对这一趋势,新媒体营销要尽量做小而美的可视化的内容。纯文字时代已经过去了,

融多媒体于一身的可视化内容正大行其道。据专家统计,人脑处理视频的速度比处理纯文字的速度要快60000倍,可视化的内容能让受众在碎片化的时间内最高效地获取信息。目前比较受欢迎的内容是短视频、直播、一图流,最基本也是图文并茂、标题抢眼的干货文,如央广新闻微信公众号、新闻客户端的"一图读懂"系列就广受读者欢迎。

(2) 内容为王,重视用户体验。这是一个病毒式传播时代、碎片化时代、非职业选手时代和多元消息时代,新媒体营销者只有提供大量原创优质的内容才能有流量,不再像传统营销以产品为中心,而是要以用户为中心,发现受众真正的特征和需求,提供给用户个性化的内容和良好的体验。

新媒体营销要营造直击人心的共鸣体验,首先需要了解用户,营销始于情绪,终于情感,满足需求。新媒体营销者巧妙地把营销信息包装成让大家感同身受的故事,用户就会因为得到了一份心灵上的满足,放宽对产品和服务的要求,甚至通过狂热消费来表达感情。如宝洁公司的"母亲节"广告短片、微博上的"做一件事感谢妈妈"活动,引发消费者的心灵共鸣,刺激消费。

(3) 用户画像,实现精准营销。企业想要有效地实现传播目的,在传播方式上就必须达到多维度、立体化、组合化,企业必须深入分析不同媒体用户的重叠性和差异性,发挥不同媒体的组合放大效应,充分利用传统媒体+户外媒体、新媒体+新媒体的模式进行整合,甚至要加大新媒体的使用量。

(4) 价值扩张,打造个性化标签。营销新媒体也要自媒体化,有自己独特的价值,输出自己的价值观、平台及影响力。新媒体也会出现拟人化,有了这种个性化的标签,新媒体才能走得更远,而不能像传统媒体那样通过行政手段把几家媒体简单地合并做大了事。

新媒体行业越来越重视知识的分类和精细化运营。它立足于单个领域的垂直化运营,成为各大新媒体平台发展的潮流。资源越好的新媒体平台,越喜欢寻找各个领域的自媒体达人,将其列入重点扶持对象,或者借助垂直类的自媒体力量来获取一些标签下的优质内容。每个垂直化的运营团队专门负责同一类的自媒体,无数个垂直领域共同构成一个无所不包的知识矩阵。

三、熟悉新媒体营销的岗位职责和职业技能要求

新媒体营销部门根据营销的工作内容,可以分为网络部、营销部、网络营销部、策划部、新媒体部、品牌部、市场部、市场营销部等。根据新媒体营销岗位发展层级可以分为新媒体营销专员(文案、编辑、美工、推广、市场等)和新媒体营销主管、总监等。新媒体营销人员所需的基本技能有寻找热点选题、编辑基本内容、设计精彩图文、编辑视频音频、策划营销文案、策划线上活动、制作H5海报、寻找其他平台等。

(一) 新媒体营销的岗位职责

1. 新媒体营销专员的岗位职责

(1) 负责微信、微博、短视频等的运营和分析,挖掘用户兴趣点,增加粉丝数,提高关注度。

(2) 负责挖掘产品亮点,撰写产品文案,对产品进行富有吸引力的文字描述。

（3）负责分析新媒体平台流量来源等相关数据，对推广方式进行优化和调整，以逐步提高平台流量。

（4）利用新媒体平台提高广告投入质量，提高产品的曝光度和浏览量。

2. 新媒体营销主管的岗位职责

（1）负责新媒体搭建（微信、微博、直播、短视频等）及全渠道的日常运营及推广。

（2）负责建立有效的运营手段，策划和提供优质的有高度传播性的内容。

（3）负责策划组织线上大型合作活动、定向专题活动及推广。

（4）定期总结分析各类账号运营情况，分析和挖掘用户的社交媒体使用喜好，及时优化运营手段。

（二）新媒体营销的职业技能要求

1. 新媒体营销专员的职业技能要求

（1）具有良好的文字功底和编辑素养，能通过文字表达自己的思想和情感。

（2）能够策划、拍摄、剪辑、后期处理视频内容并发起营销活动。

（3）熟练使用多媒体采编软件，掌握各种格式片源从制作到成品的完整技术。

（4）具有良好的理解、沟通能力，较强的洞察力和社会交往能力，广泛的知识储备及文字表达能力。

2. 新媒体营销主管的职业技能要求

（1）熟悉网络社会化新媒体传播形式，熟悉微信、微博、小程序、短视频、直播等平台及其运营方式。

（2）具备视频编辑能力，有敏锐的市场洞察力，擅长采集热点话题。

（3）具备运营数据分析能力，擅长分析市场发展方向和动态。

（4）具有前瞻的新媒体内容创意策划能力、项目管理能力及良好的职业素养、服务意识和团队精神。

（三）新媒体营销人员的系统提升路径

（1）明确岗位职责。企业规模和分工不同，相同岗位人员的岗位职责也会有差异，新媒体营销人员的岗位职责主要包括管理账号和日常维护、用户运营和数据分析、内容定位和选题组稿、外部合作和市场推广等。

（2）深度理解公司业务。掌握本公司的市场定位，清楚本部门的市场定位和发展目标，对比公司和同行，清楚公司的运营特色。

（3）储备行业知识。掌握公司所在行业的关键知识点，了解本行业的领军人物和行业重大事件。

（4）学习专业知识。掌握传播心理学知识、文案策划和内容编辑的方法、产品运营与用户推广的方法和技巧等。

（5）分析行业的标杆账号。找到行业内的几个标杆账号，模仿、借鉴对方的市场和用户定位、内容和选题思路、运营思路及视觉设计风格等。

（6）争取空间资源。管理上下级关系，明确工作边界；积极进行跨部门沟通，寻找资源线索；外部交流，同心合作。

（7）建立工作规范。不管是从事内容编辑、视觉排版、用户运营还是外部合作，都需要建立一套规范化的工作流程和标准，以实现省时高效，避免失误。

（8）塑造个人品牌。新媒体营销人员在工作中不断总结，输出个人见解，最终可以成为行业内的行家。可以通过记录自己的工作经验，在行业媒体、论坛里发布，或给大号留言或在知乎上回答问题，进行多种形式的培训或授课，给企业做咨询诊断等，塑造个人品牌。

自我练习

一、选择题

1. 传统媒体的媒介有（　　）。

   A. 广播　　　　　　　B. 电视　　　　　　　C. 报纸

   D. 杂志　　　　　　　E. 网站

2. 新媒体的特点有（　　）。

   A. 媒体个性化突出　　　　　　　　B. 受众选择性增多

   C. 表现形式多样　　　　　　　　　D. 实时发布信息

   E. 交互性极强

3. 新媒体的类型有（　　）。

   A. 手机媒体　　　　　　　　　　　B. 数字电视

   C. 互联网新媒体　　　　　　　　　D. 户外新媒体

4. 新媒体营销的特点有（　　）。

   A. 成本低廉　　　　　　　　　　　B. 应用广泛

   C. 模式健全　　　　　　　　　　　D. 单向传播

二、综述题

请制作一份新媒体营销人员的个人职业规划。

任务二　认识新媒体营销模式和价值

由于新媒体的不断发展和各种新媒体平台的不断出现，新媒体平台潜在的影响力给企业提供了巨大的营销机会和营销价值。新媒体营销将成为未来营销模式的主流，各行业都在不断加大在新媒体营销上的投入，不断创新各种新媒体营销的模式和方法，以求获得较好的营销效果。

学习完本任务，学生可以了解新媒体营销的主要模式、新媒体营销的平台、新媒体营销模式的优势、新媒体营销模式的实施策略、新媒体营销模式给企业带来的价值、新媒体营销对品牌塑造的作用和风险等，为后续的新媒体营销的学习起到引导和铺垫的作用。

项目任务书

课内学时	4	课外学时	持续 2 周,累计不少于 4 学时
学习目标	| 1. 了解新媒体营销的主要模式 2. 了解新媒体营销的平台 3. 了解新媒体营销模式的优势 4. 了解新媒体营销模式的实施策略 5. 了解新媒体营销模式给企业带来的价值 6. 了解新媒体营销对品牌塑造的作用和风险		
项目任务描述	1. 通过阅读海尔的事件营销案例,从海尔在营销活动中的事件策划、媒体选择及活动效果等方面认识新媒体营销的模式 2. 从为海尔设计新媒体营销活动中,认识新媒体营销的主要模式和优势 3. 结合案例分析和任务的学习过程,总结新媒体营销给企业带来的价值以及对品牌塑造的作用和风险		
学习方法	1. 听教师讲解相关知识 2. 主动查找资料,认真分析案例 3. 小组讨论,分工合作		
所涉及的专业知识	消费心理学、消费者消费行为特征、客户关系的概念、客户关系管理、品牌的概念、品牌营销、粉丝经济等有关知识		
本任务与其他任务的关系	本任务是后续任务的先行任务。在学习了本任务后,会在后续的任务学习中陆续用到本任务的知识点		
学习材料与工具	学习材料:任务指导书后所附的基础知识 学习工具:项目任务书、任务指导书、手机、笔		
学习组织方式	以团队为单位组织学习讨论		

任务指导书

完成任务的基本路径如下。

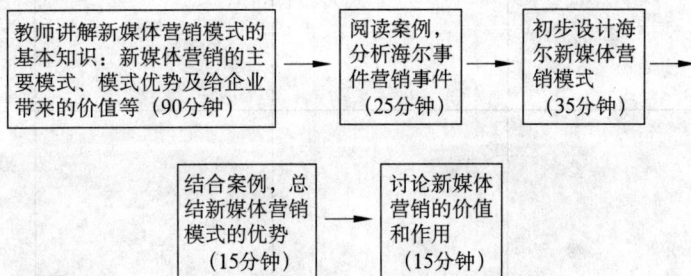

教师讲解新媒体营销模式的基本知识:新媒体营销的主要模式、模式优势及给企业带来的价值等（90分钟） → 阅读案例,分析海尔事件营销事件（25分钟） → 初步设计海尔新媒体营销模式（35分钟） →

结合案例,总结新媒体营销模式的优势（15分钟） → 讨论新媒体营销的价值和作用（15分钟）

第一步:学习新媒体营销的基本知识。

第二步:仔细阅读案例,对海尔的事件营销活动进行讨论,填写表 2-1。

表 2-1　任务产出——海尔的事件营销活动分析

营销活动名称	新媒体平台	吸引参与的方法	对海尔品牌的影响	对活动的评价

　　第三步：鉴于新媒体营销产生的良好效果，海尔计划开展一系列新媒体营销活动，请小组成员查找资料并讨论，完成海尔新媒体营销模式的初步设计，填写表 2-2。

表 2-2　任务产出——海尔新媒体营销模式的初步设计

营销模式	营销活动概述	新媒体平台选择	吸引参与的方法	实施的关键点
模式 1：				
模式 2：				
模式 3：				
……				

　　第四步：小组讨论，与传统营销手段相比，分析新媒体营销模式的优势，填写表 2-3。

表 2-3　任务产出——新媒体营销的优势

优势1:
优势2:
优势3:
优势4:
……

第五步:完成以上任务后,结合任务的学习,总结新媒体营销给海尔企业带来的价值和对海尔品牌塑造的作用,填写表 2-4。

表 2-4　任务产出——新媒体营销给海尔企业带来的价值和对海尔品牌塑造的作用

新媒体营销给海尔企业带来的价值		新媒体营销对海尔品牌塑造的作用	
价值1		作用1	
价值2		作用2	
价值3		作用3	
……		……	

任务阅读案例

@海尔"520"表白创意活动——一次成功的事件营销

一、活动经过

2017年5月19日,在"520"这个意味着"我爱你"的日子到来的前一天,海尔官方微博发出一条微博,只要转发并关注该微博,就有机会获得100家企业微博的关注"520"表白服务,如图2-1所示。

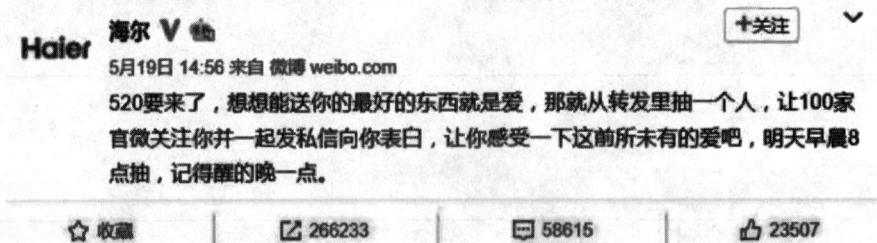

图2-1　海尔微博

这条微博发出后并未立即获得大量转发,直到当天18:00,@极路由与@旺仔俱乐部等大V[①]先后带着奖品参与到活动中,活动微博迅速被转发破万,并出现联动效应。很多大V主动转发微博并提供奖品,包括旺仔牛奶、神油、海尔空调、日日顺、企鹅辅导等。旅游线路、小熊香水、海尔公仔、彩妆套盒、哈根达斯兑换券、豆浆、智能移动体温终端等五花八门的礼品争相奉送给即将被抽中的粉丝。

很多微博达人纷纷转发这次表白活动,迅速把这次活动推向高潮。2017年5月20日1:15,微博名人@来去之间也转发了活动微博"＃看评论＃,你会转发参与的",如图2-2所示。

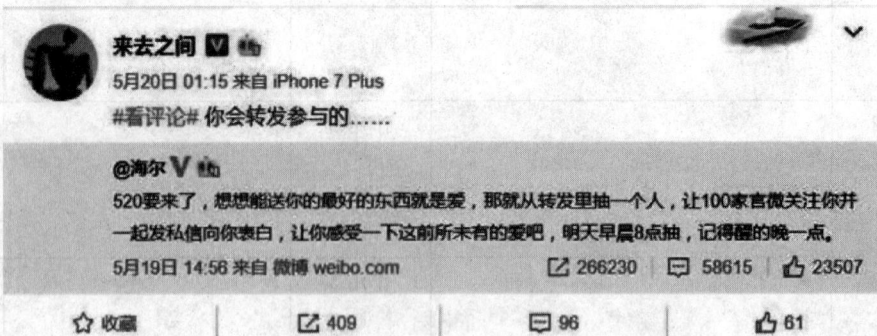

图2-2　来去之间的微博

由于诸多大V和粉丝空前高涨的参与热情,海尔官方微博将抽奖时间更改为13:14,寓意"我爱你一生一世"。2017年5月20日13:32,海尔通过微博抽奖平台抽取一名幸运粉

---

① 大V是指在新浪、腾讯、网易等微博平台上获得个人认证,拥有众多粉丝的微博用户。

丝。14:11,海尔公布中奖粉丝获得的礼品清单,共计63家企业为这名幸运粉丝送出"520"礼物,如图2-3所示。如此丰厚的奖品,让未中奖的粉丝非常羡慕。

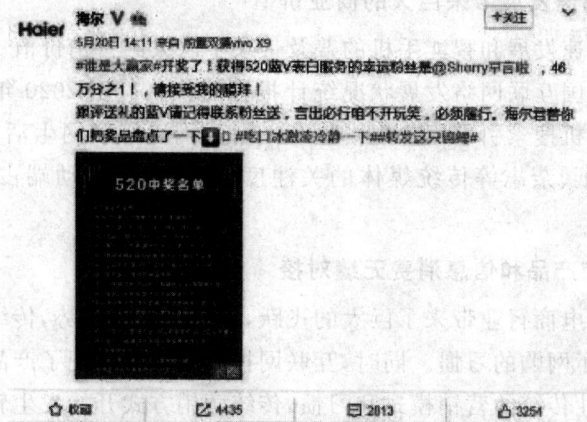

图 2-3 海尔微博宣布抽奖结果

二、新媒体营销效果

网络节日"520"与海尔并无直接关系,但此次由海尔牵头组织的"520"表白活动,从微博活动发起到活动传播及各微博段子手之间的转载传播,使海尔通过此次事件与关注"520"的受众产生联系,在此次事件中得到了充分的曝光。

海尔联合数百家大V共同发起转发抽奖活动,这些祝福和礼品只送给一个人,让抽中的粉丝有"集万千宠爱于一身"的尊贵感。海尔账号在长时间的运营中,积累了"网红"属性,自身具备一定的粉丝号召力,同时此次活动联合众多大V,更是把活动的影响覆盖面进一步扩大,把数百份祝福和礼品只送给一个粉丝,如此丰厚的奖品力度刺激着每一个关注此次活动的微博用户,在大V和粉丝们的围观下,微博一天时间的转发量达26万。

海尔利用网络节日"520"表白事件,通过新媒体营销手段得到了一个很好的曝光度和关注度,接受数十万粉丝的膜拜,起到了很好的营销和品牌推广效果。

(资料来源:根据以下网站资料改编。

1. https://tieba.baidu.com/p/5124211491?red_tag=2541697112&traceid=;

2. https://hd.weibo.com/case/index.php/senior/senior?id=18251&alk_from=H001_P00118251_C015003_T011_20180605_N007)

基础知识

一、新媒体营销模式创新和主要模式

(一)新媒体营销模式的不断创新

1. 社会化媒体成为营销的主流趋势

社会关系网络、合作词条网络和视频分享网站被称为广义上的社会化媒体;狭义上的社交媒体以微博和 SNS 为代表。互联网的发展和变革使营销方式开始转变,社会化媒体成为新媒体时代的核心,利用移动互联网进行营销和扩张成为整合营销的趋势。

2. 移动互联网高速发展带来巨大的商业价值

移动互联网的迅速发展和智能手机的普及带来了巨大的营销价值。中国互联网信息中心发布的第 47 次《中国互联网络发展状况统计报告》指出,截至 2020 年 12 月,我国手机网民规模达 9.86 亿,手机搜索引擎用户规模达 7.68 亿,网民互联网生活重心向移动端转移,消费者对于电视、报纸、杂志等传统媒体的关注度下降,手机移动端占据了消费者的碎片时间。

3. 电商的发展使产品和信息消费无缝对接

互联网的发展给电商行业带来了巨大的飞跃,基于价格的优势,传统商业开始向电商转型,网民也逐渐养成了网购的习惯。同时,互联网技术的发展实现了产品服务与信息消费的无缝对接,改变了企业传统的营销模式和习惯,传统营销方式开始发生转变。

4. 大数据营销改变了营销方式

电信、电商平台及门户网站,拥有了用户上网的数据和海量信息,所以对于信息的分析和挖掘是了解消费者的重中之重。大数据已经逐渐渗透到各行各业的营销中,成为开展营销活动的重要资源,必将引领新媒体营销整合运作模式的转变。

(二)新媒体营销的主要模式

1. 饥饿营销

饥饿营销是指商品提供者有意调低产量,以期达到调控供求关系、制造供不应求的"假象"、维持商品较高的商品利润率和品牌附加值的目的。

强势的品牌、讨好的产品和出色的营销手段是饥饿营销的基础,饥饿营销通过把潜在消费者吸引过来,然后限制供货量,造成供不应求的热销假象,从而提高售价,赚取更高的利润。饥饿营销的最终目的并非高价格,而是让品牌产生附加值有正负之分。饥饿营销是把双刃剑,使用恰当可以使原来就强势的品牌产生更大的附加值;但使用不恰当将会对品牌造成伤害,从而降低其附加值。

饥饿营销的成功基础:心理共鸣、量力而行、宣传造势、审时度势。

典型案例:小米手机、@喜茶 HEYTEA。

2. 事件营销

事件营销是企业通过策划、组织和利用具有名人效应、新闻价值及社会影响的人物或事件,引起媒体、社会团体和消费者的兴趣与关注,以求提高企业或产品的知名度、美誉度,树立良好品牌形象,并最终促成产品或服务的销售目的的手段和方式。

事件营销集新闻效应、广告效应、公共关系、形象传播、客户关系于一体,通过把握新闻的规律,制造具有新闻价值的事件,并利用媒介投放和传播安排,让新闻事件得以扩散,从而达到营销的目的。当事件发生后,事件本身具备的新闻价值就决定了它能否以口头形式在特定的人群中进行传播,只要它具备的新闻价值足够大,那么就可以通过适当的途径被新闻媒体发现,或以适当的方式传达给新闻媒体,然后以完整的新闻形式向公众发布。

事件营销的成功基础：相关性、心理需求、大流量、趣味性。

典型案例：@海尔"520"表白创意活动、新世相"逃离北上广"。

3. 口碑营销

口碑营销是指企业努力使消费者通过其亲朋好友之间的交流将自己的产品信息、品牌传播开来。这种营销方式具有成功率高、可信度强的特点。从企业营销的实践层面分析，口碑营销是企业运用各种有效的手段，引发消费者之间对其产品、服务及企业整体形象进行讨论和交流，并激励消费者向其周边人群进行介绍和推荐的营销方式和过程。

口碑营销的成功基础：鼓动核心人群、简单而有价值、品牌故事与文化、关注细节、关注消费者。

典型案例：网易云音乐地铁刷屏。

4. 情感营销

情感营销是从消费者的情感需要出发，唤起和激发消费者的情感需求，引起消费者心灵上的共鸣，寓情感于营销之中，以有情的营销赢得无情的竞争。在情感消费时代，消费者购买商品所看重的不仅是商品数量的多少、质量的好坏及价格的高低，还是一种感情上的满足、一种心理上的认同。

物质文明发展到今天，产品的材料和质量已不能满足人们的生活需求和心理需求，在日常生活中逐渐出现人们对于一件产品寄托一份感情的现象，文化、思想、感情是人类精神文明的一部分，企业正在运用这些情感来营销产品，从感官和感情上影响消费者采取行动。

情感营销的成功基础：产品命名、形象设计、情感宣传、情感价格、情感氛围。

典型案例：饿了么联手网易新闻开丧茶店。

5. 互动营销

互动营销是指企业在营销过程中充分利用消费者的意见和建议，将其用于产品或服务的规划和设计，为企业的市场运作服务。

企业营销的目的就是尽可能地生产满足消费者需求的产品，企业只有与消费者进行充分的理解和沟通，才会有真正适销对路的商品。通过互动营销，在消费者与企业的互动中，让消费者参与到产品及品牌活动中，拉近与企业之间的距离，在不知不觉中接受来自企业的营销宣传。互动营销的实质就是充分考虑消费者的实际需求，切实实现商品的实用性。互动营销能够促进相互学习、相互启发、彼此改进，尤其是通过"换位思考"会带来观察问题的全新的视角。

互动营销的成功基础：消费者属性、互动内容和渠道、反馈机制。

典型案例：361°创造你的热爱故事、GoldenTouch 指尖互动。

6. 病毒营销

病毒营销通过利用公众的积极性和人际网络，让营销信息像病毒一样传播和扩散，营销信息被快速复制传向数以万计甚至百万计的受众。病毒营销与口碑营销的区别在于病毒营销是由公众自发形成的传播，其传播费用远远低于口碑营销；传播方式主要依托于网络，传播速度远比口碑传播快。

病毒营销并非真的以传播病毒的方式开展营销，它既可以被看作是一种网络营销方法，也可以被认为是一种网络营销思想，即通过提供有价值的信息和服务，利用用户之间的主动传播来实现网络营销信息传递的目的。

病毒营销的成功基础:提供有价值的产品或服务、高效地向他人传递信息的方式、传递范围的易扩散性。

典型案例:秒拍假人挑战、新世相丢书大作战。

7. 借势营销

借势营销是借助一个消费者喜闻乐见的环境,将包含营销目的的活动隐藏其中,使消费者在这个环境中了解产品并接受产品的营销手段。

借势营销具体表现为借助大众关注的社会热点、娱乐新闻、媒体事件等,潜移默化地植入营销信息,采用顺势、造势、借势等方式,提高企业或产品的知名度、美誉度,树立良好的品牌形象,最终促成产品或服务销售的营销策略。

借势营销的成功基础:热点、关联、共鸣、创意。

典型案例:中国邮政借势鹿晗邮筒、@海尔罗晋唐嫣公布恋情事件。

8. IP 营销

IP 营销是通过 IP 打通品牌与消费者之间的沟通桥梁,将 IP 注入品牌或产品中,赋予产品温度和人情味,大幅降低了人与品牌之间和人与人之间沟通门槛的一种营销手段。近年来,随着 IP 内容的丰富及商业价值的提升,IP 的含义已超越知识产权的范畴,正在成为一个"现象级"的营销概念。

IP 营销的成功基础:品牌与 IP 属性相合、强大的内容生产力、多渠道分发、跨屏引流。

典型案例:小茗同学、"把爱带回家"、麦当劳小黄人套餐、故宫淘宝。

9. 社群营销

社群营销是把一群具有共同爱好的人汇聚起来,利用感情纽带及社交平台连接在一起,并通过有效的管理使社群成员保持较高的活跃度。为达成某个目标而设定任务,通过长时间的社群运营,提升社群成员的集体荣誉感和归属感,以加深品牌在社群中的印象,提升品牌的凝聚力。

做社群营销的关键是要有一个意见领袖(也就是某一领域的专家或者权威),这样比较容易树立信任感和传递价值。社群营销可以提供实体的产品以满足社群个体的需求,也可以提供某种服务。社群营销的载体多种多样,微信、各种平台、论坛、微博、QQ 群甚至线下的社区,都可以是社群营销的载体。

社群营销的成功基础:共性的话题、共同的爱好和共同的需求、意见领袖。

典型案例:凯叔讲故事。

10. 跨界营销

跨界营销是指根据不同行业、不同产品、不同偏好的消费者之间所拥有的共性和联系,把一些原本毫不相干的元素进行融合、互相渗透,进行彼此品牌影响力的互相覆盖,并赢得目标消费者的好感的营销方式。

跨界营销意味着需要打破传统的营销思维模式,避免单独作战,寻求非业内的合作伙伴,发挥不同类别品牌的协同效应。跨界营销的实质是实现多个品牌从不同角度诠释同一个用户特征。跨界营销面向的是相同或类似的消费群体,因此企业在策划跨界营销活动时,需要对目标消费群体作详细深入的市场调研,深入分析其消费习惯和品牌使用习惯,以此作为营销和传播工作的依据。当品牌成为目标消费者个性体现的一部分时,这一特性同样需要和目标消费者身上的其他特性相协调,避免重新注入的元素和消费者的其他特性产生冲突,造成品牌印象的混乱。

跨界营销的成功基础:品牌效应叠加,消费群体一致性、资源匹配。

典型案例:ofo共享单车牵手小黄人、麦当劳和小黄人一起耍堡。

二、新媒体营销平台及优势

(一)新媒体营销平台

所有的新媒体营销离不开新媒体平台的运作,本节从各新媒体平台的功能出发,对目前网络环境下的新媒体平台进行分类。

(1) 社交网络类:开心网、人人网等。

(2) 商务社交网络类:哔哩哔哩、脉脉、赤兔、人脉通等。

(3) 社会化电子商务类:美团、拉手网、聚划算等。

(4) 签到/位置服务类:街旁、切客、微领地。

(5) 微博:新浪微博类、腾讯微博、网易微博。

(6) 即时通信类:微信、QQ、YY语音。

(7) RSS(really simple syndication)订阅类:抓虾网、鲜果阅读器、feedly等。

(8) 消费点评类:大众点评网、口碑网、饭统网等。

(9) 百科类:百度百科、SOSO百科、MBAlib等。

(10) 问答类:天涯问答、百度问答、知乎问答等。

(11) 音乐/图片分享类:虾米、巴巴变、一听音乐等。

(12) 博客类:新浪、和讯等。

(13) 视频分享类:土豆、快手、抖音等。

(14) 论坛类类:天涯社区、百度贴吧、搜狐社区等。

(15) 社交游戏类:腾讯游戏、淘米网等。

(二)新媒体营销模式的优势

1. 信息传播范围广

新媒体能够在短时间实现大范围传播信息,大幅提高信息传播的速度和广度。例如,一个有着几万粉丝数的微信公众号,通过发布一条消息,可以准确迅速地到达用户,不论用户处于何种位置都可以收到信息。移动互联网实现了随时随地的信息传播,微博上有很多粉丝数在100万至几千万的大V,通过他们转发或是撰写一条关于新产品或是企业活动的微博,可以在几个小时内迅速引起大量微博用户的关注。

2. 目标客户精准定向

新媒体时代,传播者和接收者可以进行直接的信息交换,同时,近乎"零"的沟通成本可以实现信息的即时反馈,让传播者和接收者更容易了解彼此的需求和目标,形成信息的深度互换。新媒体包含了各式各样的平台,微信、微博、博客、论坛等可以让信息传播者与信息的接收者直接沟通,每个人都可以发表自己的意见和看法。在浩如烟海的信息中,积极地发掘用户的需求,可以为产品的设计研发和提升客户体验提供一个很好的来源和帮助。

3. 拉近与用户的距离

传统媒体往往需要 2~3 个月的营销周期才能真正提升品牌的知名度,并且在这个过程中,传播者与接收者之间没有任何沟通。相对于传统媒体而言,新媒体在与客户沟通和营销周期方面占有很大的优势。随着使用手机和平板电脑等移动终端的人越来越多,通过移动短信和移动终端的广告能在短时间内达到一个很好的传播效果,既可以保证每个用户都接收到信息,也能及时了解用户的信息反馈。

4. 降低宣传成本

新媒体是建立在互联网上的自主媒体,因此信息发布者几乎以"零成本"就能将自己的信息发布出来,并获得用户的回应,当然新媒体发布信息的有效性也是建立在信息发布者自身的用户关注度上的。企业通过社交媒体,可以主动地与用户进行沟通。当企业面临公关危机时,可以及时地监控社会舆论,并针对企业负面信息进行积极回应,从而有效降低公关危机扩散的可能性。

5. 帮助消费者树立正确的品牌认知

利用新媒体营销的方式,用户可以在各个网络平台上获取关于企业的发展和产品信息,也可以得到他人对企业的评价。企业通过主动发布积极正面的信息,并且积极与消费者进行沟通,获得关于企业广告和产品的回馈,深度了解用户需求,从而将新媒体打造成一个高效的互动平台。企业通过与消费者主动积极地互动,将自身品牌的理念传播给消费者,提升企业在消费者中的品牌认知。

6. 提高企业品牌的知名度

在品牌营销的传播下,企业展开品牌文化和定位的选择,对产品进行合理的定位,并利用网络平台的便捷传播方式,让消费者更加了解产品,增强其购买欲望,从而提高企业品牌的知名度。

7. 提升企业形象

在竞争激烈的市场中,好的品牌形象也是提高企业竞争力的一个组成部分。企业可以通过新媒体营销的方式让消费者真正记住品牌,并能够喜爱这一品牌。企业可以在新媒体上精准地进行宣传推广,传达自身的品牌理念,并让消费者对产品或服务产生一个积极的态度。

三、新媒体营销模式的价值和实施策略

(一)新媒体营销模式给企业带来的价值

1. 准确定位客户

在新媒体营销中,不管是门户网站的链接广告、图片广告,还是搜索引擎网站的关键词广告,都是准确定位用户群体后做出的。在营销的过程中,一切都是基于人、账户和关系网络的关联,所以一切的需求和潜在的消费愿望都可以被记载、计算和归纳。个性化消费是将来的发展趋向,消费者按照自身的偏好来选择喜欢的形式,在他们心仪的时间和地点取得自

身想要的商品或服务,而移动互联网时代,众多的工具能使企业清楚地了解目标客户的潜在需要,并借助大数据能更准确地预测客户的类型、喜好倾向,例如,网易云的私人FM便是基于大数据形成的定向投放。

2. 互动性、沟通性强

在新媒体时代,用户创造新内容或想法,而企业提供推广平台,同时确保产品的多样化和创造性,企业与用户共同分享利润。通过新的第三方,也能收获大批忠诚的、可靠性高的宣传。在新媒体平台上集聚的圈子中,个人往往希望能够通过平台向志趣相投的人公开展示自己的作品或观点,并迫切希望得到圈子内其他人的认可,因此,能够提供这种功能的平台或终端将受到他们的高度尊重。企业往往是最大的受益者,换言之,假设企业在运营新媒体的过程中,从用户的参与中获利,并积极主动地与用户分享利润,那么这种双赢模式将进一步加强营销成效。

3. 降低企业营销成本

企业通过建立新浪微博、微信公众号等官方账户,给予客户群体免费的开放平台,并进行信息资源的交换与沟通。这种形式提供了低成本的平台和传播渠道。在传统媒体时代,为实现广告的大范围传播,大量的资金被投入营销广告的推广中;而在新媒体时代,有创意、有价值的营销内容会更容易获得广告受众的认可,由此实现低成本的传播。运用新媒体营销,企业一般只需投入成本去制造有吸引力的信息、及时地发布信息、定期维护信息并做出反馈等,就能基本达到企业营销范围的广度,而这些投入相对于传统媒体营销方式要求的大额的广告投入而言较低。在运营方面,新媒体营销可以为企业节约大量的成本,提高企业的推广效率。

4. 提高企业竞争力

新媒体营销越来越成为企业的"必争之地",其在企业间的竞争地位加强,尤其在于对新媒体专业人才的获取、对"头部内容"的占据及对人流量的吸引等。尽管有些成熟企业在产品市场占有率方面已有较大优势,但是为了稳定其已有消费市场,成熟企业也在不断运用新媒体稳固其在已有领域的统治地位。因此,新媒体营销在企业中的运用是一个整体趋势。

(二)新媒体营销模式的实施策略

1. 洞察消费者消费行为

通过市场调研,了解市场和消费者是新媒体整合营销的前提和基础,只有针对消费者进行消费心理的研究和消费行为的调研,深入了解消费者的行为,洞察消费者之后,才能够制定具有针对性的营销策略。洞察消费者即发现消费者的消费需求,企业营销针对消费者的消费需求展开,采用适宜的营销战略和营销模式成功占领市场。消费行为的洞察主要根据消费群体的年龄、性别、职业、生活习惯、爱好等进行充分调查。新媒体条件下的消费者主要以年轻人为主,网络消费成为时下消费的主流,从产品到服务,越来越多的年轻人习惯网络消费,因此传统营销方式的转变势在必行,企业需要根据消费者的行为进行整合营销策略的制定,转变传统营销方式,将传统方式与社会化网络媒体相结合,线上线下共同合作,企业可以开通官方微博、微信,发布产品信息和相关文章,进行品牌、产品、服务内容的营销,吸引全民参与,达到宣传的目的。

2. 创新新媒体营销的内容

洞察消费者行为之后就是对内容进行创意,内容创意是整合营销的核心,只有拥有创新的内容,才能吸引消费者,营销时代内容为王,社会化媒体的兴起和网络时代的发展,使吸引消费者注意力变得越来越难,激发消费者的兴趣必须从创意内容出发,让消费者参与到营销过程中来,改变传统的单向传播,新媒体整合营销模式以互动为主,让消费者成为主角,深入体验,乐于分享和传播,最终达到营销的目的。成功的创意内容不仅能够吸引消费者,还能够让消费者积极参与、激发讨论、乐于传播,引起消费者共鸣,通过有创意的营销内容让消费者了解品牌文化、产品内容,对产品产生认同感,主动传播给家人朋友,分享到社交平台,带来巨大的价值。内容营销关注创意内容,是提高消费者忠诚度的重要营销方式。

3. 整合新媒体营销传播渠道

拥有创意的内容需要考虑的是传播,新媒体环境下,整合应用传播渠道和平台,全方位立体化传播才能够达到预期效果。传统媒体和新媒体的整合应用是当前形势下的最佳策略。报纸、电视、广播、户外等传统形式与微博、微信、自媒体、互动、视频等多样化传播渠道的整合推广,能够全方位渗透式地对企业的产品进行传播。整合模式效果相对于传统媒体或者新媒体的单一应用效果更佳,消费者可以在线下了解,线上参与、讨论、分享,线上与线下相结合能够实现营销的动态发展,意义更加深远。整合新媒体营销传播渠道和平台的应用需要依据前期对于消费者的调查,根据消费者特点、产品特点,结合宣传时期进行不同传播平台的整合,但不可以盲目结合,以免造成资源的浪费和传播效果的减弱。此外,传播渠道的选择和营销的最终效果,需要企业在传播过程中实时监测效果,及时调整策略。

4. 监测新媒体营销产生的收益

任何时期,企业进行营销的目的都是产生利润,促进企业的发展。无论是传统形式下还是新媒体发展时期,营销都是为了销售服务,产生利润才是营销的根本,才是一种推动企业前进的手段。因此,企业在制定营销策略前后,首先要考虑营销推广为企业带来的利润,如果投入与产出不成正比,那么就失去了营销的意义,企业也将无从发展。整合营销策略不仅要顺应市场需求和消费者心理,还要在保证企业受益的前提下使利润达到最大化。因此,评价营销投资的收益也是新媒体整合营销的一项重点工作。

四、新媒体营销对品牌塑造的作用和风险

(一)新媒体营销对品牌塑造的作用

1. 新媒体拓宽了品牌推广的渠道

在互联网上,企业可以设立自己的官方网站、官方微博、公共微信账号,随时随地发布品牌信息,达到宣传效果,而不需要在电视、广播、报纸等传统

新媒体营销
对企业的价值

媒体上花费大量资金投放广告。同时,还可将宣传与销售相结合,利用互联网电子商务平台直接进行网络销售。由于网络销售减少了中间环节,降低了销售成本和时间成本,消费者获得了购买优惠,因而可以很快得到消费者的认可,并且通过口口相传,达到良好的品牌宣传效果。

2. 新媒体增强了品牌推广的力度

互联网技术以其速度快、传播范围无局限的特点为品牌推广提供了极为有利的条件。互联网可以及时地在全球范围内将信息发布出去，只要有网络的地方，受众就可能看到发布的信息。企业在网络上可以24小时向全球发布自己品牌的信息，并且在发布的第一时间就传达到消费者的身边，这远比传统媒体对品牌推广的局限性要小得多。在互联网上，人人都可以成为信息的发布者，换言之，互联网的这一特点使企业对品牌的推广具有延展性。当一部分消费者首先认可了企业品牌，他们就会通过网络变成这一品牌的推广者，从而影响更多的消费者，使宣传范围成几何倍数增长，迅速扩大品牌知名度。

3. 新媒体的互动性提高了品牌的知晓度和美誉度

新媒体的互动性特点拉近了品牌与消费者之间的距离：一方面，消费者与企业在网上直接交流，提出购买需求。企业为每一位消费者提供个性化的服务，形成一对一的互动体验。这种精确有效的沟通在促使品牌与消费者更为贴近的同时，还帮助企业及时了解消费者的需求，制定相应的品牌推广策略。另一方面，企业通过开展线上线下活动，使消费者对品牌的认识不再局限于认识层面。企业常以热点事件为契机，在网络上召集一批忠诚度较高的消费者开展各种活动，在提升自身形象、扩大影响力的同时，也巩固了品牌在业内和消费者心中的地位。例如，2008年汶川地震期间，数以千计的企业在互联网上召集志愿者，帮助企业将物资送达灾区，开展捐助活动，这种方式达到的效果远比在电视上刊登一则广告要强得多。

（二）新媒体在品牌推广中存在的风险

对于品牌推广来说，新媒体是一把"双刃剑"。在品牌推广中，众多的信息和复杂的舆情如果不能得到及时澄清和处理，也会给品牌推广带来致命的伤害。

1. 新媒体传播信息的碎片化特点制约品牌信息传递的完整性

新媒体除具有快速便捷的传播优势外，还具有传播信息碎片化的特点，这也带来了另一个影响——催化了"快餐文化"的发展。相比长篇大论，年轻人更倾向于阅读碎片式的信息，而信息的碎片化也为企业传播品牌文化带来一定的阻碍。一方面，企业自身需要通过简短、出位的信息抓住消费者的注意力，从而导致品牌文化的内涵无法完全在新媒体上展现。另一方面，受众在新媒体上阅读的不确定性和阅读碎片化信息的倾向，也导致受众无法完全了解企业品牌的内在意义，而仅趋向于获取对其有吸引力的信息。这两方面因素导致品牌信息传递的完整性受到一定的影响。

2. 新媒体缺乏监管对品牌信息的可信度产生负面影响

目前，企业通过新媒体进行品牌推广还处在自发状态，缺少严格的法律法规来规范推广活动，传播制度体系并未建立。同时，网络环境的监管在技术层面和制度层面也存在着一定的缺失。因此，一些不法分子可以通过网络等新媒体假借企业品牌名义进行虚假宣传，利用电商销售平台销售伪劣产品，使消费者利益受到侵害。此类事件层出不穷，也给消费者辨别真伪带来很大难度，导致企业品牌的可信度受到严重影响，不利于企业树立良好品牌形象，也不利于品牌未来的长远发展。

自我练习

选择题

1. 新媒体营销模式给企业带来的价值表现在（　　　）。

    A. 能够准确定位客户   B. 互动性、沟通性强

    C. 降低企业营销成本   D. 提高企业竞争力

2. 新媒体营销对品牌塑造的作用有（　　　）。

    A. 新媒体拓宽了品牌推广的渠道

    B. 新媒体增强了品牌推广的力度

    C. 新媒体取代了传统媒体在品牌推广的作用

    D. 新媒体的互动性提高了品牌的知晓度和美誉度

3. 新媒体在品牌推广中存在的风险主要有（　　　）。

    A. 新媒体传播信息的碎片化特点制约品牌信息传递的完整性

    B. 新媒体缺乏监管对品牌信息的可信度产生负面影响

    C. 企业可以把信息的监管及风险的责任交给新媒体平台

    D. 网络可以正面地传播信息

4. 新媒体营销的优势有（　　　）。

    A. 信息传播范围广

    B. 目标客户精准定向

    C. 拉近与用户的距离

    D. 降低宣传成本

5. 新媒体营销模式的实施策略包括（　　　）。

    A. 洞察消费者消费行为

    B. 创新新媒体营销的内容

    C. 整合新媒体营销传播渠道

    D. 选择好的电视媒体

    E. 监测新媒体营销产生的收益

任务三　了解新媒体营销战略

在新媒体时代，企业营销面临着巨大挑战，同时也面临着前所未有的机遇。利用新媒体技术，能够有效地拓展企业的营销策略和营销渠道，企业必须将营销活动与新媒体技术进行结合，进一步探索新媒体背景下营销战略的规划，整合新媒体传播的方式，才能在激烈的市场竞争中立于不败之地。

学习完本任务，学生能够了解企业在新媒体技术时代营销的特征，能对企业营销面临的环境进行分析与诊断，能根据新媒体营销战略规划的方法和原则，制定合理可行的整合营销战略，并能通过实施结果进行营销效果测定和反馈。

项目任务书

课内学时	6	课外学时	持续1周,累计不少于2学时
学习目标	1. 了解新媒体时代企业营销的特征、营销平台、新媒体营销模式在企业中的实践 2. 了解企业的营销环境分析与诊断的方法 3. 了解企业新媒体营销战略规划的原则和步骤 4. 掌握新媒体营销的原则、整合营销的策略设计和实施步骤 5. 能为企业设计新媒体营销策略,并对效果进行反馈与优化		
项目任务描述	1. 分析企业所处的宏观环境和微观环境,调查其竞争对手的营销方式,分析企业自身的营销现状,进行目标市场定位 2. 分析企业进行新媒体营销的优劣势,选择寻找适合企业的营销平台和营销方法,并对营销方式进行整合,制定实施营销战略规划 3. 分析企业的营销策略优劣,并优化其营销策略		
学习方法	1. 教师提前布置任务,学生学习基础知识,搜集现实例证,可以翻转课堂形式进行 2. 小组分工、自主完成项目任务		
所涉及的专业知识	涉及新闻传播学、广告学、市场营销、网络营销等学科知识,包括企业营销特征、营销平台、企业营销环境分析与诊断、新媒体营销战略规划的原则和步骤、新媒体营销整合营销策略设计和实施步骤等知识		
本任务与其他任务的关系	本任务是任务一、二的延伸,是任务五、九的先行		
学习材料与工具	学习材料:任务指导书后所附的基础知识 学习工具:项目任务书、任务指导书、计算机或手机、笔		
学习组织方式	所有步骤以小组为单位组织		

任务指导书

完成任务的基本路径如下。

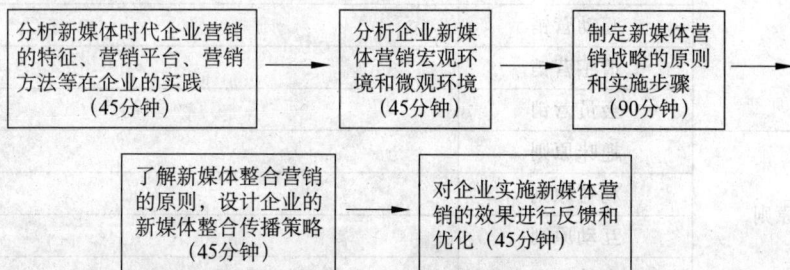

```
┌──────────────┐      ┌──────────────┐      ┌──────────────┐
│分析新媒体时代企业营销│      │分析企业新媒 │      │制定新媒体营 │
│的特征、营销平台、营销│ ──→ │体营销宏观环 │ ──→ │销战略的原则 │ ──→
│方法等在企业的实践 │      │境和微观环境 │      │和实施步骤  │
│   (45分钟)   │      │  (45分钟)  │      │  (90分钟)  │
└──────────────┘      └──────────────┘      └──────────────┘

        ┌──────────────┐      ┌──────────────┐
        │了解新媒体整合营销│      │对企业实施新媒体营│
        │的原则,设计企业的│ ──→ │销的效果进行反馈和│
        │新媒体整合传播策略│      │优化 (45分钟)   │
        │   (45分钟)   │      │         │
        └──────────────┘      └──────────────┘
```

第一步:分析新媒体时代企业营销的特征和营销平台、营销方法等在企业中的实践。

教师提前布置任务,学生阅读故宫文创产品的案例,并搜集其他企业体现新媒体时代营销特征的实践案例,以及使用新媒体营销传播平台、营销方法、营销模式的企业例证,填写表3-1～表3-3。翻转课堂教学,教师对分类不准确或例证不合适的案例进行指导。

表 3-1　新媒体时代企业营销的特征

序号	特　　征	企 业 例 证
1		
2		
3		
4		

表 3-2　新媒体时代企业营销的传播平台

序号	传 播 平 台	企 业 例 证
1		
2		
3		
4		
5		
6		
7		
8		
9		

表 3-3　企业新媒体营销的方法和原则

项　　目	具体内容	企 业 例 证
营销的方法	病毒营销	
	事件营销	
	口碑营销	
	饥饿营销	
	知识营销	
	互动营销	
	情感营销	
	会员营销	
营销的原则	趣味原则	
	利益原则	
	互动原则	
	个性原则	

第二步:分析企业新媒体营销环境。

教师布置任务,各小组以某一真实企业为例,分析企业营销的宏观环境和微观环境,对企业营销进行 SWOT 分析,确定企业的市场定位和营销战略,填写表 3-4(也可以任务阅读案例为例)。

表 3-4　企业营销环境分析

项　　目	具体内容	分 析 结 果
营销宏观环境	政治因素	
	经济因素	
	社会因素	
	技术因素	
	环境因素	
	法律因素	
营销微观环境	顾客	
	供应商	
	营销中介	
	竞争者	
	公众	
企业 SWOT 分析	优势	
	劣势	
	机会	
	威胁	

第三步：企业营销战略规划的原则和实施步骤。

教师讲解企业营销战略规划的原则，以及战略规划的实施步骤，并布置任务，学生搜集现实企业营销例证，填写表 3-5。

表 3-5　企业营销战略规划原则及实施步骤

项　　目	具 体 内 容	企 业 例 证
战略规划原则	利他基准	
	营销核心	
	竞争导向	
	共识目的	
战略规划步骤	分析市场机会	
	选择目标市场	
	确立营销策略	
	管理营销活动	

第四步：新媒体整合营销传播策略的制定。

各小组以第二步中的企业为例，针对其环境分析和用户画像，为企业制定科学可行的整合营销策略，填写表 3-6。学生可以提出几种整合方案，通过课堂讨论选出最优方案。

表 3-6　制定企业新媒体整合营销传播战略

项　　目	具体内容	整 合 方 案
营销环境分析	SWOT 分析	
	用户画像	

续表

项　目	具体内容	整 合 方 案
整合传播平台	传播平台1	
	传播平台2	
	传播平台3	
	传播平台4	
整合营销方法	营销方法1	
	营销方法2	
	营销方法3	
	营销方法4	
跨界营销	跨界方式1	
	跨界方式2	
	跨界方式3	

第五步：企业新媒体营销的效果反馈和优化。

本任务因受条件所限，有的无法通过第四步的实践方案得到新媒体营销效果反馈，各小组可以搜集真实企业的新媒体整合营销效果，进行分析，找出优缺点，并进行优化建议，完成表3-7的填写（可以任务阅读案例为例）。

表 3-7　企业新媒体营销的效果反馈和优化

企业新媒体营销	优　点	缺　点	优化方法
营销策略的规划			
目标用户的定位			
营销平台的选择			
营销平台的整合			
营销方法的运用			
跨界营销的运用			
营销活动的频度			
客户的互动与维护			
……			

任务阅读案例

故宫博物院文创产品新媒体营销策略

从2010年故宫在淘宝开店，直至2019年"故宫文具"的建立，从正儿八经售卖周边到"卖萌"高手，故宫的触网之路是中国博物院文创演进史中最具代表性的缩影，故宫模式也成为其他博物馆纷纷效仿的文创模式。数据显示，2018年仅在淘宝天猫逛博物院旗舰店的累计访问量就达到16亿人次，是全国博物馆接待人次的1.5倍，其中有1亿用户是"90后"。据阿里零售平台数据，2019年实际购买过博物院文创产品的消费者数量已近900万，相比2017年增长超4倍。购买力水平较高的都市年轻女性为消费的主力人群。

"故宫淘宝"有一整套从产品到营销的新媒体营销策略,成功地引起了受众的关注。这一套营销背后所获得的品牌形象、经济利益及人文价值,也为此类型产品在新媒体时代下的营销作了一个典范。

一、"故宫淘宝"环境分析

宏观环境:2016 年,国务院召开常务会议,确定了推动文化文物单位的文化创意产品开发的措施,提升了社会文明水平和国家软实力,强化了政策支持,将文创产品纳入文化产业投融资源服务体系支持范围。

微观环境:2013 年,品牌竞争者台北故宫博物院相关艺术衍生品收入已经直逼门票收入。而故宫博物院的开发团队成员大多来自中央美术学院、清华大学美术学院等著名高等院校。

二、SWOT 分析

优势:品牌资源;年轻人才储备雄厚;品牌知名度高;产品设计新颖。劣势:价格高昂,产品种类少。机会:网购平台发展迅速,目标消费群体购买力提升,文创产业日益蓬勃,国家政策支持。威胁:山寨猖獗,竞争对手实力强大。

三、市场分析

2013 年,竞争对手台北故宫博物院推出的"朕知道了"胶带纸 3 个月销量逼近 3 万卷;游客希望购买有创意又有文化内涵的纪念品作为礼物,产品具有独特的文化底蕴,突出民族特色。故宫品牌历史悠久,深入人心。

四、自身定位

在自身定位方面,故宫采取了以下措施:成立故宫文化服务中心经营文创产品;与中央美术学院团队合作开发产品;目标群体为年轻人,产品设计紧跟热点、萌点,主要推出以年轻人为主的文化创意产品,特别是适合年轻人的 Q 版产品;研发经营资本雄厚,来自国家拨款、门票收入;生产大多采用外包制,与约 60 家企业合作生产,减少成本;对供应商的设计择优选取。

五、用户画像

根据微指数中的故宫博物院用户分析可知,25～34 岁用户在群体中占比最高,19～24 岁的用户潜力也很大。这部分用户多为"85 后""90 后",他们崇尚个性,对互联网新鲜事物、热门话题、潮流语言非常感兴趣。

六、运营目标

故宫自媒体的运营目标是营造一个有温度、带感情的故宫形象。故宫淘宝的自媒体语言接地气,语气活泼,形象生动,非常受年轻人的喜爱,如图 3-1 所示。

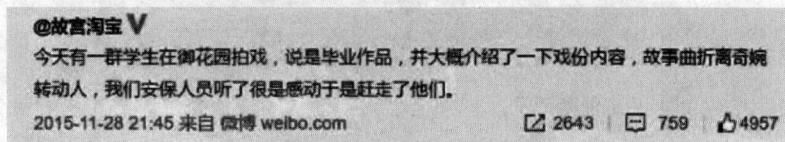

@故宫淘宝
今天有一群学生在御花园拍戏,说是毕业作品,并大概介绍了一下戏份内容,故事曲折离奇婉转动人,我们安保人员听了很是感动于是赶走了他们。
2015-11-28 21:45 来自 微博 weibo.com　　2643　759　4957

图 3-1　故宫自媒体语言风格

新媒体的画风也将"萌文化"发挥到极致,卖萌的皇帝、亮出剪刀手的宫女、雍正、鳌拜……

萌萌中一点贱贱的感觉正好欢乐地触及了很多用户的兴趣点,如图3-2所示。

图3-2　故宫自媒体"萌文化"画风

七、新媒体整合营销平台

1. 淘宝店成为销售主阵地

在淘宝开店,目前已经是一个金冠C店了,五星评价94.79%,线上购物与线下形成了鲜明对比,通过淘宝平台推出故宫文创产品是重要的销售渠道。

2. 故宫淘宝的微信公众号

故宫淘宝在2013年9月上线了"故宫淘宝"的微信公众账号。早期的微信公众账号还是在正儿八经地发一些故宫科普知识,卖的周边也很正常。后期产品画风开始变了:一开始只是单纯卖个萌,后来脑洞大开,故宫在产品的设计上面紧跟热点、萌点,用户对此也很是买账——淘宝店频频断货。不仅产品脑洞大,连推广的文案风格也变得奇葩。如有一条微信《从前有个皇帝他不好好读书》,在摘要中点出"后来他就死了。"可谓神转折,文章中也是从历史入手,穿插各种网络语言、表情、漫画,中间植入书签产品,如图3-3所示。

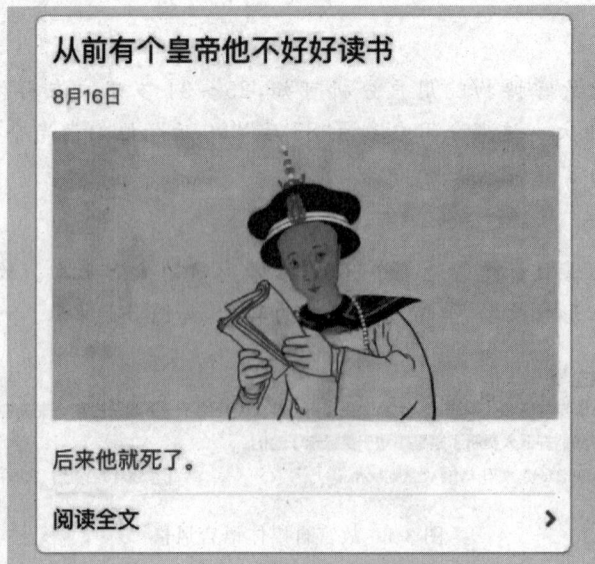

图3-3　故宫自媒体公众号文案

3. 故宫淘宝官方微博

2010年11月9日,故宫淘宝的官方微博正式上线。一开始的宣传中规中矩,而现在,微博发出的商品宣传,变得软萌贱。在故宫淘宝的微博上,可以看到账号经常与粉丝互动,同时也会参与一些话题,包括品牌之间的调侃,大幅提升了用户互动,增强了用户黏性。

4. 故宫淘宝App

从2013年开始,故宫先后发布了5款App,席卷各大下载榜。2013年5月的时候,故宫"胤禛美人图"App上线,作为先驱的试水产品,故宫淘宝选择了擅长的文物鉴赏类,美人屏风都能随指而动。上线两周,这款App的下载量便超过20万,还获得了"2013年度精选优秀App"称号。2014年4月发布的"紫禁城祥瑞"App,延续精美风格、欣赏和教育的基础上,增加了更多的互动体验和趣味性,观众可以"DIY"自己的瑞兽并分享。"紫禁城祥瑞"App入选了App Store"六月更佳应用",荣获App Store"2014年度精选优秀App"称号。

5. 视频

2016年春节期间,央视播出了《我在故宫修文物》,2017年九大博物馆助阵故宫推出《国家宝藏》,展现真实的文物故事和历史文化,甚至上升到人生价值观的高度,故宫焕发出了独特的历史沉淀价值。

八、新媒体整合营销策略

1. 平台联合

故宫淘宝联合腾讯举办了腾讯NEXT IDEA×故宫QQ表情创作大赛,一个会唱RAP的皇帝用H5刷屏,这一次引爆让故宫淘宝更红了,目前它已跻身一线网红之列,如图3-4所示。

图3-4 故宫淘宝和腾讯平台联合

2. IP联合

2016年热门的动画电影《大鱼海棠》上映时,故宫淘宝与其联合推出了定制产品——"大鱼海棠"主题系列布鞋,一时大卖,如图3-5所示。

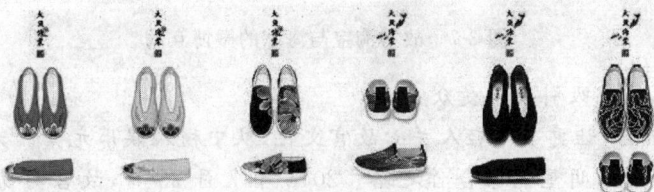

图3-5 故宫淘宝"大鱼海棠"系列布鞋

3. 借势营销

在节日、热门话题上，故宫淘宝也经常参与借势。例如，它与《大鱼海棠》就是一次借势。再如，"葛优瘫"话题火爆时，故宫淘宝的微博就发了一组古人图，如图 3-6 所示。

图 3-6　故宫淘宝借势"葛优瘫"

4. 互动营销

2016 年 1 月 11 日，故宫淘宝发了一条微博："有人建议做款冰箱贴，既充满历史感又言简意赅，冰箱上就贴两大字：冷宫！所以这都什么粉丝啊"，半年后就与海尔合作推出了"冷宫"冰箱贴，如图 3-7 所示。

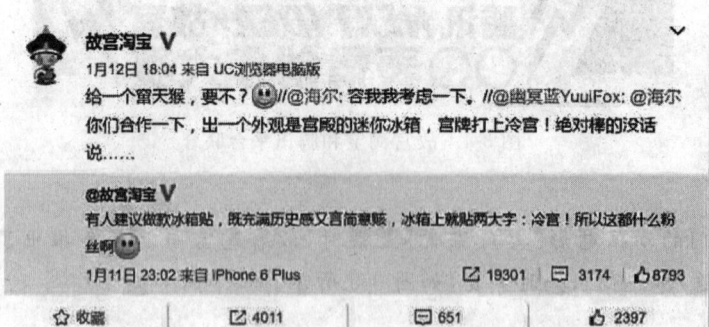

图 3-7　故宫淘宝与海尔的微博互动

5. 联合流量，精准吸引年轻受众

以明星带动节目，让更多年轻人关心故宫文化，从中植入娱乐元素。为了精准吸引年轻用户，故宫开启与当红明星偶像合作之路。2018 年 7 月 25 日，故宫与易烊千玺合作歌曲《丹青千里》，将《千里江山图》幻化成一曲恢弘壮阔的《丹青千里》，视听萦绕将大国底蕴显现

出来。故宫博物院首次与艺人合作,获得了很好的反响,话题♯丹青千里♯在微博上阅读量达 7.5 亿。

（资料来源:参照魏家东,故宫淘宝:做"朕"的生意,如何成为超级网红? https://www.sohu.com/a/114625262_114819,以及其他网文整理改编）

基础知识

一、新媒体营销环境分析与诊断

新媒体营销环境分析与诊断

（一）新媒体时代企业营销的特征

在新媒体成为社会发展主流趋势背景下,企业为了做好产品营销工作,实现经营效益最大化,就应深入分析新媒体自身特点,掌握新媒体发展规律,利用好新媒体这一有力的营销工具。与传统营销方式相比,新媒体环境下企业的营销活动具有创新性、体验性、关联性等优势。

新媒体环境下企业营销具有以下特点。

1. 受众群庞大

第 47 次《中国互联网络发展状况统计报告》指出,截至 2020 年 12 月,我国网民规模达 9.89 亿,互联网普及率达 70.4%,我国手机网民规模达 9.86 亿,网民使用手机上网的比例达 99.7%,随着网民数量的日益壮大,互联网媒体用户的话语权也越来越重要,也为企业利用新媒体方式进行产品宣传提供了重要前提。

2. 营销娱乐性

在新媒体背景下,企业营销的对象变得越来越年轻、时尚,对于娱乐的需求不断增加。因此,企业营销的手段也变得灵活多样,富有娱乐性。为了吸引消费者,企业需要利用新媒体技术,综合运用文字、声音、图像、动画等多媒体形式,使企业营销信息富有娱乐性,更好地向消费者展示产品信息,满足消费者需求。

3. 互动性较强

互联网时代新媒体营销的互动性,是新媒体营销相较于传统媒体营销方式最主要也是最具优势的一个特点,从本质上说,它与新媒体的互动性特点是相通的。在网络平台中的话题引导、活动策划、问题讨论等都不同程度地体现了互动性的特点。在彼此交流互动过程中,能够快速提升用户对于企业营销产品的认知与了解,提升消费者对企业产品的忠诚度,确保企业产品营销活动有效开展。

4. 用户目标精准

利用新媒体平台,企业可以利用数据分析,根据用户的资料信息、发布内容和显示的地理位置判断哪些是目标用户,对用户的喜好、兴趣方向等一目了然,从而可对这部分用户有可能关注的内容进行重点推送分享,用户一旦有需要自然会来咨询。

（二）新媒体时代企业营销的平台

企业利用新媒体进行营销,首先要熟悉常见的 9 类新媒体平台,这 9 类新媒体平台又可以划分为层次不同、重要性不同的三大阵营,见表 3-8。

表 3-8　新媒体营销平台

阵　营	传播平台	常　见　平　台
第一阵营	微信平台	微信公众号、微信个人号、微信群、微信广告资源
	微博平台	企业微博、微博广告资源
	问答平台	知乎、百度问答、360 问答
	百科平台	百度百科、360 百科、互动百科
第二阵营	直播平台	虎牙直播、抖音直播、腾讯直播
	视频平台	快手、抖音、美拍、秒拍、优酷
	音频平台	喜马拉雅、荔枝微课
第三阵营	自媒体平台	头条号、一点号、网易号、搜狐自媒体
	论坛平台	豆瓣、百度贴吧、金融 & 理财论坛

1. 第一阵营新媒体

第一阵营新媒体包括微信平台、微博平台、问答平台、百科平台。这 4 类平台是大、中、小互联网企业都需要深耕的新媒体平台。

1) 微信平台

腾讯公布的 2020 年第一季度业绩显示,微信及 WeChat 的合并月活跃账户数达 12.06 亿,这样庞大的用户群体就像一座巨大的富矿,引来众多淘金者。在微信平台上,企业常用的新媒体工具和资源包括微信公众号平台、微信个人号、微信群、微信广告资源。

微信公众平台的功能主要有移动端入口、移动端用户服务基地、用户拉新、用户转化、用户活跃和留存、信息披露等。微信个人号是客户服务的工具,企业微信号添加用户为好友,互动形式更为多样,能够为用户创造更佳服务体验。微信群是用户社群运营和客户服务的载体,用户打开频次更高、体验更佳。微信广告资源主要有朋友圈广告、广点通广告、微信大号的软文广告、硬广文章、视频贴片等。

2) 微博平台

近年有观点认为微博活跃度下降了,但统计数据显示,2020 年第一季度微博活跃用户有 5.5 亿,第二季度 5.5 亿,微博吸引力依然强大。微博平台上企业常用的新媒体工具和资源包括微博企业自媒体和微博广告资源。

微博企业自媒体功能主要有用户拉新、用户活跃和留存、信息披露等,微博广告资源主要有粉丝通广告、微博大号软文广告和硬广。

3) 问答平台

常用于新媒体推广的问答平台有知乎、分答、百度问答和 360 问答。问答平台的功能主要是辅助 SEM 和流量渠道,提高搜索引擎排名和形成用户口碑。

4) 百科平台

常用于新媒体推广的百科平台有百度百科、360 百科和互动百科。百科平台是新媒体中的"旧媒体",但它的江湖地位依然不可撼动,百科平台的功能主要是辅助 SEM 和提供信任背书。

2. 第二阵营新媒体

第二阵营新媒体包括直播平台、视频平台、音频平台。娱乐化与多媒体化是营销推广大趋势,这3类新媒体平台是大、中型互联网企业的强化阵地、初创互联网企业的占位阵地。

1) 直播平台

国内常见的直播平台有斗鱼 TV、虎牙直播、抖音直播、六间房直播、腾讯直播。

网络直播最大的特点是直观性和即时互动性,用户代入感强。直播平台的具体玩法有信息披露直播、品牌宣传直播、网红代言直播、专家直播、客服沟通直播、娱乐活动直播、线下互动+线上直播整合传播。

2) 视频平台

视频平台比较重要的有抖音、快手、西瓜、美拍、秒拍等。

视频提供的营销方式主要有短视频大号中的贴片广告、内容营销、短视频活动营销、拍摄平台短片解答客户疑问、将产品制作过程整合成视觉展示、展现品牌文化。

3) 音频平台

相比过度开发的开屏(视觉)广告,音频的闭屏特点更有效地让品牌信息触达用户,同时相比视频、文字等其他媒体,音频具有独特的伴随属性,不需要占用双眼,就能在各类生活场景中发挥最大效用。音频平台营销方式有音频内容中植入广告、搭建音频自媒体、策划定制专题节目等。目前音频平台主要有喜马拉雅、荔枝微课等。

3. 第三阵营新媒体

第三阵营新媒体包括自媒体平台(不包括微信公众平台)和论坛平台。这两类新媒体平台可作为大中型互联网平台的占位型阵地。

1) 自媒体平台(不包括微信公众平台)

自媒体平台包括 QQ 公众平台、UC 自媒体平台、简书、头条号、企鹅媒体平台、搜狐自媒体、一点号、百家号、网易号、凤凰媒体平台等。这些平台影响力和用户量均不及微信公众平台,但它们却又是企业不可忽视的自媒体平台。

入驻这些自媒体平台,企业可以用更大范围的曝光提高品牌的知名度,这些自媒体平台往往能够给自媒体账号带去可观的流量曝光,并且较容易在平台上培养一批忠实的粉丝。企业还可以进行新阵地占位,自媒体平台格局变迁,提前占位不错失机会。

2) 论坛平台

常见的论坛平台主要有百度贴吧、豆瓣、金融 & 理财论坛。鉴于百度贴吧的高人气和百度作为中国最大的搜索引擎的特殊性,百度贴吧依然有一定的营销价值。论坛平台主要有以下功能。

(1) 辅助 SEM(搜索引擎营销)。以豆瓣网为例,豆瓣网有两个排名和收录都很好的应用,一个是豆瓣日志,另一个是豆瓣小组发帖。豆瓣做的内容被搜索引擎收录后,只要是拿准关键词,精准的自然流量就会慢慢多起来。

(2) 用户社群运营。百度贴吧可用于用户社群运营,百度贴吧的优势是"社群容纳感"较强,用户与用户之间的交互,让用户寻找到社群的归属感。

(3) 培养意见领袖(网红)。这是一个收效比较慢的营销方式。

(4) 发帖推广。由于发帖推广难度越来越大,因此,对于发帖板块选择、发帖内容、发帖方式等都提出了非常高的要求。

(三) 新媒体营销的主要模式

1. 病毒式营销

病毒式营销用于产品/服务的推广。对于品牌而言,这种方法最主要的作用就是让人们对品牌产生印象。

新媒体营销
的主要模式

2. 事件式营销

事件式营销通过把握新闻的规律,制造具有新闻价值的事件,并通过具体操作,让这一新闻事件得以传播,从而达到广告的效果。

3. 口碑营销

口碑营销的一个最重要特征就是可信度高,在一般情况下,口碑传播都发生在朋友、亲戚、同事、同学等关系较为密切的群体之间。

4. 饥饿营销

饥饿营销可以有效提升产品销售,为未来大量销售奠定客户基础,对品牌产生高额附加价值,从而为品牌树立高价值的形象。但是,只有在市场竞争不充分、消费者心态不够成熟、产品综合竞争力和不可替代性较强的情况下,饥饿营销才能发挥较好作用。

5. 知识营销

用知识来推动营销,需要提高营销活动策划中的知识含量。知识营销重视和强调知识作为纽带的作用,帮助消费者获取某一方面的知识,甚至直接就是企业提供产品/服务的认知知识。教育培训行业最常利用这一方式营销。

6. 互动式营销

互动式营销的形式有两种:一种是由于企业的公关事件或由此引发的话题得到了广大目标群体的共鸣,于是目标群体积极响应,造成轰动效应。另一种是通过一个与人们传统价值观念或习惯对立的活动或话题引起人们的批判与讨论。

7. 情感营销

情感营销通过借助情感包装、情感促销、情感广告、情感口碑、情感设计等策略来实现企业的营销目标。其最终的目的就是引起消费者的共鸣,为企业品牌建立一种更加立体化的形象。

8. 会员营销

会员营销提供差别化服务和精准营销,提高顾客忠诚度,长期增加企业利润。其中,会员卡是会员进行消费时享受优惠政策或特殊待遇的"身份证"。

新媒体营销利用新媒体背后的大数据,对于消费者、潜在客户进行信息挖掘,来细分客户种类,并对相应的用户采取更合适的促销手段。

(四) 新媒体时代企业营销的环境分析方法

企业营销环境是指与企业营销活动有潜在关系的所有外部力量和相关因素的集合,它影响着企业能否有效地保持和发展与其目标市场顾客交换的能力,制约着企业的生存和发展。根据营销环境和企业营销活动的密切程度,营销环境可以划分为微观营销环境和宏观营销环境。

微观营销环境是指影响和制约企业经营活动的各种力量,包括顾客、供应商、营销中介、竞争者和公众。宏观营销环境是指同时影响与制约着微观营销环境和企业营销活动的力量,包括人口、经济、自然、技术、政治、法律和社会文化等环境要素。宏观营销环境和微观营销环境一样,都是不可控制的,前者不可控制的程度要高于后者,企业只能顺应它们的条件和趋势。宏观营销环境分析可以采用 PESTEL 分析模型(又称大环境分析),包括政治(political)因素、经济(economic)因素、社会(social)因素、技术(technological)因素、环境(environmental)因素和法律(legal)因素六大因素。

由于企业市场营销环境具有动态多变性、差异性和不可控性等特征,企业要想在多变的市场环境中立于不败之地,就必须对营销环境进行调查分析,以明确其现状和发展变化的趋势,从中区别出对企业发展有利的机会和不利的威胁,并且根据企业自身的条件做出相应的对策。

企业营销环境分析法主要有以下几种。

1. SWOT 分析法(企业内外环境对照法)

SWOT 是取优势(strength)、劣势(weakness)、机会(opportunity)、威胁(threat)的第一个字母构成。SWOT 分析就是对企业内部环境的优势与劣势和外部环境的机会与威胁进行综合分析,并结合企业的经营目标对备选战略方案做出系统评价,最终制定出一种正确的经营战略(表 3-9)。

表 3-9 SWOT 分析法

	潜在内部优势	潜在内部劣势
内部环境	● 产权技术 ● 成本优势 ● 竞争优势 ● 特殊能力 ● 产品创新 ● 具有规模经济 ● 良好的财务资源 ● 高素质的管理人员 ● 公认的行业领先者 ● 买方的良好印象	● 竞争劣势 ● 设备老化、资金拮据 ● 产品线范围太窄 ● 战略方向不明 ● 竞争地位恶化 ● 技术开发滞后 ● 销售水平低于同行业其他企业 ● 管理不善,相对于竞争对手成本高 ● 战略实施的历史记录不佳 ● 不明原因的利润率下降
	潜在外部机会	潜在内部威胁
外部环境	● 纵向一体化 ● 市场增长迅速 ● 可以增加互补产品 ● 能争取到新的用户群 ● 有进入新市场的可能 ● 有能力进入更好的企业集团 ● 在同行业中竞争业绩优良 ● 扩展产品线满足用户需要及其他	● 市场增长缓慢 ● 竞争压力增大 ● 不利的政府政策 ● 新的竞争者进入行业 ● 替代品销售额正在逐步上升 ● 用户讨价还价能力增强 ● 用户偏好逐步转变 ● 通货膨胀递增及其他

2. 机会潜在吸引力与企业成功概率分析

不同的环境条件和机会,会给企业带来不同的潜在利润,因此,其潜在吸引力也不同。同时,企业利用各种环境机会战胜竞争者取得成功的可能性也有大小之分。

由上述两个因素,企业可以做出机会潜在吸引力—企业成功概率分析矩阵(表 3-10)。

表 3-10　机会潜在吸引力—企业成功概率分析矩阵

项　　目	企业成功概率高	企业成功概率低
机会潜在吸引力高	Ⅱ	Ⅰ
机会潜在吸引力低	Ⅲ	Ⅳ

第Ⅰ象限的环境机会,属于机会潜在吸引力高而企业成功概率低的环境条件。企业应设法改善自身的不利条件,使第Ⅰ象限的环境机会逐步移到第Ⅱ象限而成为有利的环境机会。

第Ⅱ象限的市场机会,属于机会潜在吸引力和企业成功概率皆高的状态。企业应尽全力发展。

第Ⅲ象限的环境机会,属于机会潜在吸引力低但企业成功概率高的环境条件。大企业往往不会积极利用这一机会,但对中小企业来说,它可以成为捕捉市场机会的良好时机。

第Ⅳ象限的环境机会,属于机会潜在吸引力和企业成功概率都低的环境条件。企业应一方面积极改善自身的条件,以准备随时抓住稍纵即逝的市场机会;另一方面静观市场变化趋势。

3. 威胁与机会分析

对于环境的分析,不仅要分析机会,也必须重视环境给市场营销活动带来的威胁。按照环境威胁的潜在严重程度和环境威胁出现的可能性,做出威胁—机会分析矩阵(表 3-11)。

表 3-11　威胁—机会分析矩阵

项　　目	出现概率高	出现概率低
潜在严重性高	Ⅱ	Ⅰ
潜在严重性低	Ⅲ	Ⅳ

第Ⅱ象限是属于环境威胁的潜在严重性和出现概率均高的状况,因此,对于第Ⅱ象限的威胁,企业应高度警惕,并制定相应的措施,尽量避免损失或者将损失降低到最低程度。

对于第Ⅰ、Ⅲ象限的威胁,企业也不能掉以轻心,要予以充分关注,制订好应变方案。

对于第Ⅳ象限的威胁,企业一般应注意其变化,如果有向其他象限转移的趋势,应制定相应的对策。

面对目前新媒体营销的激烈竞争,企业要获得新的发展机遇,实现营销目标,必须对现有的资源进行整合,进行营销再定位。

企业营销再定位是对传统媒体优势的继承和劣势的改变,规避原来的短板,改善传播方式。整合现有的媒体资源,重新定位企业目标,制定新的营销策略,树立企业新的形象,利用自身在行业内已形成的优势,开发新时代下特有的文化内涵,通过高新技术和传统媒体的结合,为企业品牌打上新的文化烙印,在行业独树一帜。

二、新媒体营销战略规划的原则和步骤

(一)企业营销战略规划的原则

企业营销战略既是企业市场营销管理思想的综合体现,又是企业营销决策的基础。制定正确的企业营销战略,是研究和制定正确营销决策的出发点。

企业进行营销战略规划必须遵循4项原则:以利他为基准、以营销为核心、以竞争为导向、以共识为目的。

(1)以利他为基准,明确企业存在的价值。要么帮助客户提高幸福指数,要么降低痛苦指数。换句话说,必须有其独到的价值来帮助客户,否则企业的存在没有意义。

(2)以营销为核心,企业从推销模式上升到营销模式。从发现、识别消费者未被满足的需求入手,进行深入细致的市场调研,寻找产品(或服务)创新的源泉。同时,根据客户未被满足的需求进行有针对性的客户价值创新,从而给消费者带来与众不同的差异化体验和价值,打造有个性、有特色、令人尊敬的品牌。

(3)以竞争为导向,企业有一个清晰的市场定位。即在选定的目标市场上出类拔萃、鹤立鸡群,给小众化的目标客户一个非买我方品牌产品(或服务)不可的理由,成为目标客户的首选。任何战略规划如果没有把竞争要素加进来,没有针对竞争对手的分析和对策,都是不完整的。

(4)以共识为目的。公司领导层就企业未来5年的发展方向、目标、战略、战术和监控5个层面达成共识,并为之共同努力。一个没有共同愿景和使命的团队是没有战斗力的乌合之众。

(二)企业营销战略规划的步骤

企业营销战略是为达成自身的目标而努力辨别、分析、选择和发掘市场营销机会,规划、执行和控制企业营销活动的全过程。它包含分析市场机会、选择目标市场、确定营销策略、管理营销活动4个相互紧密联系的步骤。

1. 分析市场机会

在竞争激烈的买方市场,有利可图的营销机会并不多。企业必须对市场结构、消费者、竞争者行为进行调查研究,识别、评价和选择市场机会。企业应该善于通过发现消费者现实的和潜在的需求,寻找各种“环境机会”,即市场机会。对企业市场机会的分析、评估,首先是通过有关营销部门对市场结构的分析、消费者行为的认识和对营销环境的研究进行的,另外,还需要对企业自身能力、市场竞争地位、企业优势与弱点等进行全面、客观的评价。还要检查市场机会与企业的宗旨、目标与任务的一致性。企业可以借助新媒体的数据分析来分析市场机会。

2. 选择目标市场

评估市场机会后,企业在进入某个市场前要仔细研究这个市场或它的一部分,选择目标

市场。目标市场的选择是企业营销战略性的策略,是营销研究的重要内容。企业首先应对准备进入的市场进行细分,分析每个细分市场的特点、需求趋势和竞争状况,并根据本公司优势,选择适合自己的目标市场。

3. 确定营销策略

营销策略的制定体现在营销组合的设计上,为了满足目标市场的需要,企业对自身可以控制的各种营销要素(如质量、包装、价格、广告、销售渠道等)进行优化组合,并选择不同的新媒体营销平台和营销方法,或整合几种营销平台和营销方法。

4. 管理营销活动

制订营销计划,既要制定较长期战略规划,决定营销的发展方向和目标,又要有具体的营销方案、具体实施战略计划,在此过程中注意组建营销组织和实施营销控制。营销组织根据计划目标,组建一个高效的营销组织结构,需要对组织人员实施筛选、培训、激励和评估等一系列管理活动。营销控制主要有企业年度计划控制、企业盈利控制、营销战略控制等。

三、新媒体营销整合传播策略设计和实施步骤

(一)新媒体整合营销的含义

营销中的"整合"包含多重含义。

(1)不同工具的整合。各种营销传播工具用"同一个声音"互相配合,实现传播的整合。

(2)不同时间的整合。在与消费者建立关系的各个不同时期、不同阶段,传播的信息应该协调一致。

(3)不同空间的整合。全球品牌在不同国家和地区,应传达统一的定位、形象和个性。

(4)不同利害关系者的传播整合。与公司各种不同的利害关系者(中间商、零售商、客户、股东、政府……)传播时,应保持公司统一的形象。

新媒体整合营销是建立在以网络新媒体、数字新媒体、移动新媒体等新媒体基础上的整合营销,是在深入研究互联网资源,熟悉网络营销方法的基础上,从企业的实际情况出发,根据不同网络营销产品的优缺利弊,整合多种网络营销方法,为企业提供网络营销解决方案。简单地说,新媒体整合营销就是整合各种网络营销方法,与客户需求进行配比,给客户提供最佳产品或服务的网络营销方法。

(二)新媒体营销的原则

1. 趣味原则

新媒体不同于传统媒体,它在情感上与受众人群走得更近,即"接地气"。新媒体的内容营销很大程度上都带有娱乐化倾向,俗称"八卦"。八卦也有正面、负面之分,吸毒就是负面八卦。扭转形象需要正面八卦,例如良好的恋情、婚姻。中国互联网的本质是娱乐属性的,互联网中的广告、营销也必须是娱乐化、趣味性的。但注意趣味不能是低俗的,要做正向引领。

2. 利益原则

新媒体可以为受众提供的"利益"外延更加广泛,物质利益只是其中的一部分,新媒体营销提供的利益还可以包括:①信息、资讯。广告的最高境界是没有广告,只有资讯。直接推

销类的硬广容易吃闭门羹,但化身为为消费者提供关于其需求产品的免费信息或资讯,消费者接受度会大增,从而产生消费。②功能或服务。③心理满足或荣誉。④实际物质/金钱利益。⑤中国式的购物理念、诱导式购物,如通过明星效应引导消费者购买。

没有利益,新媒体将寸步难行。杜蕾斯曾在微信平台发布了一条消息,大意是送出十份杜蕾斯魔法装,只要在微信回复"我要福利"就能参与活动。虽然活动很简单,类似微博抽奖活动,但是收到的效果却十分惊人:活动推出2小时,就收到了几万条回复。10份奖品换几万活跃粉丝,新媒体的广告传播成本非常低廉却高效。

3. 互动原则

新媒体不仅是将信息送达受众人群,还要与受众交流,让受众成为粉丝,主动参与营销的互动和创造。粉丝经济是互动原则的外在体现。

4. 个性原则

新媒体时代,每个人都是不同的个体。想要让受众产生"焦点关注"的满足感,进行个性化营销更能投消费者所好,更容易引发互动与购买行动。但在传统营销环境中,"个性化营销"成本非常高,很难推广。在新媒体中,数字流的特征让这一切变得简单、便宜,把营销对象细分出一小类人,甚至一个人,做到一对一营销都很方便。

可口可乐将新媒体的个性原则发挥得淋漓尽致。例如,前面任务案例中提到的,2013年可口可乐的昵称瓶首先在黄晓明的微博上曝光,引起了网友的广泛关注。随后印有网络流行语"小萝莉""靠谱""高富帅""粉丝"的可乐瓶纷纷上市。可口可乐公司趁热打铁,还推出了私人定制瓶服务,极大地满足了消费者个性化的需求。

(三)新媒体整合营销的策略设计

1. 整合营销平台

现代企业利用互联网的营销往往都是多平台的。企业大都有自己的官网,并开通企业微博、企业微信公众号、微商城等新媒体平台,近两年很多企业又纷纷开通短视频和直播平台,进行多平台整合营销。

利用数字化的信息平台和新媒体的交互性来辅助实现营销目标。平台营销是要以客户为中心,以网络为导向,借助新媒体,为实现企业目的而进行一系列企业活动,充分认识新的营销环境,利用各种互联网平台提供有效的支持,进行实际的推广和操作。任务阅读案例中故宫利用淘宝店、官方微博、故宫淘宝微信公众号、故宫淘宝App及视频等多平台进行整合营销,在文创产品营销中取得了不俗的成绩。

2. 整合营销方法

(1)整合营销方法实现传播效果最大化。整合营销传播遵循统一的品牌核心理念,不断地挖掘与消费者更多更深的沟通触点,从而有节奏地进行传播。网络时代新媒体迅速发展,让整合营销传播的手段变得多样化,口碑营销、形象营销、公众传播、精准营销和数据营销都不是相互独立存在的,利用新媒体平台的优势,整合多个营销手段,让传播形式变得更加复杂,从而实现传播效果最大化。加多宝在2012年独家冠名《中国好声音》实现了文化理念的融合,它先后推出了票选50强"加多宝网络学员""向正宗致敬"及"红罐随手拍"等活动,实现与粉丝的互动,扩大品牌的影响力,结合此前的"对不起"系列文案的情感营销,利用多种营销方法实现品牌价值的提升。

（2）整合营销方法实现精准营销。充分利用各种新媒体，将营销信息推送到比较准确的受众群体中，可以说是当今企业整合营销的关键。做到精准营销是系统化流程，通过品牌联播等整合营销做好企业营销分析、市场营销状况分析、人群定位分析，充分挖掘产品所具有的诉求点，实现真正意义上的精准营销。

3. 跨界营销

跨界营销是行业合作的创新，也是整合营销领域的新型模式，跨界营销通过新媒体行业之间的相互渗透和融合，品牌之间的相互映衬和诠释，实现品牌从平面到立体、由表层进入纵深、从被动接受转为主动认可、由视觉听觉的实践体验到联想的转变，使企业整体品牌形象和品牌联想更具张力，对合作双方均有裨益，让各自品牌在目标消费群体中得到一致的认可，实现"1+1＞2"的效益。不同行业的企业或品牌之间通过跨界合作，拓展更大的营销传播空间，开创更大的市场空间，正在成为越来越多具有远见卓识企业的共识。

1）跨界方式一：产品跨界

产品跨界是以定制产品作为活动主线，把原本毫不相干的产品元素相互融合，突出"限量""定制"等关键词，引爆合作双方的新媒体传播。如2016年年初，招商银行和陌陌合作推出了一张联名信用卡（图3-8），在双方平台上线，开卡用户可以获得6个月陌陌会员资格，以及陌陌旗下游戏"心动庄园"的道具礼包。对陌陌来说，联名信用卡可以增强陌陌的用户认同感，加深品牌印象；对招商银行来说，可有效拉升信用卡的发行量，双方达成互利共赢。

2）跨界方式二：内容跨界

内容跨界是指合作方在活动文章、活动海报、活动视频等内容中互相植入对方的品牌，在内容传播过程中对参与方的品牌进行多次传播，达到共赢的目的。如2017年5月，知乎在微博发起了"钱，都应该花在刀刃上"活动。活动当天，知乎官方微博分别与网易云音乐、链家、饿了么等官方微博进行内容互动（图3-9）。

图3-8　招商银行和陌陌联名卡

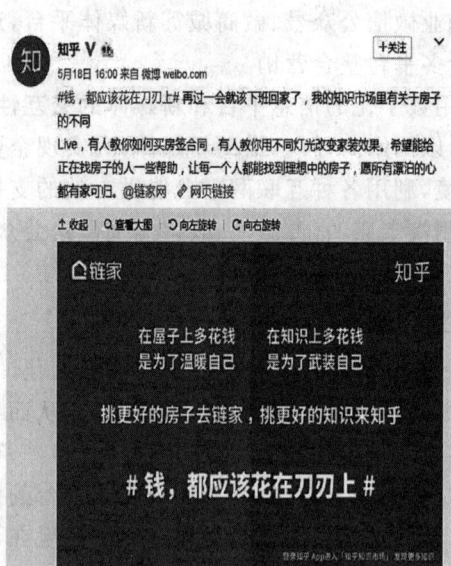

图3-9　知乎与链家的微博互动

3）跨界方式三：圈层跨界

在互联网发展过程中，网民的喜好呈多样化发展趋势，如有的网民喜欢动漫，有的网民喜欢体育赛事，有的网民喜欢在线阅读，也有的网民喜欢网络游戏等。不同的网络喜好产生了不同的文化圈层，而不同圈层的品牌跨界合作，可以激活对方的用户，尝试获得超出预期的活动效果。2019 年 1 月 8 日美妆品牌魅可（MAC）与王者荣耀合作，以花木兰、公孙离、貂蝉、大乔和露娜 5 位女英雄形象为主题，共同推出了 5 款联名口红，联名款口红从颜色选择到外包装设计都进行主题定制，这是与王者荣耀产品本身深度联系的。传播口号中，MAC融合了游戏社交文化元素，创造出了"吻住，我们能赢"谐音梗文案。在传播活动中，MAC也选用了 cosplay（角色扮演）、现场游戏开黑、VR（虚拟现实）游戏互动等手段。两者强强联合，吸引了大量喜欢美妆的年轻女性和喜欢游戏的女性，最终获得了令人满意的销量和品牌影响力（图 3-10）。

4）跨界方式四：IP 跨界

"IP"原意为知识产权，但是在文化创意行业被引入后，网民喜欢的小说、剧本、漫画、甚至个人，都被看作 IP。一个成功的 IP 实际上也是一个独特的文化现象，尝试不同形式的 IP跨界合作，可以将 IP 影响力充分聚合。《人民日报》是中国主流新闻媒体，李宁是专做运动服装的老品牌，2019 年李宁与《人民日报》新媒体跨界合作，推出了一系列带有《人民日报》Logo 的国潮风服装（图 3-11），《人民日报》新媒体则开了间快闪店——"有间国潮馆"，展示了与李宁合作的一系列服饰，吸引了众多人前往打卡。

图 3-10 魅可（MAC）与王者荣耀的合作

图 3-11 带有《人民日报》Logo 的李宁服装

5）跨界方式五：渠道跨界

新媒体运营未必局限于互联网渠道，可以尝试多渠道的品牌合作，打通线上和线下渠道,多维度放大品牌声量。如 2017 年 4 月,腾讯视频综艺联合万达影城推出了"好综艺好电影好时光"联合活动,邀请粉丝转发微博并参与抽送电影票活动。该活动尝试了"综艺＋电影"的全新模式,带给用户"大屏看综艺"的全新视觉体验,将热播的腾讯综艺及热门电影搬上万达屏幕(图 3-12)。

图 3-12 腾讯视频与万达影城渠道跨界

(四) 新媒体整合营销的实施步骤

在新媒体背景下,真正的整合营销应该兼具互动传播、活动营销、事件营销等多种综合手段与营销方式,整合营销可以助力企业信息以更加高效的手段与渠道向自己的目标受众群体快速传播。

具体营销步骤如下。

1. 消费者画像分析

在做任何一个营销行为分析之前,需要做消费者的画像分析。例如,首先利用百度指数等分析工具查看消费者的年龄段,由此发现 25～35 岁人士消费能力较强,其次根据男女的消费比例得出男性消费多还是女性消费多的结论,最后根据对象调查更好地策划出产品研发方案。

2. 调查行业发展趋势

随着消费者购物习惯、需求的不断发展变化,可以使用数据调研工具来分析出行业发展的变化,从而选择合适的新媒体营销推广方式。

3. 整合新媒体营销渠道

企业可以构建起以企业官网、双微平台、短视频平台和其他自媒体平台为主的新媒体矩阵,用于企业品牌推广、流量拉入、产品输出和流量精细化运营。

4. 熟练运用多种新媒体营销方式

有效运用多种新媒体营销方式,如微信营销、微博营销、抖音营销、问答平台营销、百度贴吧营销、豆瓣营销等,立足品牌宣传,做好 SEO 优化,让用户更好地认知品牌。

5. 做好新媒体运营推广

瞄准精准目标粉丝的活跃场景,根据平台、场景的需求来创作出相应的营销内容,通过平台的内容发布出口来宣传推广自身品牌的信息。

自我练习

选择题

1. 企业市场营销环境分析包括(　　　)。

　　A. 宏观环境分析　　　　　　　　B. 微观环境分析

　　C. SWOT 分析法　　　　　　　　D. 企业营销策略分析

2. 企业营销战略规划的原则有(　　　)。

　　A. 利他基准　　　B. 营销核心　　　C. 竞争导向　　　D. 共识目的

3. 新媒体营销的策略有(　　　)。

　　A. 整合营销平台　　B. 整合营销方法　　C. 跨界营销　　　D. 单向营销

任务四　熟悉新媒体营销用户定位与分析

　　进行新媒体营销必须了解自己的目标用户,了解用户的需求,这样才能更好地制定和实施营销活动,达到更好的营销效果。

　　学习完本任务,学生可以掌握新媒体营销用户定位与分析的基本知识,对用户画像有初步的了解,能进行新媒体运营的用户行为调研,通过搜集用户信息,对用户行为进行分析,从而实施更精准的营销。

项目任务书

课内学时	4	课外学时	持续 2 周,累计不少于 4 学时
学习目标	1. 初步了解用户画像 2. 熟悉新媒体用户行为调研和分析 3. 熟悉六种用户行为分析方法		
项目任务描述	1. 假设账号背景 2. 初步定位账号和方向,选择同类型自媒体账号,间接获取目标人群基本信息 3. 进行用户画像,从年龄、性别、地域和爱好四个维度形成同类账号的用户画像 4. 通过间接得到的用户画像,进行账号的定位		
学习方法	1. 教师讲授 2. 学生实践		
所涉及的专业知识	用户画像的概念、内容和方法,用户调研,用户行为数据搜集,用户行为分析方法		
本任务与其他任务的关系	本任务与其他任务为平行关系		
学习材料与工具	学习材料:任务指导书后所附的基础知识 学习工具:项目任务书、任务指导书、手机、笔		
学习组织方式	部分步骤以团队为单位组织,部分步骤以个人为单位组织		

任务指导书

完成任务的基本路径如下。

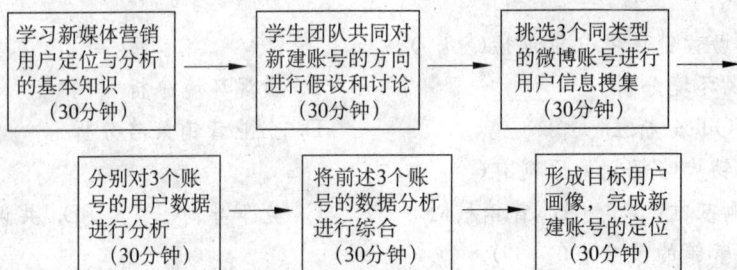

```
┌──────────────┐     ┌──────────────┐     ┌──────────────┐
│学习新媒体营销 │     │学生团队共同对 │     │挑选3个同类型  │
│用户定位与分析 │ ──▶ │新建账号的方向 │ ──▶ │的微博账号进行 │ ──▶
│的基本知识     │     │进行假设和讨论 │     │用户信息搜集   │
│（30分钟）     │     │（30分钟）     │     │（30分钟）     │
└──────────────┘     └──────────────┘     └──────────────┘

┌──────────────┐     ┌──────────────┐     ┌──────────────┐
│分别对3个账    │     │将前述3个账    │     │形成目标用户   │
│号的用户数据   │ ──▶ │号的数据分析   │ ──▶ │画像，完成新   │
│进行分析       │     │进行综合       │     │建账号的定位   │
│（30分钟）     │     │（30分钟）     │     │（30分钟）     │
└──────────────┘     └──────────────┘     └──────────────┘
```

第一步：听教师讲解新媒体营销用户定位与分析的基本知识，填写基础知识测试表，见表 4-1。

表 4-1　新媒体营销的基础知识测试

项　　目	基 础 知 识
用户画像的标签体系	
用户画像的主要内容	
创建用户画像的方法	
新媒体用户行为调研的方法	

第二步：假设自己要开设的账号主题，思考原因并做出简单介绍，填写表 4-2。

表 4-2　账号规划假设

项　　目	假设内容及原因
公众号主题风格	
目标人群	
账号申请平台	如微信、微博、简书等

值得注意的是，上述规划是基于常识和直观性的判断，是比较模糊宽泛的设定。这一步能够确定出要开设的公众号的大致方向，后续的具体分析是在此基础上展开的。

第三步：选择 3 个类似的微博账号为粉丝信息提取做准备。在选择账号的时候要选择同类型的账号，且满足：①目标粉丝定位基本相同（包括年龄、性别、兴趣爱好等）；②拥有足够多的粉丝，具有代表性；③活跃度较高，具有时效性。填写表 4-3。

表 4-3　同类型微博账号选择

1. _____	2. _____	3. _____

分别找到这 3 个账号的某条热门微博，进行单条微博分析。热门微博原则是高转发量、高评论数和高点赞数。分别截图所选的热门微博，填入表 4-4。

表 4-4 热门微博展示

微 博 内 容	转发量	评论数	点赞数
1.			
2.			
3.			

第四步：分别对 3 条微博进行分析，间接获取目标粉丝的信息。至少具备 4 个维度：粉丝性别、粉丝年龄、粉丝地域和粉丝兴趣标签。具体分析结果用图表进行展示（此处可以使用微博铀媒进行粉丝分析）。

注：每条微博按 4 个维度至少展示 4 张图，这里总共展示不少于 12 张图。

第五步：分别从前述几个维度的数据完成目标粉丝的用户画像。①目标粉丝年龄分析；②目标粉丝性别分析；③目标粉丝地域分析；④目标粉丝兴趣图谱和情感需求分析。

将 3 条微博的粉丝兴趣标签进行优先级赋值和归并计算，找出得分较高的前 10 个兴趣标签，填入表 4-5。

表 4-5 粉丝标签与赋值

账号 1 标签＋赋值	账号 2 标签＋赋值	账号 3 标签＋赋值	合并排序标签＋赋值

对合并排序得出的兴趣标签进行处理，填入表 4-6，在符合的象限内打钩。

表 4-6　粉丝兴趣标签与兴趣—行为动机

兴趣标签	兴趣—行为动机							
	享乐/释放	融合/沟通	顺从/归属	舒适/安全	理性/压抑	个性/独特	能力/地位	活力/探索
合计								

注:在兴趣标签列填写从表 4-5 中得出的排序前 10 的兴趣标签,根据标签特性在符合的兴趣—行为动机中打钩,在最下一行合计出该列出现的打钩次数。

第六步:根据前述对目标用户的基本信息进行间接获取和分析后,完成用户画像,填写表 4-7。

表 4-7　用户画像

维　　度	具　体　描　述
性别	
年龄	
地域	
兴趣爱好	
兴趣—行为动机	

根据用户画像,完成新建账号的定位,填写表 4-8。

表 4-8　新建账号的定位

定位	请用一句话阐述账号的定位	
定位分解	具　体　描　述	理　　由
语言风格		
排版风格		
栏目规划		
主题色彩		

基础知识

一、了解新媒体营销的用户画像

（一）用户画像的概念

Alan Cooper（交互设计之父）最早提出了用户画像的概念，即真实用户的虚拟代表，是建立在一系列真实数据之上的目标用户模型。通过用户调研去了解用户，根据他们的目标、行为和观点的差异，将他们区分为不同的类型，然后从每种类型中抽取出典型特征，赋予名字、照片、一些人口统计学要素、场景等描述，就形成了一个用户画像。

但随着互联网的发展，用户画像又有了新的内涵：根据用户人口学特征、网络浏览内容、网络社交活动和消费行为等信息而抽象出的一个标签化的用户模型。其核心工作主要是利用存储在服务器上的海量日志和数据库里的大量数据进行分析和挖掘，给用户贴"标签"（图 4-1），而"标签"是能表示用户某一维度特征的标识，主要用于业务的运营和数据分析。

图 4-1 给用户贴"标签"

用户画像即用户信息标签化，就是通过搜集与分析消费者社会属性、生活习惯、消费行为等主要数据，抽象出用户的商业全貌。简单来说，就是给用户贴标签。

用户画像是一种快速、精准的分析用户行为模式、消费习惯等商业信息的数据分析工具，能够全面细致地抽象出用户的信息全貌，了解并跟踪用户需求变化并分析探求用户需求变化的根本原因，为企业进行精准营销、提升用户体验奠定了基础。

（二）用户画像的标签体系

传统用户数据信息搜集很难，容易出现缺失，很难形成准确、全方位的画像，而在互联网大数据的背景下,我们能够相对容易地获取到维度更多、信息更全的数据,构建一个 360°的用户画像,包括用户的基本信息、消费信息、社交信息等维度。将搜集到的信息输入计算机,进行数据清洗、抽象化、逻辑化,就能形成用户画像的标签体系,如图 4-2 所示。

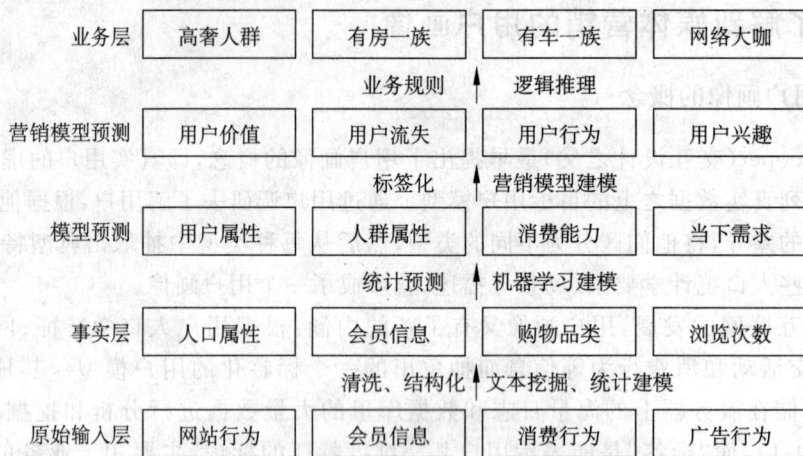

业务层	高奢人群	有房一族	有车一族	网络大咖
	业务规则　↑　逻辑推理			
营销模型预测	用户价值	用户流失	用户行为	用户兴趣
	标签化　↑　营销模型建模			
模型预测	用户属性	人群属性	消费能力	当下需求
	统计预测　↑　机器学习建模			
事实层	人口属性	会员信息	购物品类	浏览次数
	清洗、结构化　↑　文本挖掘、统计建模			
原始输入层	网站行为	会员信息	消费行为	广告行为

图 4-2　标签体系建立来源层级

(三)用户画像的主要内容

1. 人口统计

人口统计主要描绘一个人基本信息,包括姓名、性别、年龄、住址、婚姻、学历、电话号码、邮箱等。

2. 社会属性

社会属性主要包括用户的家庭状况和工作状况。家庭状况如家庭人数、老人标签、小孩标签、汽车标签等;工作状况包括工作地点、行业、职位等。

3. 消费特性

消费特性主要描绘用户平常的消费习性与消费水平。例如,经常消费的人,肯定是购买能力强的。

4. 爱好兴趣

爱好兴趣用于描绘客户有哪方面的兴趣爱好,是旅游爱好者、健身爱好者或是音乐爱好者,据此判定客户可能会喜欢的内容。

5. 行为信息

行为信息用于描绘用户近期行为。例如,登录次数、登录时长、评论次数、点赞次数、下单偏好等。

除了上述通用的特征外,用户画像包含的内容也并非完全固定,根据行业和产品的不同,关注的特征也有不同。

(四)创建用户画像的方法

创建用户画像的方法有很多,较为经典的主要有 Alen Cooper 的"七步人物角色法"

（图 4-3）和 Lene Nielsen 的"十步人物角色法"（图 4-4 和表 4-9）。

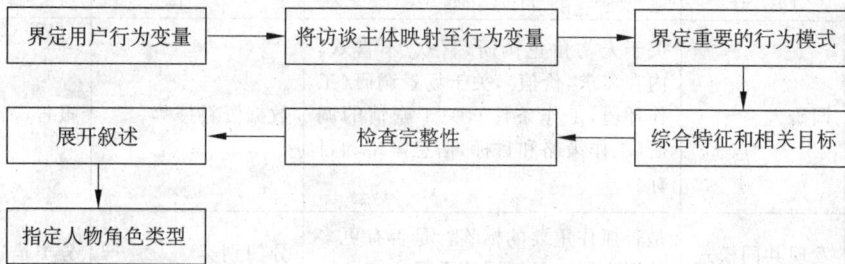

```
┌─────────────────┐     ┌─────────────────────┐     ┌─────────────────┐
│ 界定用户行为变量 │ ──> │ 将访谈主体映射至行为变量 │ ──> │ 界定重要的行为模式 │
└─────────────────┘     └─────────────────────┘     └─────────────────┘
                                                              │
                                                              ▼
┌─────────────────┐     ┌─────────────────┐     ┌─────────────────┐
│    展开叙述     │ <── │   检查完整性    │ <── │ 综合特征和相关目标 │
└─────────────────┘     └─────────────────┘     └─────────────────┘
        │
        ▼
┌─────────────────┐
│ 指定人物角色类型 │
└─────────────────┘
```

图 4-3　Alen Cooper 的"七步人物角色法"

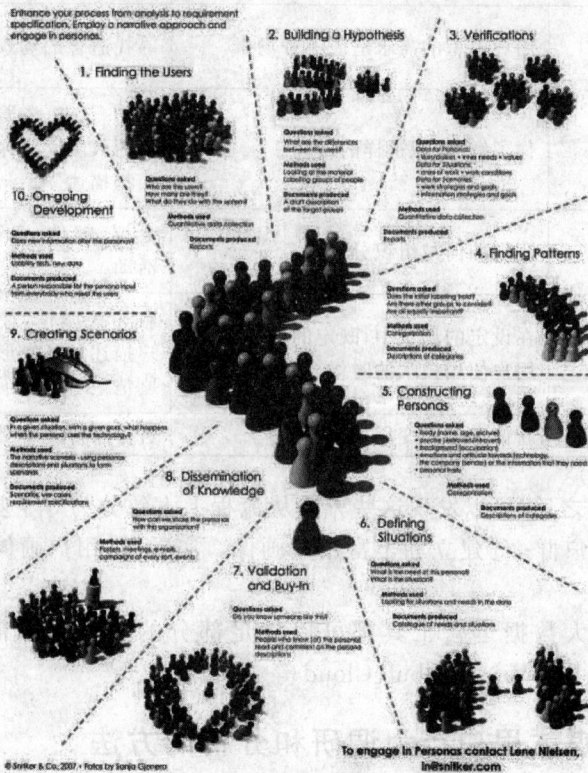

图 4-4　Lene Nielsen 的"十步人物角色法"

表 4-9　Lene Nielsen 的"十步人物角色法"

步　骤	内　容	目　标	方　法	输　出
第一步	发现用户	谁是用户？有多少用户？他们对品牌和系统做了什么	数据资料分析	报告
第二步	建立假设	用户之间的差异都有什么	查看一些材料，标记用户人群	大致描绘出目标人群

续表

步　骤	内　容	目　标	方　法	输　出
第三步	调研	关于人物角色调研（喜欢/不喜欢，内在需求，价值），关于场景调研（工作环境，工作条件），关于剧情的调研（工作策略和目标，信息策略和目标）	数据资料搜集	报告
第四步	发现共同模式	是否抓住重要的标签？是否有更多的用户群？是否同等重要	分门别类	分类描述
第五步	构造虚构角色	基本信息（姓名、性别、照片）、心理（外向、内向）、背景（职业）、对待技术的情绪与态度、其他需要了解的方面、个人特质等	分门别类	类别描述
第六步	定义场景	用户模型的需求适应哪种场景	寻找适合的场景	需求和场景的分类
第七步	复核与买进	你了解/认识这样的人吗	了解/认识这类用户的人阅读并评论人物描述	
第八步	知识的散布	我们如何与组织分享角色	会议、邮件、竞赛、活动	
第九步	创建剧情	在设定的场景中，既定的目标下，当用户使用技术的时候会发生什么	叙述式剧情，使用户描述和场景形成剧情	剧情、用户案例、需求规格说明
第十步	持续的发展	新信息会改变用户模型吗	可行性测试，新数据	

当了解上述方法之后，可以发现这些方法从流程上大致分为 3 个步骤：①获取和研究用户信息；②细分用户群；③建立和丰富用户画像。实际上，用户画像的第一步就是用户调研工作。

工具推荐：很多大数据运营工具都可以满足部分的用户画像需求，例如诸葛 IO、growingIO、BlueMC、BlueView、Cobub Cloud 等。

二、熟悉新媒体用户行为调研和分析的方法

用户行为调研和分析是产品经理工作中经常遇到的工作任务，掌握相应的方法能够使工作效率更高。

（一）用户调研

用户调研是指通过各种方式得到受访者的建议和意见，并对此进行汇总，研究事物的总特征。目的在于为生产提供相关数据基础。传统的用户调研有非常多的方法，常见的有眼动实验、可用性测试、用户访谈、A/B测试、问卷调查、情境调查（实地考察）、焦点小组、参与式设计等。

1. 用户访谈

用户访谈是最直接、最有效的方式,在访谈中可以与用户进行更长时间、更深入的交流。较容易获得用户真实的想法以及潜在因素等,通常用于解决特定的问题。清晰的目标确定之后,还需要仔细推敲与打磨调研者提出的问题。

2. 问卷调查

问卷调查是大家比较熟悉的调研方法。问卷调查的优势在于调查面广、能够获得更多人的反馈以进行数据统计/分析。缺点是不够深入,并且问卷在设计上很大程度会左右用户的回答,所以设计一份合理的问卷直接决定了这次调研的质量。一份优秀的问卷应考虑两个方面:篇幅与问题类型。问卷答卷时间不宜超过 15 分钟,并且设置的题目应尽量具体、不空洞。在问题设置上也要尽量避免使用封闭式的问题(提供多个选项,与选择题相似),因为这类问题很容易诱导被调研者,从而产生不准确的结论。另外使用半封闭与开放式问题的好处在于这类问题能引发被调研者进一步思考,获得更准确的信息。

3. 情境调查

情境调查(实地考察)在一些比较传统的书籍中也被称为"现场观摩",到了现在更多的是进行场景上的重现。说直白一点就是创造用户平时使用产品的场景,看用户在熟悉的环境下如何进行操作,在 B 端产品中通常就是进行上门实地考察。这种做法能够让产品人员对需求与业务流程建立更直观的认识并且更容易获得一些被忽略的细节。在观摩的过程中需要多思考,努力总结出整个任务的步骤、找到脉络。

(二)用户行为数据采集

用户调研的主要目的就是搜集用户数据。用户数据分为静态数据和动态数据两类,如图 4-5 所示。静态数据主要是针对用户的人口属性、商业属性、消费意向、生活形态、CRM 五大维度,通过定性和定量相结合的方式进行分析得到的数据。

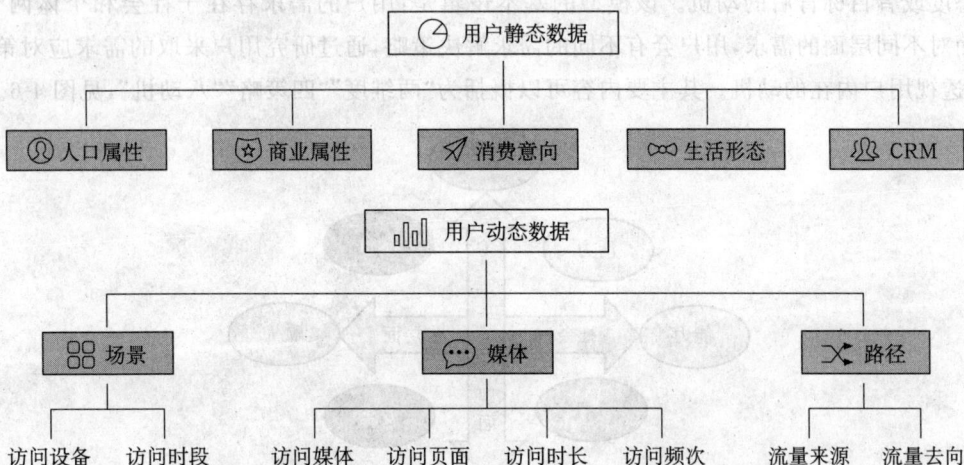

用户静态数据
人口属性　商业属性　消费意向　生活形态　CRM

用户动态数据
场景　媒体　路径
访问设备　访问时段　访问媒体　访问页面　访问时长　访问频次　流量来源　流量去向

图 4-5　搜集用户数据

动态数据就是指用户不断变化的行为信息。一个用户打开了网页,登录了账号,购买了某件产品等,这些都是用户行为。随着互联网发展,各种动态的行为数据都可以被记录下来。

(三) 目标分析

在搜集到用户行为数据后,下一步就是要分析这些数据,归纳出有用的需求,最终为每个用户打上标签,并设置标签的权重。用户画像不仅是进行用户行为分析要得出的结果,还是一种用户行为分析的方法。数据分析方法包括心智模型图和 Censydiam 用户动机分析模型。

1. 心智模型图

心智模型图(mental model diagram)是 Indi Young 总结的一种直观的信息归纳方法。最早被她用于分析产生用户行为的内在心理动机的工作中。心智模型图包括摘要、共性和属性 3 个要素。具体分析过程如下。

(1) 将已有的大量事实和数据无遗漏地浓缩成相互独立的一个个摘要。

(2) 找出相似摘要间的联系,分组得到共性。

(3) 将共性按根本的区别再分类,得到属性。

当心智模型图用于需求的分析与归纳时,摘要、共性和属性 3 个要素可以灵活地转换为"摘要""需求""需求类别"。

首先,将所有调研搜集到的信息进行"摘要化",即把所有的调研信息记录变成一个个摘要。然后,将有联系的摘要归纳成为一类需求。而当你认为同一题能提取多于一个摘要的时候,事实上,你就应该分组或分维度去解析同一个问题了。最终,运用心智模型图后,我们得到的产物便是有分类的需求列表。

2. Censydiam 用户动机分析模型

Censydiam 用户动机分析模型是由 Censydiam 研究机构提出来的,主要用于研究用户行为、态度或者目标背后的动机。该模型的基本逻辑是:用户的需求存在于社会和个体两个层面,面对不同层面的需求,用户会有不同的需求解决策略,通过研究用户采取的需求应对策略,可以透视用户内在的动机。其主要内容可以概括为"两维度""四策略""八动机",见图 4-6。

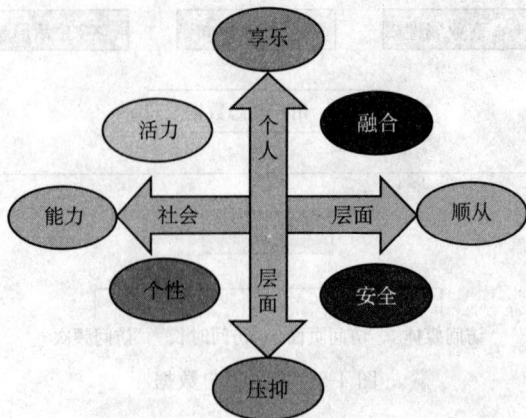

图 4-6　Censydiam 用户动机分析模型

"两维度"是指用户的需求存在于社会和个人两个层面。社会层面,用户经常需要在寻求群体归属和保持自我独立之间进行权衡,即群体是个人归属感和安全感的根本来源,同时,个人又需要在社会交往中充分展现自身的个性和能力,以及在与他人比较下获得自尊感和成就感,这个维度可以很好地帮助产品经理理解自己的产品将如何帮助用户塑造自身与周围社会之间的关系。个人层面,一个人产生需求欲望时,可以压制自己的欲望,也可以将其释放出来。压制往往是由对需求的必要性或是满足需求的能力的质疑或不确定而导致的,而释放则是来源于自信开放的心态。这个维度可以帮助预测用户对产品的满意度。

"四策略"是指个人面对自身客观存在的需求时,可能采取的四种满足策略:①在集体中寻找到快乐,从众和谐;②回到自己的内心世界,克制欲望;③表达成功自我,得到他人的赞许;④释放内心欲望,积极享受,探索更广阔的世界。

"八动机"是指通过用户满足需求的策略透视用户的 8 种行为动机:①享乐/释放。②顺从/归属。③理性/压抑。④能力/地位。它们分别处于模型的 4 个端点上,属于最基本的行为动机。⑤活力/探索,该象限的用户对花花世界充满了好奇,他们拥抱一切新奇的东西,渴望新的情感及挑战自我,自由、激情、冒险、速度总是他们的代名词。⑥个性/独特,该象限的用户则总是表现得非常理智,他们也希望自己被他人注意到,众人的关注使他们拥有一种优越感,但相比于希望体现能力的人,他们还缺少强势和对他人的控制力。⑦舒适/安全,该象限的用户总是关乎内心世界的,需要得到放松和宁静,希望被保护、被关心,有时候会从童年或过去美好的时光中寻找依赖。⑧融合/沟通,该象限的用户总有一个开放的心态,希望与他人分享自己的快乐、分享友好,易于相处是他们经常得到的称赞。

三、熟悉基于用户行为分析的定位方法

用户行为分析是指在获得网站访问量基本数据的情况下,对有关数据进行统计、分析,从中发现用户访问网站的规律,并将这些规律与网络营销策略等相结合,从而发现目前网络营销活动中可能存在的一些问题,并为进一步修正或重新制定网络营销策略提供依据。通过用户行为分析,才能更加精准地定位用户。

在日常的用户分析中,常用 6 类分析方法,包括行为事件分析、点击分析模型、用户路径分析、用户健康度分析、漏斗分析模型和用户画像分析。由于用户画像已经进行了详细介绍,本节主要介绍其他 5 种分析方法。

(一)行为事件分析

行为事件分析法是用户分析的第一步,也是用户分析的核心和基础。行为事件分析用于研究某行为事件的发生对企业组织价值的影响及影响程度,企业借此来追踪或记录用户行为或业务过程,如用户注册、浏览产品详情页、下单等,通过研究与事件发生关联的所有因素来挖掘用户行为事件背后的原因、交互影响等。

在日常工作中,运营、市场、产品、数据分析师根据实际工作情况关注不同的事件指标。例如,最近 3 个月来自哪个渠道的用户注册量最高?变化趋势如何?上月来自某市发生过购买行为的独立用户数,按照年龄段分布情况如何?诸如此类指标查看的过程中,行为事件分析起到重要作用。

行为事件分析法一般经过行为事件定义与选择、多维度下钻分析、解释与结论三大环节。

1. 行为事件定义与选择

对用户行为进行分析，要将其定义为各种事件，而将人物（who）、时间（when）、地点（where）、交互（how）、交互的内容（what）聚合在一起，便构成了一个完整的用户行为事件。

2. 多维度下钻分析

当行为事件分析合理配置追踪事件和属性，可以激发出事件分析的强大潜能，为企业回答关于变化趋势、维度对比等各种细分问题。在此基础上再进行细分筛查时，才可以更好地精细化定位问题来源。

3. 解释与结论

解释与结论是指得出分析报告阶段。在这个阶段先对分析结果进行合理的理论解释，判断数据分析结果是否与预期相符。如果相悖，则应该针对不足的部分再进行分析与实证。

（二）点击分析模型

在用户行为分析领域，点击分析被应用于显示页面或页面组（结构相同的页面，如商品详情页、官网博客等）区域中不同元素点击密度的图示，包括元素被点击的次数、占比、发生点击的用户列表、按钮的当前与历史内容等因素。

1. 点击分析方法主要解决的问题

（1）精准评估用户与产品交互背后的深层关系。

（2）实现产品的跳转路径分析，完成产品页面之间的深层次的关系需求挖掘。

（3）与其他分析模型配合，全面视角探索数据价值，深度感知用户体验，实现科学决策。

2. 点击分析模型分析用途

在官网、活动页面、产品频道/首页、详情页中，点击分析通用的两种形式包括可视化与固定埋点，可视化多用热力图进行呈现，运营可以根据点击密度来判断用户的浏览喜好。

（三）用户路径分析

用户路径分析可以追踪用户从某个开始行为事件直到结束事件的行为路径，是一种监测用户流向，从而统计产品使用深度的分析方法，以帮助业务人员了解用户行为分布情况，对海量用户的行为习惯形成宏观了解。

将用户路径分析与其他数据分析模型相结合，可以帮助使用者洞察用户看似平常的行为背后真正的思想，从而摆脱"大海捞针"式的用户行为数据查询。使用者既可以有的放矢，有针对性地解决问题；也可以日常监测用户的行为路径，及时发现用户的核心关注点及干扰选项，引导用户持续挖掘产品及服务的价值。

（四）用户健康度分析

用户健康度是基于用户行为数据综合考虑的核心指标，体现产品的运营情况，为产品的发展进行预警。包括三大类型指标：产品基础指标、流量质量指标、产品营收指标。它们三者构成了评价产品健康度的体系，也各有侧重点。

产品基础指标主要用于评价产品本身的运行状态，包括 UV、PV、IP 数、新用户数。流量质量指标主要用于评价用户流量的质量高低,包括跳出率、人均停留时间、用户留存率、用户回访率、人均浏览次数。产品营收指标主要用于评价产品的盈利能力与可持续性,包括客单价(ARPU)、订单转化率、用户支付金额(GMV)。

1. 产品基础指标

(1) UV:独立访客数(unique visitor),是指在互联网上访问、浏览这个网页的自然人。但对于 UV 的定义有一个时间限制,一般是一天之内,如果一个用户一天内多次访问也只计算为一个访客。UV 是衡量产品量级的最重要指标之一。

(2) PV:页面浏览量(page view),用户每一次对网站中每个网页的访问均被记录为一次。用户对同一页面的多次访问,则访问量累计。因此,一般 PV 值大于 UV 值。

(3) IP 数:IP 访问数是指一天之内访问产品的不重复 IP 数。如果一天内相同 IP 地址多次访问你的产品,只计算为一次有效 IP 访问数。

(4) 新用户数:对于电商来说,新用户一般定义为未注册或者已注册但还未进行首单支付的用户。一个新用户到老用户的转变过程可以用四象限空间来划分:次数、金额、时间、品类。

2. 流量质量指标

(1) 跳出率:也称蹦失率,跳出率=浏览单页即退出的次数/访问次数。浏览单页即退出的次数——简单地说,就是进入某个页面后没有点击就离开。跳出率一般用来衡量用户访问质量,高跳出率通常表示内容对用户不具针对性(不吸引人)。

(2) 人均停留时间:是指用户浏览某一页面时所花费的平均时长,人均停留时间越长,说明网站或页面对用户的吸引力越强,带给用户有用的信息也就越多。

(3) 用户留存率:留存指的就是"有多少用户留下来了"。用户在某段时间内开始使用应用的用户,经过一段时间后,仍然继续使用的用户,被认作是留存用户。用户留存率=新增用户中登录用户数/新增用户数(一般统计周期为天)。用户留存率反映的实际上是用户的一个留存漏斗,即新用户转化为活跃用户、稳定用户、忠诚用户的过程,宏观观察用户的生命进程情况,通过用户的后期留存情况就能从一个层面把握渠道质量,例如付费、黏性、价值量、CAC 成本。

(4) 用户回访率:用户在某段时间内开始使用应用,经过一段时间后,继续登录使用的用户,被认作是回访用户。例如用户在使用该 App 之后的 N 天(周/月)之后,再次使用该 App 的比例,叫作 N 天(周/月)回访率。留存与回访的区别是:前者是新增多少用户,留下来多少;后者是在某时间段内,用户再次使用、访问 App、软件的数量。

3. 产品营收指标

(1) 客单价:客单价=支付有效金额/支付用户数。客单价反映一个用户平均支付的金额,金额越高,为企业带来的利润也越多,因此,提升客单价是一个很好的刺激毛利润的方法,例如常见的促销手段:买 2 件减 10 元,买 2 件送赠品等。

(2) 订单转化率:订单转化率=有效订单用户数/UV。订单转化率是做成交易获得营收的一个关键因素,转化越高,表示在目标页面下单的用户越多。

(3) 用户支付金额:用户支付金额就是产品某段时间的流水。产品的营收做得好与不好,主要就是看支付流水。盈利模式如何、有没有稳定的创收能力,是对一个产品终极的考验(战略烧钱和圈用户的先不算在内)。

产品营收指标恒等式如下。

销售额＝访客数×成交转化率×客单价

销售额＝曝光次数×点击率×成交转化率×客单价

(五) 漏斗分析模型

漏斗分析是一套流程式数据分析，它是能够科学反映用户行为状态及从起点到终点各阶段用户转化率情况的重要分析模型。

漏斗分析模型已经广泛应用于流量监控、产品目标转化等日常数据运营与数据分析的工作中。例如在一款产品服务平台中，直播用户从激活 App 开始到花费，一般的用户购物路径为激活 App、注册账号、进入直播间、互动行为、礼物花费五大阶段，漏斗能够展现出各个阶段的转化率，通过漏斗各环节相关数据的比较，能够直观地发现和说明问题所在，从而找到优化方向。

自我练习

选择题

1. 创建用户画像的方法有(　　　)。

   A. 三步人物角色法　　　　　　B. 五步人物角色法

   C. 七步人物角色法　　　　　　D. 十步人物角色法

2. 目标分析的方法除了用户画像，还有(　　　)。

   A. 心智模型图　　　　　　　　B. Censydiam 用户动机分析模型

   C. SWOT 模型　　　　　　　　D. 4P 模型

3. 用户健康度包括三大类型指标，它们是(　　　)。

   A. 产品基础指标　　　　　　　B. 流量质量指标

   C. 产品营收指标　　　　　　　D. 产品营收价值

任务五　了解不同类型的新媒体营销

当用户群体数量变得庞大时，搭建新媒体营销矩阵非常有必要，可以进一步细分用户群体，并制定相对应的运营策略，促进用户增长。

学习完本任务，学生能针对不同的新媒体营销方式，制定新媒体平台的组合营销策略，选择不同的新媒体营销平台，撰写部署方案，完成新媒体平台的注册与信息完善等账号搭建。

项目任务书

课内学时	8	课外学时	持续 2 周，累计不少于 4 学时
学习目标	1. 了解不同类型的新媒体营销平台特点 2. 熟悉不同类型新媒体营销平台的注册使用方法 3. 熟悉不同新媒体营销平台组合运营的策略 4. 选择部分新媒体平台完成新媒体矩阵的搭建		

续表

项目任务描述	1. 整理不同类型的新媒体营销平台,并分析其特点 2. 根据自身内容/产品定位,针对8个主流新媒体营销方式,经过分析比较分别选择2个具体平台 3. 针对选定后的2个平台,分别撰写部署方案 4. 根据部署方案,分别进行8个平台的账号注册与信息完善 5. 完成新媒体矩阵的搭建,结合私域流量打造,撰写新媒体矩阵运营方案
学习方法	1. 听教师讲解相关知识 2. 学生动手实践
所涉及的专业知识	微信营销、微博营销、直播营销、短视频营销、社群营销、搜索引擎营销、电商平台营销、信息流营销
本任务与其他任务的关系	本任务与其他任务为平行关系。本任务所组建的团队在以后的任务中会继续延用
学习材料与工具	学习材料:任务指导书后所附的基础知识 学习工具:项目任务书、任务指导书、计算机、手机、笔
学习组织方式	部分步骤以团队为单位组织,部分步骤以个人为单位组织

任务指导书

完成任务的基本路径如下。

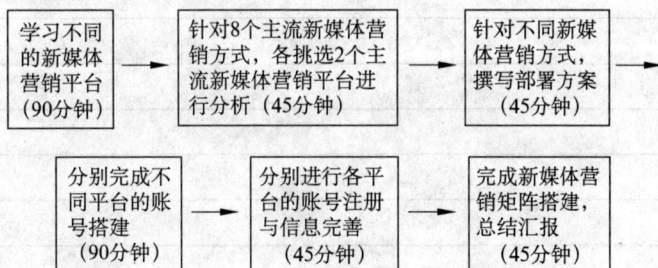

学习不同的新媒体营销平台(90分钟) → 针对8个主流新媒体营销方式,各挑选2个主流新媒体营销平台进行分析(45分钟) → 针对不同新媒体营销方式,撰写部署方案(45分钟) →

分别完成不同平台的账号搭建(90分钟) → 分别进行各平台的账号注册与信息完善(45分钟) → 完成新媒体营销矩阵搭建,总结汇报(45分钟)

第一步:通过教师讲解,学生了解并且学习不同类型的新媒体营销,完成基础知识测试表,见表5-1~表5-8。

表5-1 微信营销基础知识测试

微信营销的特点:
1.
2.
3.
微信营销的运作模式:
1.
2.

3.	
4.	
5.	
微信营销的方法：	
1.	
2.	
3.	
4.	
微信公众平台营销的优势：	
1.	
2.	
3.	
4.	
5.	

表 5-2　微博营销基础知识测试

微博营销的特点：	
1.	
2.	
3.	
4.	
5.	
6.	
7.	
8.	
9.	
10.	
11.	
微博营销的优点：	
1.	
2.	
3.	
4.	
5.	
6.	

续表

微博营销的缺点：
1.
2.
3.
4.
5.
通过案例分析微博营销：

表 5-3 直播营销基础知识测试

直播平台的分类：
1. 直播内容：
2. 直播渠道：
直播平台营销的模式：
1.
2.
3.
4.
通过常见的直播平台分析直播营销：

表 5-4 短视频营销基础知识测试

短视频营销的特点：
1.
2.
3.
短视频营销的策略：
1.
2.
3.
4.
5.

表 5-5　社群营销基础知识测试

社群营销的优势：
1.
2.
3.
社群营销模式的分析：
根据社群的特点分析成果案例：
1. 教父型社群：
2. 圈子型社群：
3. 学习型社群：
4. 服务型社群：
5. 产品型社群：

表 5-6　搜索引擎营销基础知识测试

搜索引擎的类别：
1.
2.
3.
4.
5.
6.
7.
8.
搜索引擎的营销运用：
1.
2.
3.
4.
5.

表 5-7 电商平台基础知识测试

电商平台的优势：
1.
2.
3.
4.
5.
6.
电商平台的劣势：
1.
2.
3.
4.
5.
6.
7.
8.
9.
10.
11.

表 5-8 信息流营销基础知识测试

信息流营销的优势：
1.
2.
3.
4.
信息流营销的目的：
1.
2.
3.
4.

第二步：针对 8 个主流新媒体营销方式，各选择 2 个具体平台结合第一步中的基础知识进行营销分析并且撰写部署方案。

第三步：从 8 个新媒体营销方式中各挑选 1 个具体的新媒体渠道，组成自己营销的 8 个新媒体渠道，分别说明选择该渠道的原因，并简析各营销类型的特点，填写表 5-9。

表 5-9　新媒体矩阵搭建与分析

新媒体平台	平台的定位和调性	选择该平台的原因
微信营销平台		
微博营销平台		
某直播平台		
某短视频平台		
社群营销		
某搜索引擎平台		
某电商平台		
某信息流平台		

注：请根据实际选择情况填写具体的相关类型新媒体、平台的定位和调性，吸引的是什么样类型的受众。

第四步：分别完成 8 个平台的账号搭建和信息完善，填写表 5-10～表 5-17。

表 5-10　自媒体平台搭建

1. 微信个人号（该账号可作为营销者，也可仅服务于微信公众号，作为用户运营的客服号） 请记录注册过程中所涉及的一些展示信息的填写，如昵称、头像、签名、朋友圈封面等。 2. 微信公众号 请记录注册过程中所涉及的一些展示信息的填写，如公众号名称、头像、简介等。 3. 微信号的定位（请分别说明个人号和公众号）

表 5-11　微博平台搭建

表 5-12　直播平台搭建

1. 抖音账号： 2. 简介： 3. 抖音号的具体营销步骤：

表 5-13 短视频平台搭建

表 5-14 社群平台搭建

表 5-15 搜索引擎平台搭建

表 5-16 电商平台搭建

表 5-17 信息流平台搭建

注:在每个表格中填写注册账号时所填写的主要信息。

第五步:完成八大平台的内容规划,结合第一步、第二步的知识,构建私域流量池。

第六步:完成新媒体矩阵的搭建,结合私域流量打造,撰写新媒体矩阵运营方案并且总结汇报。

基础知识

一、微信营销

(一)微信营销的概念

微信营销是网络经济时代企业或个人营销模式中的一种,它是伴随着微信的火热而兴起的一种网络营销方式。微信不存在距离的限制,用户注册微信后,可与周围同样注册的"朋友"形成一种联系,用户订阅自己所需的信息,商家通过提供用户所需要的信息,推广自己的产品,从而实现点对点的营销。

微信营销主要体现在以安卓系统、苹果系统的手机或者平板电脑中的移动客户端进行的区域定位营销,商家通过微信公众平台,结合转介率微信会员管理系统展示商家微官网、微会员、微推送、微支付、微活动,已经形成了一种主流的线上线下微信互动营销方式。

(二)微信营销的特点

(1) 点对点精准营销:微信拥有庞大的用户群,借助移动终端、天然的社交和位置定位等优势,每个信息都是可以推送的,能够让每个个体都有机会接收到这个信息,继而帮助商家实现点对点精准化营销。

(2) 形式灵活多样:微信用户可以通过漂流瓶发布语音或者文字,然后投入大海中,如果有其他用户"捞"到,则可以展开对话。

(3) 强关系的机遇:微信的点对点产品形态注定了其能够通过互动的形式将普通关系发展成强关系,从而产生更大的价值。通过互动的形式与用户建立联系,互动就是聊天,可以解答疑惑、讲故事甚至"卖萌",用一切形式让企业与消费者形成朋友的关系,你不会相信陌生人,但是会信任你的"朋友"。

(三)微信营销的运作模式

1. 草根广告式——查看附近的人

产品描述:微信中 LBS(基于位置的服务)的功能插件"查看附近的人"可以使更多陌生人看到这种强制性广告。

功能模式:用户点击"查看附近的人"后,可以根据自己的地理位置查找到周围的微信用户。在这些附近的微信用户中,除显示用户姓名等基本信息外,还会显示用户签名档的内容,所以用户可以利用这个免费的广告位为自己的产品打广告。

营销方式:营销人员在人流最旺盛的地方后台 24 小时运行微信,如果"查看附近的人"使用者足够多的话,这个广告效果也会随着微信用户的数量而上升,这个简单的签名栏也许会变成移动的"黄金广告位"。

2. 品牌活动式——漂流瓶

产品描述:移植到微信上后,漂流瓶的功能基本上保留了原始简单易上手的风格。

功能模式:漂流瓶具有两个"扔一个"和"捡一个"的简单功能。①"扔一个",用户可以选择发布语音或者文字,然后投入大海中;②"捡一个","捞"大海中无数个用户投放的漂流瓶,"捞"到后也可以和对方展开对话,但每个用户每天只有 20 次机会。

营销方式:微信官方可以对漂流瓶的参数进行更改,使合作商家推广的活动在某一时间段内抛出的漂流瓶数量大增,普通用户"捞"到的频率也会增加。加上漂流瓶模式本身可以发送不同的文字内容甚至语音小游戏等,如果营销得当,也能产生不错的营销效果。而这种语音的模式,也会让用户觉得更加真实。但如果只是纯粹的广告语,是会引起用户反感的。

3. O2O 折扣式——扫一扫

产品描述:二维码发展至今,其商业用途越来越多,所以微信也就顺应潮流结合 O2O 展开商业活动。

功能模式:将二维码图案置于取景框内,然后你将获得成员折扣、商家优惠或是一些新闻资讯。

营销方式:移动应用中加入二维码扫描这种 O2O 方式早已普及开来,对于坐拥上亿用户且活跃度足够高的微信,其价值不言而喻。

4. 互动营销式——微信公众平台

产品描述:对于大众化媒体、明星及企业而言,如果微信开放平台+朋友圈的社交分享功能的开放,已经使微信成为一种移动互联网上不可忽视的营销渠道,那么微信公众平台的上线,则使这种营销渠道更加细化和直接。

5. 微信开店

这里的微信开店(微信商城)并非微信"精选商品"频道升级后的腾讯自营平台,而是由商户申请获得微信支付权限并开设微信店铺的平台。截至 2013 年年底,公众号申请微信支付权限需要具备两个条件:第一必须是服务号;第二是申请微信认证,以获得微信高级接口权限。商户申请了微信支付后,才能进一步利用微信的开放资源搭建微信店铺。

(四)微信营销的方法

1. 大小号助推加粉

很多商家在尝试做微信营销的时候都是采用小号,修改签名为广告语,然后再寻找附近的人进行推广的方式。作为一种新兴的营销方式,商家完全可以借用微信打造自己的品牌和 CRM。因此个人建议采用注册公众账号,在粉丝达到 500 名之后,以申请认证的方式进行营销更有利于商家品牌的建设,也方便商家推送信息和解答消费者的疑问,更重要的是可以借此免费搭建一个订餐平台。小号则可以通过主动寻找附近的消费者来推送大号的引粉信息,以此将粉丝导入大号中统一管理。

2. 打造品牌公众账号

注册公众账号时,首先应有一个 QQ 号,然后登录公众平台网站注册即可。申请公众账号之后,在设置页面对公众账号的头像进行更换,建议更换为店铺的招牌或者 Logo,Logo 的大小以不变形可正常辨认为准。此外,在微信用户信息中填写店铺的相关介绍。回复设置的添加分为被添加自动回复、用户消息回复、自定义回复三种,商家可以根据自身的需要进行添加。同时建议商家针对每天群发的信息做一个安排表,准备好文字素材和图片素材。

一般推送的信息可以是最新的菜式推荐、饮食文化、优惠打折等方面的内容。粉丝的分类管理可以针对新老顾客推送不同的信息,同时也方便回复新老顾客的提问。一旦这种人性化的贴心服务受到顾客的欢迎,触发顾客使用微信分享自己的就餐体验进而形成口碑效应,对提升商家品牌的知名度和美誉度效果极佳。

3. 实体店面同步营销

店面是充分发挥微信营销优势的重要场所。在菜单的设计中添加二维码并采用会员制或者优惠的方式,鼓励到店消费的顾客使用手机扫描。一来可以为公众账号增加精准的粉丝;二来也积累了一大批实际消费群体,对后期微信营销的顺利开展至关重要。店面能够使用到的宣传推广材料都可以附上二维码,当然也可以独立制作展架、海报、DM 传单等材料进行宣传。

4. 签到打折活动

签到打折活动是微信营销比较常用的一种活动,就是以活动的方式吸引目标消费者参与,从而达到预期的推广营销目的。那么,如何根据自身情况策划一场成功的活动呢?前提在于商家愿不愿意投入一定的经费。当然,餐饮类商家借助线下店面的平台优势开展活动,相对来说,所需的广告耗材成本和人力成本并不是达到不可接受的地步;相反,有了缜密的计划和预算之后,完全可以以小成本打造一场效果显著的活动。以签到打折活动为例,商家只需制作附有二维码和微信号的宣传海报和展架,配置专门的营销人员现场指导到店消费者使用手机扫描二维码。消费者扫描二维码并关注商家公众账号即可收到一条确认信息,在此之前商家需要提前设置好被添加自动回复,凭借信息在买单的时候享受优惠。为防止出现顾客消费之后立即取消关注的情况,商家还可以在第一条确认信息中说明后续的优惠活动,促使顾客能够持续关注并且经常光顾。

（五）微信公众平台

1. 微信公众平台概念

微信公众平台是利用公众账号平台进行自媒体活动,简单来说就是进行一对多的媒体性行为活动,如商家利用申请公众微信服务号二次开发展示商家微官网、微会员、微推送、微支付、微活动、微报名、微分享、微名片等,已经形成了一种主流的线上线下微信互动营销方式。

2. 微信公众平台基本设置

微信公众号平台基本设置和品牌对外形象也是运营的基础。在进行设置前,首先需要明确公众号的定位,其次逐步完成公众号的基本设置,包括公众号名称、头像设置、功能介绍、自动回复和菜单栏设置。

功能介绍即公众号的简要介绍,能够体现账号的功能价值、影响力、专业性,以激发用户关注的欲望。如"混子曰"的功能介绍为"专治各种不明白"。

自动回复一般至少设置一句"欢迎文案",在用户点击关注后,它在公众号对话框中弹出,文案可以是文字、语音、海报等形式。此外,在日常运营中,可以针对活动或销售的产品或其他设置相应的关键词自动回复。

菜单栏分类可以根据自身运营的重点进行设置,可以有内容入口、电商入口、联系入口或其他入口等。

3. 微信公众平台内容规划

公众号运营不是孤立的项目,而是在公司整体战略下营销策略的一部分,所以内容规划也应该从企业整体战略的角度出发进行思考,决定整个公众号的内容定位、推送规划、内容形式及内容调性。

内容定位包括提供什么样的产品/服务,满足什么样的需求,推送什么样的内容。推送规划包括每次推送的条数、推送的频率(几天一次)、推送的时间点,例如"罗辑思维"每天 6:30 左右更新,每次推送 3~4 条。内容形式包括图文、语音、视频,或交叉组合的形式。内容调性则是将公众号人格化,有整体的账号风格、语言特点和价值取向等。

4. 微信公众平台用途

微信公众账号的用途非常广泛,政府、媒体、企业、明星等纷纷建立独立的微信公众账号平台,在上面进行个人、企业等文化活动的宣传营销。

在设置里面可以绑定一个私人微信号,利用微信公众号助手群发消息,随时查看消息群发状态。利用公众账号平台进行自媒体活动,简单来说就是进行一对多的媒体性行为活动,如商家通过基于微信公众平台对接的微信会员云营销系统展示商家微官网、微会员、微推送、微支付、微活动等,已经形成一种主流的线上线下微信互动营销方式。

5. 微信公众号营销优势

(1) 营销方式人性化。微信营销是亲民而不扰民,用户可以自愿式选择和接受,微信公众账号的内容推送既可以主动推送也可以把接收信息的权利交给用户,让用户选择自己感兴趣的内容。例如回复关键词就可以看到相关的内容,这样使营销的过程更加人性化。

(2) 微信成本低廉。传统的营销推广成本高,对于微信而言本身使用是免费的,而且使用过程中只会收取低廉的流量费用,那么通过微信开展微信营销活动的成本自然是非常低的。

(3) 营销信息到达率高。微信公众平台每发一条信息都是以推送通知的形式发送,所以发布的每一条信息都会送到用户手中,到达率可以说是百分之百。

(4) 营销方式多元化。相对较为单一的传统营销方式,微信则更加多样化、多元化。微信支持文字、语音及混合文本编辑,普通的公众账号可以推送文字、图片、语音三类,而认证的账号则有更高的权限,能推送更加漂亮的图文信息,尤其是语音和视频,可以拉近和用户的距离,让营销活动变得更加生动、有趣,有利于营销活动的开展。

(5) 微信定位营销精准。微信公众账号让粉丝的分类更加多样化和多元化,可以通过后台的用户分组和地域控制实现精准的消息推送,也就是说可以把不同的粉丝放在不同的分类下面,在信息发送的时候可以针对用户的特点实现精准的消息推送。

二、微博营销

(一) 微博营销的概念

微博营销是指通过微博平台为商家、个人等创造价值而执行的一种营销方式,也是指商家或个人通过微博平台发现并满足用户的各类需求的商业行为方式。微博营销以微博作为营销平台,每一个听众(粉丝)都是潜在的营销对象,企业利用更新自己的微博来向网友传播企业信息、产品信息,树立良好的企业形象和产品形象。每天通过更新内容就可以跟大家交流互动,或者发布大家感兴趣的话题,这样来达到营销的目的,这就是互联网新推出的微博营销。

该营销方式注重价值的传递、内容的互动、系统的布局、准确的定位,微博的火热发展也使其营销效果尤为显著。微博营销涉的范围包括认证、有效粉丝、朋友、话题、名博、开放平台、整体运营等。自 2012 年 12 月后,新浪微博推出企业服务商平台,为企业在微博上进行营销提供一定帮助。

(二)微博营销的特点

(1)成本上——发布门槛低。成本远小于广告,效果却不差,140 个字发布信息,远比博客发布容易,对于同样效果的广告则更加经济。与传统的大众媒体(报纸、流媒体、电视等)相比,受众同样广泛,前期一次投入,后期维护成本低廉。

(2)覆盖上——传播效果好,速度快,覆盖广。微博信息支持各种平台,包括手机、计算机与其他传统媒体。同时传播的方式有多样性,转发非常方便。利用名人效应能够使事件的传播量呈几何级放大。

(3)效果上——针对性强,利用后期维护及反馈。微博营销是投资少、见效快的一种新型的网络营销模式,其营销方式和模式可以在短期内获得最大的收益。

(4)手段使用上——多样化、人性化。从多样化角度上,微博营销可以同时方便地利用文字、图片、视频等多种展现形式。从人性化角度上,企业品牌的微博本身就可以将自己拟人化,更具亲和力。

(5)开放性。几乎什么话题都可以在微博上探讨,而且没有什么拘束,微博就是要最大化地面向客户开放。

(6)拉近距离。在微博上面,总统可以和平民点对点交谈,政府可以和民众一起探讨,明星可以和粉丝互动。微博其实就是在拉近距离。

(7)传播速度快。微博最显著特征之一就是传播迅速。一条微博在触发微博引爆点后,短时间内互动性转发就可以抵达微博世界的每一个角落,达到短时间内最多的目击人数。

(8)便捷性。只需要编写好 140 个字以内的文案,微博小秘书就会审查,即刻发布,从而节约了大量的时间和成本。

(9)高技术性,浏览页面佳。微博营销可以借助许多先进多媒体技术手段,从多维角度展现形式对产品进行描述,从而使潜在消费者更形象直接地接受信息。

(10)操作简单——信息发布便捷。一条微博最多 140 个字,只需要简单构思,就可以完成一条信息的发布。这一点要比博客方便得多,毕竟构思一篇好博文,需要花费更多的时间与精力。

(11)互动性强。能与粉丝即时沟通,及时获得用户反馈。

(三)微博营销的作用

随着近几年微博技术的发展,使用微博的人数也在不断地增长,微博营销已成为一种常见的必备推广方法,然而,微博营销并不像论坛推广那样简单,论坛推广时,在论坛上随便发个帖子就是一条外链,只要发帖子,就会有人去看,区别仅是多少人去看而已,即使没人去看,对你也不会有什么危害。微博则不然,不合时宜的广告帖,不但起不到宣传作用,搞不好还会殃及微博的命运,让微博人气尽失,成为一个无人问津的死博。那么,到底该如何才能发挥微博营销的推广作用?首先,微博需要精心呵护。所谓精心呵护,也就是人们平常说的养博,应根据自己网站的类别,确定微博的目标人群,多加一些和网站同类的微群,从中寻找活跃的群友加为好友,这在 SEO(搜索引擎优化)的专业术语里叫作追星。其次,养好的微博也不是一劳永逸的。微博初期不能发广告,即使养到有了一定的影响力,如果开始大肆宣传、发广告,也是犯了大忌,不但起不到宣传的作用,还很有可能让前期养博付出的努力付诸东流。

(四)微博营销的优点

(1)操作简单,信息发布便捷。

(2)互动性强,能与粉丝即时沟通,及时获得用户反馈。

(3)低成本,做微博营销的成本比做博客营销或是做论坛营销的成本低多了。

(4)针对性强,关注企业或产品的粉丝都是本产品的消费者或是潜在消费者,企业可以对其进行精准营销。

(5)信息量大,消费者可以对某一产品在购买前通过网友的评论来做购买决策或是查找该产品的有关信息。

(6)覆盖面广,微博涵盖了各行各业的业内人士对一些问题的看法,便于网友交流。

(五)微博营销的缺点

(1)粉丝数有要求。只有粉丝数足够,才能达到微博传播的效果和目的,而那些刚注册的用户,他们的粉丝数是远远不够的,这种情况下除靠优质内容的不断更新吸粉外,就要采取其他手段了,而有些手段不太光彩(譬如购买粉丝,又或者是骗粉),甚至一些商家、企业也参与其中,开始养大批僵尸粉,这就干扰了微博本身作为一个信息平台的透明化。

(2)由于微博里新内容产生的速度太快,所以如果粉丝没有及时关注到发布的信息,这些信息很可能就会被埋没在海量的信息中。

(3)传播力有限。由于一条微博文章只有几十个字,所以其信息仅限于在信息所在平台传播,很难像博客文章那样,被大量转载。同时由于微博缺乏足够的趣味性和娱乐性,所以一条信息也很难被大量转帖(除非是极具影响力的名人或机构)。

(4)可靠性受质疑。微博营销作为一种网络营销手段是备受质疑的,网络媒体在公众心目中的可靠性远远不及传统媒体,诚信在网络营销尤其是微博营销中显得尤为重要。

(5)文笔要求过高。在保证趣味性、可读性、真实性的前提下,要用 140 个字将要传达的商业信息淋漓尽致地传达出来是有一定困难的,字数限制是名副其实地将商业写手和莎士比亚拉到了同一水平线上。

(六)微博营销成果案例分析

1. 艾沃科技:"烧烤"事件,借力微博大咖

艾沃科技此前借用微博大咖作业本发的一幅烧烤图所做的一次营销,也是一个成功的

微博营销案例。在此之前,艾沃科技旗下的净水机和空气净化器产品并不是一个非常活跃的品牌。而这一次,通过与拥有850多万粉丝的微博大咖作业本互动,巧妙借助"烧烤"事件将广告植入其中,将艾沃空气净化器呈现在一众网友眼前,为人所熟知,从而达到了"广而告之"的目的。据艾沃科技相关负责人介绍,自与作业本微博互动之后,仅3天时间此条微博的阅读量就达到了500多万人次,而艾沃科技微博的粉丝也快速增加了2000多人。

2. 华美食品:会说话的月饼,首创"四微立体式营销"

华美食品在临近中秋之际,用微信、微博、微视"三微"举办了一场微祝福促销活动——华美"会说话的月饼"!

(1)用户购买华美月饼,扫描二维码,进入华美微信服务号活动主页面。

(2)拍摄微视频短片,录制并上传祝福视频,复制微视祝福链接,输入华美月饼独有的祝福编码,提交。

(3)分享祝福到朋友圈,就有机会抽取华美食品提供的万元钻戒、iPhone 5S、名牌手表、华美月饼等丰厚奖品。而收到月饼礼物,同样扫描二维码即可查看祝福视频。

华美"会说话的月饼"活动,在网络上掀起一场前所未有的浪潮,越来越多的普通用户也加入月饼送祝福活动的热潮中。全新的祝福方式,广受年轻人喜爱支持,更是吸引了网络红人参与,如《天天向上》的阿毛及微博红人@回忆专用小马甲等人,也是大力支持华美"会说话的月饼"微活动。月饼原本就是节令性食品,华美"会说话的月饼"凭一次全新的创意祝福方式,以及过硬的品质与服务,创造了一场前所未有的销售高峰,这与华美食品的营销新法有着密不可分的联系。

三、直播营销

(一)直播的概念与分类

随着移动互联时代平台环境的成熟,数字营销全面发展,"90后""00后"异军突起,促成了网络直播、移动直播营销的大发展。直播就是一种通过网络平台以视频方式对现场进行实时互动直播的行为,它作为一种新型的交流方式走进人们的视线,给人们的娱乐消遣活动方式增加了一种选择。

从直播内容来分,可以将直播划分为三大类:以游戏电竞直播、演艺直播、明星直播为主的泛娱乐直播平台;以体育赛事、电商、财经、旅游等跨行业构成的垂直领域直播平台;以电视直播、活动现场直播等构成的版权直播平台。

从直播渠道来分,可以将直播分为两大类:PC端直播与移动端直播。PC端直播平台用户可直接在PC浏览器输入平台地址观看直播内容,代表平台主要有斗鱼、YY、熊猫。移动端直播平台在进入直播页面后,引导用户进行直播App客户端下载,继而进行观看,代表平台主要有花椒直播、一直播、映客直播等。各平台直播侧重点不同,用户定位也不同,如映客直播偏向全民直播,斗鱼直播偏向游戏类的直播活动。

(二)直播营销的概念

直播营销是指在现场随着事件的发生、发展进程同时制作和播出节目的播出方式,该营销活动以直播平台为载体,达到企业获得品牌的提升或是销量增长的目的。直播的核心营销价值就在于它的"聚集注意力"能力。商家通过直播平台并利用宣传造势等手段,将用户分散在各处的注意力转移到直播平台,聚焦在某一特定的时间段,通过吸引更多注意力的方式强化用户的黏性、优化品牌信任度,形成"粉丝效应",进而实现营销的最终目标。

直播营销最大的优势就在于它具有极强的互动性。受众可以参与到内容的生产过程中,并获取较强的参与感,这与传统的电视直播、早期的网络直播也有本质的不同,同时这种互动能够促成新内容的产生,并在更多的社交平台中得到更广泛的传播。例如直播过程中的打赏机制,观看者参与到直播中,就可以拉近与主播之间的距离,还可以通过弹幕增强互动,如果给予主播打赏,就可以直接和主播对话互动,这就是近场景的互动。

(三)直播营销的模式

互联网行业不断进步,直播营销逐渐成为主流营销方式,直播平台也成为企业竞争的重要战场。营销模式愈加新颖、有创意、种类繁多,下面主要将直播营销模式分为四种。

1. 直播+明星+品牌

过去电视广告中明星为品牌代言是再普遍不过的事情,而在新媒体时代,这样的营销模式就发展成为直播+明星+品牌。直播过程中,请大牌明星加入展示品牌产品,或通过明星的自身试用体验进行宣传,帮助品牌背书,无疑会吸引更多用户的注意力,提升产品知名度和销售量。

2. 直播+产品+网红

直播+产品+网红模式是以某直播平台作为载体,通过网络红人传播一定的信息来吸引网友的关注,并整合运用一系列的营销手段将关注自己的粉丝转变为消费者,向其进行广告宣传以促进销售。网红营销的核心竞争力在于分享价值和优质内容,通过传播有价值的内容来获得持续的关注度。这种营销手段的特点是通过采用较低的传播成本达到广泛快速的传播效果,既彰显个性,又能够贴近受众个性化。

3. 直播+活动现场

直播+活动现场模式通过直播软件平台,将演唱会、产品发布会、晚会等活动现场全程实时地呈现给受众,增加非现场受众的参与度,制造身临其境的互动参与感。这种模式已经成为各大网站、卫视、企业营销的一种新形式,它区别于传统电视节目直播,是一种融入度高的体验式营销,如每年的"双11"电商购物节晚会直播。

4. 直播+电商

传统的电商主要有 B2B、B2C 和 C2C 的购物网站,消费者借以传统的电商平台进行商品购置,而直播平台的出现,为电商也带来了新的发展机遇。直播+电商的营销模式就是通过直播互动,各大电商店主或模特通过产品试用、试穿等形式全方位展示产品,给消费者一种前所未有的购物体验。直播过程中,用户能够全方面地感受产品的信息,相比图片和文字,更为具体、直接地了解产品的细节,并能立即提出反馈意见,实时互动,提升购买决策效率。直播画面还可以置入商品链接,便于消费者在看直播的同时随时点击消费。"直播+电商"的营销模式以全新的互动体验,带给用户传统电商没有的购物体验,让消费者在看直播的同时,在无形之中被营销,给消费者一种真实贴心的购物体验。

（四）常见的直播平台

1. 抖音

1）概念

抖音是一款可以拍摄短视频的音乐创意短视频社交软件，该软件于 2016 年 9 月上线，是一个专注于年轻人音乐短视频的社区平台。用户可以通过这款软件选择歌曲，拍摄音乐短视频，创作自己的作品。

2）主要功能

抖音 App 作为一款社交类软件，用户可以在其上分享生活，也可以认识到更多朋友，了解各种奇闻趣事。

抖音实质上是一个专注年轻人的音乐短视频社区，用户可以选择歌曲，配以短视频，形成自己的作品。它与小咖秀类似，但不同的是，抖音用户可以采用视频拍摄快慢、视频编辑、特效（反复、闪一下、慢镜头）等技术让视频更具创造性，而不是简单地对嘴型。

抖音平台一般都是年轻用户，配乐以电音、舞曲为主，视频分为舞蹈派、创意派两派，共同的特点是都很有节奏感。也有少数放着抒情音乐展示咖啡拉花技巧的用户，成了抖音圈的一股清流。

3）营销方式

（1）直接秀出产品。如果产品本来就很有创意或者说功能新颖实用，那就没有必要绕弯子，可以直接用抖音展示产品，如讯飞语记 App 就是直接展示 App 的重要功能，将语音转化为图片。再如一款网红火锅神器，可以一键升降，自动将煮好的食物区隔开。因为产品本身具有话题性，所以马上引来了大批网友的围观。这种营销方法非常适合一些电商商家，尤其是一些用法神奇的商品，例如给厌食的宝宝做好玩饭团的工具、手机壳和自拍杆融为一体的聚会神器、会跳舞的太阳花等，都是由一个视频引发出的电商爆款。

（2）夸张地放大产品优势。对于那些功能没有太多亮点的产品，怎么才能引人注意呢？可以就其几个独有的特征，用夸张的方式呈现，便于受众记忆。例如，"空间大"是宝马 GT 的卖点之一，为了突出这个卖点，销售人员直接"藏"了 12 个人在车里，让不少观看者印象深刻。又如"一键开启中控隐秘的存储空间"算是凯迪拉克的亮点之一，该亮点用"藏私房钱最佳位置"放大后，成为一段时期的热门话题，仅其中一个相关抖音视频，点赞就近 10 万个。

（3）引起用户猎奇心和参与感。典型例子就是海底捞"超好吃"的底料搭配法。为什么海底捞调料这么火？就是引起用户的猎奇心理和参与感。人人都有跟风和模仿心理，这款产品是网红食品，大家都说好吃，于是都想尝试一下，并且这种吃法有趣，参与门槛又低，大家何乐而不为呢？类似的还有北京烤鸭的变态吃法、麦当劳第二个半价冰淇淋，还有西安特色摔碗酒。无论是食材 DIY 还是吃法上的创新，都抓住了年轻人猎奇、爱挑战、爱 DIY 的特点，引发了品牌和顾客充分的互动和参与，让品牌得到快速传播。

（4）场景植入。这个有点像传统广告的植入，就是在视频中的场景恰当地露出品牌，让用户记住产品。例如一个生活小窍门或某个搞笑片段，在场景中悄悄做了植入，如桌角放产品、背后有品牌 Logo、背景有广告声音等，这样依然能起到很好的宣传效果。如在某服装店内，店员很熟练地整理衣服，但是往后看，能看到大大的"H&M"，这就是一种植入。

（5）用视频做口碑营销。火遍抖音的"答案"奶茶就是用视频做口碑营销，视频中经常晒出店门口的火爆场面——长长的队伍似乎就是在提醒你:"我们是一家网红奶茶店,大家都说好喝,你不来尝尝吗?"可以在抖音展示消费者的排队、消费者的笑脸、与消费者合作的尬舞、被消费者打爆的预约电话等。

(6)自媒体重新包装。大家知道短视频创作者 papi 酱在抖音发了 7 个作品就收获了 600 多万的粉丝,一禅小和尚每天十几秒的动画小故事也是收拢了 1000 万粉丝,收获 2652 万个赞!所以,对于从事新媒体或自有 IP 的企业来说,把之前的内容利用抖音的形式和特色包装一下,在抖音目前的推荐机制下很容易爆发。

(7)曝光企业日常。很多产品用户不止关心产品质量、服务水平,往往还很关注企业文化,尤其是对于一些耳熟能详的知名企业,其领导和员工的日常格外令人好奇,也说明传播企业文化的重要性。因此可以将办公室文化、员工趣事等在抖音上呈现出来

4)运营建议

(1)组建一个专门的抖音运营团队,人数不用太多。发动公司全体员工刷抖音,发挥团队的集中优势力量,制订一个拍摄计划,每天发布 5~10 条优质内容。

(2)大家每天刷到好玩的视频时都发到群里讨论,根据前面提到的方法找到和品牌的契合点,或者头脑风暴,挖掘新创意。

(3)抖音偏爱颜值高的内容,发动公司颜值高的小姐姐和小哥哥一起配合出镜,跳跳海草舞也是好的,也可以参与抖音的挑战。

(4)视频内容上做到故事化、可模仿、易互动,更容易受到欢迎。

(5)快速掌握抖音的视频制作技巧,既可以利用抖音自有的音视频功能,也要多多学习一些大神有趣好玩的拍摄制作技巧。

(6)视频制作出来后可以同步到美拍和快手等同类型短视频平台上,推进内容价值最大化。

2. 西瓜视频

1)概念

西瓜视频是字节跳动旗下的个性化推荐短视频平台,通过人工智能帮助每个人发现自己喜欢的视频,并帮助视频创作人轻松地向全世界分享自己的视频作品。

西瓜视频还是今日头条旗下的独立短视频 App,基于人工智能算法为用户做短视频内容推荐,它能让用户的每一次刷新都发现新鲜、好看并且符合自己口味的短视频内容。

2)功能

(1)视频搜索。图 5-1 的顶部是"视频搜索"功能,点击搜索框的任意处,可搜索想看的视频名称。

在搜索列表中,可以看到曾经搜索过的节目,点击其中一项,可继续观看。

在"搜索历史"字样的右侧有一个"垃圾箱"按钮,点击"垃圾箱"按钮,弹出"是否需要清空全部搜索历史"询问框,点击询问框中的"确定"按钮,即可将搜索历史列表内容全部清除。

(2)分类标签。在搜索框的下方即为分类标签,当前有"关注""推荐""直播""影视""游戏""小视频""社会"等 30 多个种类。点击某一类,即可打开该类中的各种视频(图 5-2)。

(3)视频观看。在分类标签的下方有很多视频,可上下滑动屏幕选择要看的节目。视频将不断地更新,最新更新的视频显示在最上方(图 5-3)。

在有些视频的下面从左到右会显示以下内容。

① 该视频的来源。

② 关注：点击"关注"后，"关注"两字变为"已关注"三字。

③ 评论及其篇数。

④ 多项功能按钮（3 个圆点）。

（4）功能按钮。在视频界面的最底部从左到右分别是以下功能按钮。

① 首页：该项是默认的，即打开西瓜视频后所显示的页面。

② 放映厅：此功能用于观看电影、电视剧等节目。

该页面上有"观看历史""离线缓存""推荐"3 个功能按钮（图 5-4）。

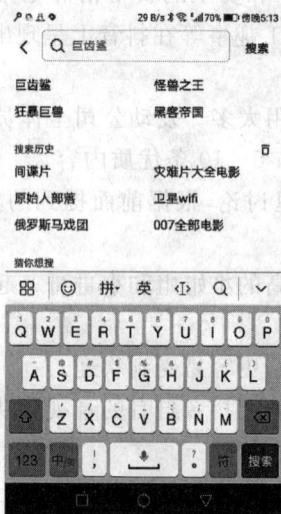

图 5-1　视频搜索

图 5-2　分类标签

图 5-3　视频观看

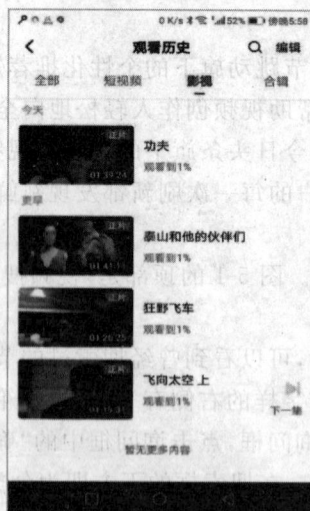

图 5-4　观看历史

③ PLAY 年度盛典：点击"PLAY 年度盛典"按钮后，弹出如图 5-5 所示页面。

④ 直播：点击"直播"按钮后，可观看直播页面（图 5-6）。

图 5-5　年度盛典

图 5-6　直播

3）优势分析

（1）内容优势：长视频、短视频兼备，以短带长，以长助短。

短视频优势：轻载、趣味、高效，用户观看没有负担，适合于更多的碎片化情景，具备强大的中毒性、吸引性，可以占据用户的娱乐时间，打破文字、图片、游戏等传统的休闲模式。

长视频优势：内容更具专业性、丰富性，传达的信息更有体系化，营销范围面扩大，可操作性更强，容易打捞、推广S级优质内容、用户黏性高，具备短视频无法比拟的质感。

（2）强大的算法推荐，堪称护城河。

（3）高额补贴机制，定期的技能培训，线下西瓜创作者大会，有归属感，打造了一套培训体系帮助其快速在西瓜视频的平台成为专业的生产者。还推出"3＋X"变现计划，通过平台分成升级，边看边买和直播等方式帮助短视频创业者实现商业变现。

4）劣势分析

（1）专业品类下的视频内容资源口碑尚未形成，欠缺具备大众性的知名KOL（关键意见领袖）作为标杆。

（2）作者对于热点的敏感度不足，而根据算法推荐机制，只能从现有的作品池中进行推荐，却无法大规模创作同类视频。

（3）三要素。

一是创作力。

① 创作的灵感不足，可持续性不强，个人积淀有限，无法长期、持续生产高质量的视频内容。

② 创作的实力不足，同质化严重，自我复制、没有创新，需要在录制技巧、脚本撰写、视频录制、主题选择、内容运营上进行培训。

③ 创作的热情不足，容易3分钟热度，很快就会放弃。

二是影响力。

① 视频播放、点赞、评论等数据差，没有持续的动力和激励。

② 粉丝黏性极差，由于不具备强社交熟悉性，且信息流过载，用户较难识别并记忆知名

KOL，造成"视频红人不红"的结果，难以沉淀粉丝。

三是变现力。通过开屏广告、信息流广告、边看边买、中插、后贴等变现，肯德基、一汽、天猫等大型企业的品牌广告主、集中在头部创作者变现能力较强，而中小型创作者变现艰难，热情被严重打击。

5）运营思路

（1）关注热门内容，结合数据分析，精准引导 KOL 创作者进行内容生产。

（2）活动运营，激活创作者的灵感，提高内容的可看性和话题性。

（3）创造线下 IP，强强联合，联动变现。

（4）建立线上母婴、亲子、教育类社群。

（5）深挖内容，从母婴、亲子类的知识性、娱乐性等方面入手。

四、短视频营销

（一）短视频营销的概念

短视频的出现既是对社交媒体现有主要内容（文字、图片）的一种有益补充，同时，优质的短视频内容也可借助社交媒体的渠道优势实现病毒式传播。在厘清了短视频的概念之后，短视频营销就可以理解为"企业和品牌主借助于短视频这种媒介形式用以社会化营销的一种方式"。

（二）短视频营销的特点

（1）视频长度短，一般控制在 30 秒以内。

（2）制作门槛低，无须专业拍摄设备。

（3）社交属性强，短视频的传播渠道主要为社交媒体平台。

（三）短视频营销的策略

基于短视频用户行为及品牌方对于短视频营销的需求，短视频营销"TRUST 模型"可以为广告主如何聚焦用户、建立强关系、创新营销创意、传播扩散及赢得消费者认可，提供帮助和策略。

target：挖掘垂直化短视频潜能，聚焦细分人群和场景，助力品牌精准传播。对于品牌而言，垂直内容能够精准直击目标受众，帮助品牌在最短的时间找到目标受众，完成品牌与受众之间的无缝对接，激发新的销量增长点。例如，携程旅行在国庆旅游黄金周，联手抖音打造"Fun 肆之旅，游抖一下"旅行季活动，基于旅行内容，聚焦年轻人群，通过 4 位头部达人实拍示范，展示旅行途中的美好体验，号召用户在黄金周用抖音记录美好旅行，引领"短视频＋旅行"全民种草新模式，激发用户"拔草"愿望。

relation：搭乘精品化内容，深度传递品牌信任。精品化内容能提升用户对产品偏好度、品牌体验度、品牌价值认同、消费信心，最终将帮助消费者通过好内容感知到好的物品、产品和美好的生活方式，提升精神层面的愉悦感。例如，香奈儿借助抖音"美好生活映像志"账号，通过艺术性内容主题与高品质画面的结合，激发用户对美好生活的向往，并将之与"香奈儿"的品牌关联起来。

upgrade：借力 AI 内容经营力，制造品牌超感体验。短视频平台通过自身技术优势，不断开发适用于营销的技术产品,激发更多创意表达的内容互动方式,例如创意定制贴纸、BGM 创作互动等新技术和新体验,为用户提供更为丰富的互动形式,也为品牌合作提供更多创新营销想象力。又如,vivo 为推动 vivo X21 魅夜紫新配色上市,通过抖音定制魅夜紫彩妆、人脸识别精准 3D 上妆,妆容智能动态贴合,实现前后变装体验,感受 vivo X21 魅夜紫的独特魅力。

share:明星达人引领分享,激发全民参与内容共创,实现品牌声量裂变。数据显示,超过 42.5% 的数字营销决策者在短视频营销中选择达人、明星视频定制作为营销的内容,超过 70% 的用户因为受明星达人的影响推荐而产生消费行为,在抖音上,明星达人能帮助品牌大幅提升内容曝光度,加速完成前期冷启动。例如全新 BMW X3 上市前,通过赵又廷、宋佳高流量价值的明星资源,为宝马新车上市带来了"强曝光、高互动、粉丝沉淀"的营销价值。

transform:发掘企业营销自有主阵地,构建长效营销生态。营销阵地能帮助品牌实现品牌黏性提升、吸引粉丝、提升传播效果三大价值。例如作为首批拥抱抖音企业号蓝 V 账号运营的品牌,vivo 一开始就在抖音短视频平台建立自己的品牌阵地,开设平台账号建立品牌账号阵地、进行广告投放、发起挑战赛、赞助活动等方式快速积累粉丝,目前,vivo 抖音官方账号累计集聚近 100 万粉丝,获得超过 730 万的点赞。

五、社群营销

(一)社群营销的概念

社群营销就是基于相同或相似的兴趣爱好,利用某种载体聚集人气,通过产品或服务满足群体需求而产生的商业形态。社群营销的载体不局限于微信,各种平台都可以做社群营销。论坛、微博、QQ 群,甚至线下的社区,都可以是社群营销。

做社群营销的关键是要有一个意见领袖(也就是某一领域的专家或权威),这样比较容易树立信任感和传递价值。社群营销可以提供实体产品满足社群个体的需求,也可以提供某种服务。各种自媒体最普遍的功能是提供服务,例如招收会员,得到某种服务,或者进入某个群得到某种专家提供的咨询服务等。

(二)社群营销的优势

1. 有利于培养铁杆粉丝

社群营销是一个主动吸引和口碑传播的平台,即通过把社群海报发到朋友圈、贴吧等平台,吸引有需求或者有共同爱好的人主动加你,这种感到好奇或者对内容感兴趣主动加你的人,对你动机的怀疑就会弱很多,更有利于将其培养成铁杆粉丝。

2. 社群是最重要的曝光平台

网络上的各种交友聊天平台越来越多,社群也成为最重要的曝光平台。朋友圈等的浏览量越来越少,这就意味着你发一条说说,100 个人可能只有 10 个人看,社群营销就不一样了,它可以通过各个平台提高曝光率,特别是大多数人都会看置顶的消息,如果能让消息被置顶,还怕曝光率不够吗?

3. 社群裂变复制更便利

成功运营一个群,有 50 个铁杆粉丝就意味着可能会裂变成 100 个甚至更多的群。如果拥有一个成功的社群,铁杆粉丝可能会把它裂变复制成无数个社群,所以成功的关键是先用心做好一个社群,有了高质量的社群就不必担心粉丝。

(三) 社群营销的模式

社群营销模式可以表达为 IP+社群+场景。首先确定目标人群,根据目标人群确定产品的使用场景,根据场景链接 IP 圈层,最后由 IP 联合超级用户共同组建社群,影响更多潜在目标用户。其商业逻辑是 IP 用来占领专业认知高地,解决流量来源问题;场景用来强化体验,挖掘用户其他需求,提供一站式系统解决方案,为社群跨界变现创造机会;社群是催化剂,用来催化企业与用户、用户与用户之间的强关系,促进信任并达成共识。

社群营销的核心就是构建企业与用户的信任共同体关系,通过社群为个体实现自我赋能,最终用户与社群相互赋能,从而形成良性循环。

(四) 社群营销的案例分析

1. 教父型社群

在社群蛮荒时代,依靠人格魅力、知识专长或传奇故事,就能迅速圈起一群人并很快开枝散叶,这样的领袖可以称为"社群教父"。"教父型社群"代表有罗辑思维、吴晓波频道、大熊会、秋叶 PPT。

2. 圈子型社群

正和岛是国内最大的企业家社交平台,目前有 4000 多名会员,均为年收入或市值 1 亿元以上的企业董事长或 CEO,规模 10 亿元以上的企业家将近 700 位,领袖级企业家上百位。柳传志、张瑞敏、鲁冠球、王石、宁高宁、马蔚华、王健林、郭广昌、李书福、俞敏洪、史玉柱等企业领袖都是正和岛的热情支持者与积极参与者。

3. 学习型社群

号称拥有 7000 名社员的中国第一互联网学习社群——颠覆式创新研习社,其创始人李善友也是酷六网的创始人,中欧国际商学院的兼职教授,前搜狐高级副总裁。社群主要活动就是演讲、培训。颠覆式创新研习社仅依靠 5 个人进行主要的运行,包括李善友和下面的4 位美女管理员——舒雅、小新、小冰、一昕,主要负责组织线下课程、论坛活动,分工管理各个社群,每个管理员都有自己独特的定位和能力,给人以深刻印象。另外每次活动还会组织与会的会员成为管理的志愿者。

4. 服务型社群

代表选手——南极圈。作为腾讯官方唯一认可的离职员工组织,南极圈社群最早起源于 2010 年 2 月,由前腾讯员工 Eric 潘国华和腾讯资深老员工一同创办的"永远一家人"QQ群。现在"南极圈"通过 QQ 群、微信群、微信公众号、"极课堂"线下沙龙等组织,聚集了以腾讯离职员工为主的互联网精英数万人,致力于打造互联网创业服务第一站。

5. 产品型社群

酣客公社是一个白酒粉丝社群,通过社群卖酒 3 个月销售 2 亿元,这也是一个传奇。酣客公社已成为首屈一指的中年粉丝群体和中年企业家粉丝群体。产品定位:匠心、逼格、情怀和温度感。酣客酒仅售 199 元的可以媲美茅台的极致白酒;FFC(社群粉丝经济)的运作模式、去中间商化、粉丝化、互联网化运作等做法带来的超常营销模式。一个超级铁粉把他的朋友们拉到微信群,一起玩酒,一起讨论商业趋势,简单地说,就是通过粉丝卖酒给顾客。互联网时代,简单粗暴的社群营销不受待见,社群营销不应该成为垃圾营销的始作俑者。未来营销的趋势依然是社群媒体。这是一个信息过载、传播过度的时代,只有摒弃烦躁粗暴的营销模式,抓住社群本质内涵,才能把社群经济发挥到极致。

六、搜索引擎营销

(一)搜索引擎营销的概念

搜索引擎营销(search engine marketing,SEM)的基本思想是让用户发现信息,并通过SEM(搜索引擎)搜索点击进入网站/网页进一步了解所需要的信息。一般认为,搜索引擎优化设计主要目标有两个层次:被搜索引擎收录、在搜索结果中排名靠前。

(二)搜索引擎营销的类别

1. 全文搜索引擎

一般网络用户适用于全文搜索引擎。这种搜索方式方便、简捷,并容易获得所有相关信息。但搜索到的信息过于庞杂,因此用户需要逐一浏览并甄别出所需信息。尤其在用户没有明确检索意图的情况下,这种搜索方式非常有效。代表有 Google、Fast/AllTheWeb、AltaVista、Inktomi、Teoma、WiseNut、百度、360 搜索、搜狗。

2. 目录搜索引擎

目录搜索引擎是网站内部常用的检索方式,本搜索方式旨在对网站内信息整合处理并分目录呈现给用户,但其缺点在于用户需预先了解本网站的内容,并熟悉其主要模块构成。总之,目录搜索方式的适用范围非常有限,需要较高的人工成本来支持维护。代表有雅虎、搜狐、新浪、网易。

3. 元搜索引擎

元搜索引擎能够广泛、准确地搜集信息。不同的全文搜索引擎,由于其性能和信息反馈能力差异,导致各有利弊。元搜索引擎的出现恰恰解决了这个问题,有利于各基本搜索引擎间的优势互补。而且元搜索方式有利于对基本搜索方式进行全局控制,引导全文搜索引擎的持续改善。代表有 InfoSpace、Dogpile、Vivisimo、搜星搜索引擎。

4. 通用搜索引擎

通用搜索引擎就如同互联网第一次出现的门户网站一样,大量的信息整合导航,极快的查询,将所有网站上的信息整理在一个平台上供网民使用。代表有 Google、百度、雅虎、必应、搜狗、有道等。

5. 垂直搜索引擎

垂直搜索引擎适用于有明确搜索意图情况下进行检索。例如,用户购买机票、火车票、汽车票时,或想要浏览网络视频资源时,都可以直接选用行业内专用搜索引擎,以准确、迅速获得相关信息。

6. 集合式搜索引擎

例如 HotBot 在 2002 年年底推出的引擎,该引擎类似 META 搜索引擎,但区别在于不是同时调用多个引擎进行搜索,而是由用户从提供的 4 个引擎当中选择,因此叫它"集合式"搜索引擎更确切些。

7. 门户搜索引擎

例如 AOL Search、MSN Search 等虽然提供搜索服务,但自身既没有分类目录也没有网页数据库,其搜索结果完全来自其他引擎。

8. 免费链接列表

免费链接列表(free for all links,FFA)类网站一般只是简单地滚动排列链接条目,少部分有简单的分类目录,规模比起雅虎等目录索引要小得多。

(三) 搜索引擎营销的运用

1. 构造适合于搜索引擎检索的信息源

信息源被搜索引擎收录是搜索引擎营销的基础,这也是网站建设成为网络营销基础的原因,企业网站中的各种信息是搜索引擎检索的基础。由于用户通过检索之后还要来到信息源获取更多的信息,因此这个信息源的构建不能只是站在搜索引擎友好的角度,还应该包含用户友好,网站优化不仅仅是搜索引擎优化,还应包含对用户、对搜索引擎、对网站管理维护的优化 3 个方面。

2. 创造网站、网页被搜索引擎收录的机会

网站建设完成并发布到互联网上并不意味着自然达到了搜索引擎营销的目的,为实现网络营销信息传递的目的,应尽可能多地让网页被搜索引擎收录,这是网络营销的基本任务之一,也是搜索引擎营销的一个基本步骤。

3. 让网站信息出现在搜索结果中靠前的位置

网站网页需要让企业信息出现在搜索结果中靠前的位置,这就是搜索引擎优化所期望的结果,因为搜索引擎收录的信息通常都很多,当用户输入某个关键词进行检索时会反馈大量的结果,如果企业信息出现的位置靠后,被用户发现的机会就大大降低,搜索引擎营销的效果也就无法保证。

4. 以搜索结果中有限的信息获得用户关注

观察搜索引擎的检索结果可以发现,并非所有结果都含有丰富的信息,用户通常不能点击浏览检索结果中的所有信息,需要对搜索结果进行判断,从中筛选一些相关性最强、最能引起用户关注的信息,进入相应网页之后可获得更完整的信息。要想做到这一点,就要研究每个搜索引擎搜集信息的方式。

5. 为用户获取信息提供方便

用户通过点击搜索结果进入网页,是搜索引擎营销产生效果的基本表现形式,用户的进一步行为决定了搜索引擎营销能否最终获得收益。在网站上,用户可能为了解某个产品的详细介绍而成为注册用户,在此阶段,搜索引擎营销将与网站信息发布、顾客服务、网站流量统计分析、在线销售等网络营销工作密切相关,在为用户获取信息提供方便的同时,与用户建立密切的关系,引导成为潜在顾客,或者直接购买产品。

（四）常见的搜索引擎

1. 百度搜索

1）概念

百度搜索是世界上第一个中文搜索引擎，拥有目前世界上最大的中文搜索引擎，总量超过 3 亿页以上，并且还在保持快速增长。百度搜索引擎具有高准确性、高查全率、更新快及服务稳定的特点，能够帮助广大网民在浩如烟海的互联网信息中快速地找到自己需要的信息，因此深受网民的喜爱。

2）百度搜索引擎优势

（1）适于中文初级搜索用户使用。

（2）百度知道和百度百科两个重量级产品可以弥补机器搜索引擎的不足。

（3）中文用户多，非常清楚中文用户的使用习惯，中文用户会感觉很亲切。

（4）专注于中文网页的索引，索引中文网页多，拥有中文分词技术等多项专利。

3）百度搜索引擎劣势

（1）中文搜索结果质量不高。

（2）搜索竞价排名太过商业化。

（3）搜索商业价值高的关键词（医药、保险等），广告结果复杂。

（4）其他搜索相关产品不多，没有形成立体优势，搜索技术的研发滞后。

4）百度营销推广优势

（1）全系列多场景用户顶级流量。全球最大的中文搜索引擎，百度推广凭借强大的用户产品优势，每天数十亿次搜索请求、超过 1 亿用户浏览百度信息流、800 亿次定位服务请求，为客户提供全系列产品广告资源，覆盖用户生活十大场景。

（2）按点击效果付费，无点击不收费。免费展示推广信息，客户点击推广链接时才计费，无点击不收费，相当于免费打广告。

（3）精准锁定有需求的客户。搜索关键词锁定有需求的客户，以地域、时间为筛选条件有针对性地覆盖有需求的客户。

（4）自主推广，灵活可控。根据需要，设置分地域、分时段投放，还可以设置每日、每周推广花费上限，合理管理预算。

（5）通过 AI 技术让投放更简单。百度大脑实时捕捉用户行为，智能推荐创意，在用户浏览喜欢的资讯后自动根据内容追投广告，节省成本。

（6）把广告展现给精准用户。借助行业领先的百度搜索和资讯流推荐，根据用户的意图和行为数据投放广告。拥有超过 200 万种特征的精准用户画像，识别每一位用户真实需求及兴趣爱好。

（7）对网站或网页质量要求低。通俗地讲，技术含量很低的网站也可以投放，简单地说，就是网站展示的排名不按网页质量要求，对于不懂 SEO 和优化网站内容的企业，选择百题推广是非常不错的选择。

（8）见效快。只要交钱给百度，一般几天就可以让投资网站跃升至百度热门关键词的第一页甚至第一位。对于很多中小企业或者一些周期性较短的产品来说，这的确是一个很好的选择。

2. 360搜索

1）概念

360搜索属于元搜索引擎,是通过一个统一的用户界面帮助用户在多个搜索引擎中选择和利用合适的(甚至是同时利用若干个)搜索引擎来实现检索操作,是对分布于网络的多种检索工具的全局控制机制。而360搜索+,属于全文搜索引擎,是奇虎360公司开发的基于机器学习技术的第三代搜索引擎,具备"自学习、自进化"能力和发现用户最需要的搜索结果。

2）特点

(1) 在两个搜索框里分别输入一些关键词,对于一些大品牌,同样都有相应的品牌推广。同时,在360综合搜索的右侧,出现广告业务信息的情况比较少,不像百度那样,随便输入一个关键词,其右侧就会出现大量的图片或者文字等广告信息。

(2) 在两个搜索框里分别输入与金钱有关的关键词,例如淘宝网或者支付宝,360综合搜索都会有相应的提示,提醒用户谨慎辨别,以免造成经济损失;而百度搜索在这一方面却没有相应的提示或者警示。在这一点上360综合搜索做得还是比较人性化的。

(3) 360对域名的权重更加看重。

(4) 高级搜索指令的不同。

① 在360不能用site命令查询一个域名的收录量。

② 360是不支持domain命令的。在360搜索"domain:域名",会发现360把domain当作一个关键词。

(5) 过滤算法的不同。大量在百度被K的网站,而在360中都有收录,甚至搜索某些关键词时排名还很好,而真正做得好的网站却没有好的排名。其实这对360、用户、站长三方都是不利的。

(6) 行业收录标准。对于百度,如果一个行业的信息量很少,则收录标准较低;如果信息量很多,收录标准就很高。而在360,即使行业的信息量很大,也会被收录。

(7) 用户需求的判断。

3）优势

(1) 具有自主知识产权的搜索引擎,包含网页、新闻、影视等搜索产品,为用户带来更安全、更真实的搜索服务体验。

(2) 360搜索不仅掌握通用搜索技术,而且还独创People Rank算法、拇指计划等创新技术。目前已建立由数百名工程师组成的核心搜索技术团队,拥有上万台服务器,庞大的蜘蛛爬虫系统每日抓取网页数量高达十亿,引擎索引的优质网页数量超过数百亿,网页搜索速度和质量都已经达到先进水平。

(3) 广告少,干净,用户使用视觉效果好。

(4) 360搜索和360的杀毒软件、浏览器、导航配合,效果更好。

4）劣势

(1) 信息量太小,很多内容搜不到。

(2) 搜索算法和企业管理水平一般。

5）营销推广优势

(1) 海量用户受众群体:亿万活跃用户,丰富的展现位置,多种创意展现形式。

(2) 精准定向目标用户:通过地域、兴趣等挖掘用户属性,使创意更精准地传达到目标用户。

（3）低成本高效益：只为实际点击付费，具体扣费金额取决于用户为创意的出价及创意的质量度得分等，节约推广成本，更高效、更智能，提升推广收益。

（4）基于360安全网址等产品的推广营销平台，通过专业数据处理算法实现精准定向。

（5）推广广告展示与搜索自然结果明显区分，避免无效客户错误点击广告造成费用损失。

七、电商平台营销

（一）电商平台的概念

电子商务平台是一个为企业或个人提供网上交易洽谈的平台。企业电子商务平台是建立在 Internet 上进行商务活动的虚拟网络空间和保障商务顺利运营的管理环境，也是协调、整合信息流、货物流、资金流有序、关联、高效流动的重要场所。企业、商家可充分利用电子商务平台提供的网络基础设施、支付平台、安全平台、管理平台等共享资源，有效、低成本地开展自己的商业活动。

（二）电商平台的优势

（1）电子商务将传统的商务流程电子化、数字化，一方面以电子流代替实物流，可以大量减少人力、物力，降低成本；另一方面突破了时间和空间的限制，使交易活动可以在任何时间、地点进行，从而大幅提高了效率。

（2）电子商务所具有的开放性和全球性的特点，为企业创造了更多的贸易机会。

（3）电子商务使企业以相近的成本进入全球电子化市场，中小企业由此可能拥有和大企业一样的信息资源，提高了中小企业的竞争能力。

（4）电子商务重新定义了传统的流通模式，减少了中间环节，使生产者和消费者的直接交易成为可能，从而在一定程度上改变了整个社会经济运行的方式。

（5）电子商务一方面破除了时空的壁垒，另一方面提供了丰富的信息资源，为各种社会经济要素的重新组合提供了更多的可能，这将影响到社会的经济布局和结构。

（6）互动性：通过互联网，商家之间可以直接交流、谈判、签合同，消费者也可以把自己的反馈建议反映到企业或商家的网站，而企业或者商家则要根据消费者的反馈及时调查产品种类及服务品质，做到良性互动。

（三）电商平台的劣势

1. 网络自身有局限性

商品本身的一些基本信息会丢失，输入计算机的只是人为选择商品的部分信息，人们无法从网上得到商品的全部信息，尤其是无法得到对商品最鲜明的直观印象。在这一模式上，只有依靠网站的制作和网页设计家对网页把握更好的模式，向消费者展示商品。

2. 搜索功能不够完善

当在网上购物时，用户面临的一个很大的问题就是如何在众多的网站中找到自己想要的物品，并以最低的价格买到。搜索引擎看起来很简单，用户输入一个关键词，搜索引擎就按照关键词到数据库去查找，并返回最合适的 Web 页链接。这主要不是由于技术原因，而是由于在线商家希望保护商品价格的隐私权。因此当用户在网上购物时，不得不一个网站一个网站地搜寻下去，直到找到价格满意的物品。

3. 交易的安全性得不到保障

电子商务的安全问题仍然是影响电子商务发展的主要因素。由于 Internet 的迅速发展,电子商务引起了广泛的注意,被公认为未来 IT 业最有潜力的新的增长点。然而,在开放的网络上处理交易,如何保证传输数据的安全已成为电子商务能否普及的最重要的因素之一。电子商务的安全问题其实也是人与人之间的诚信问题,和现实商业贸易相似,均需双方的共同协作和努力。电子商务的未来,需要所有网民的共同协作。

4. 电子商务的管理还不够规范

一个完善的后台系统更能体现一个电子商务公司的综合实力,因为它将最终决定提供给用户的是什么样的服务,决定电子商务的管理是否有效,以及决定电子商务公司最终能否实现赢利。

5. 税务问题

税务(包括关税和税收)是一个国家重要的财政来源。由于电子商务的交易活动是在没有固定场所的国际信息网络环境下进行的,造成国家难以控制和收取电子商务的税金。

6. 标准问题

由于各国国情不同,电子商务的交易方式和手段也存在某些差异,面对当前无国界、全球性的贸易活动,电子商务交易活动中需建立相关的、统一的国际性标准,以解决电子商务活动的互操作问题。

7. 配送问题

配送一直是让商家和消费者都很伤脑筋的问题。网上消费者经常遇到交货延迟的现象,而且配送的费用很高。业内人士指出,中国国内缺乏系统化、专业化、全国性的货物配送企业,配送销售组织没有形成一套高效、完备的配送管理系统,这无疑影响了人们的网购热情。

8. 知识产权问题

在由电子商务引起的法律问题中,首先要解决的是保护知识产权问题。由于计算机网络上承载的是数字化形式的信息,因而在知识产权领域(专利、商标、版权和商业秘密等)中,版权保护的问题就尤为突出。

9. 电子合同的法律问题

在电子商务中,传统商务交易中所采取的书面合同已经不适用了,但是,电子合同的推广也存在以下困难:一方面,电子合同存在容易编造、难以证明其真实性和有效性的问题;另一方面,现有的法律尚未对电子合同的数字化印章和签名的法律效力进行规范。

10. 电子证据的认定

信息网络中的信息具有不稳定性或易变性,这就造成了信息网络发生侵权行为时,锁定侵权证据或者获取侵权证据难度极大,给解决侵权纠纷带来了较大的障碍。如何保证网络环境下信息的稳定性、真实性和有效性,是有效解决电子商务中侵权纠纷的重要因素。

11. 其他细节问题

不规范的细节问题主要包括网上商店服务的地域差异大、在线购物发票问题大、网上商店对订单回应速度参差不齐、电子商务方面的法律对参与交易的各方面的权利和义务没有明确细致的规定等。

（四）常见的电商平台

1. 天猫

1）概念

天猫（T-mall）原名淘宝商城，也称天猫商城，是一个综合性购物网站。

2）运营思路

（1）品类规划。如何做好品类规划，首先要了解行业、了解所在行业什么产品卖得最好、了解线上有多少人需要此产品。产品品类规划主要从以下几个角度进行分析：找到适合自己的产品定位、时间节点，做好规划、分析；找到市场上相对需求体量小、竞争度小的需求断层可以实现更多的免费流量对冲，如儿童指甲贴就是一个很小的市场体量，但因为竞争度也小，结果不需要太多投入，就实现了可观的盈利。

（2）利润模式。专注好店铺销售模型，专注店铺利润环节，做好市场差异化，做到有销售额的同时也有利润。

（3）店铺定位逻辑。做好店铺定位，提高店铺转化率、客单价。

（4）正确的视觉呈现。视觉是客户感知产品最直接的方式，正确的视觉带来高转化率，注重差异化。

（5）用好推广工具。多选用高级推广如钻展智钻，获取精准流量，提高点击率、转化率。淘宝所有的推广工具只有锦上添花的功能，好卖的产品会更好卖，不好卖的产品再砸钱推广也只能是收效甚微，所以先把产品的内功做好，从品牌定位、市场、运营时间、视觉美工、文案策划、差异化等方面入手，这样推广才会事半功倍。

2. 京东

1）概念

京东是中国的综合网络零售商，是中国电子商务领域受消费者欢迎和具有影响力的电子商务网站之一，在线销售家电、数码通信、计算机、家居百货、服装服饰、母婴、图书、食品、在线旅游等12大类、数万个品牌、百万种优质商品。

2）运营推广方式

（1）京东补量、优化搜索。如果京东规则不出现大的变化，那么补量技术是一种最有效的、成本也是最低的推广方式。

例如，若想提升某一款宝贝排名，但宝贝综合数据落后于同行，可以把各个维度数据都补到行业平均线上，那么京东给的排名会比平均线上的竞争对手高。

注意事项：这里推荐去做京东优质补量数据，切记别相信那些螺旋式上升方法，必须一个周期一个周期地去提升，只有这样才是安全的，为产品做补量，必须做补量数据，如果没有做好基础数据，即使怎么操作，也不会有效果。

（2）京东快车推广。京东快车是京东推出的一款推广工具，类似于京东直通车，商家可以按照不同的频道或关键词竞价取得不同的展位展现自己的商品。

注意事项：快车只是一种付费引流工具，不能当成主要引流的来源。如果处于上升阶段的店铺有一个共通点，搜索流量占比自然在60%以上，直通车在10%~20%。这也是京东平台的趋势，因为各个平台都是在考验店铺综合运营能力，只有能力好的店铺才会获得更多的流量。另外，对于一些新店、新品，建议先用京东补量的方法做好基础，再去开通快车。

（3）朋友圈营销。微信是京东推广最直接、最简单的方法，可以通过将链接分享到朋友圈，推荐给身边的亲友，引导他们购买。如果商品让亲友感到满意，他们又会推荐给朋友，扩大推广圈子,自然就有更多的流量和转化。

注意事项:在朋友圈发广告,如果不小心,就有可能被屏蔽,所以,做朋友圈营销时,一定不能只发产品图片,然后只写一些简单介绍就完事,可以发一些搞笑的图片,在这些搞笑的图片里面加入自己的广告,也可以发布简单的测试类小游戏,营销效果都不错。

(4)京挑客引流。京挑客相当于京东的京东客,是京东与第三方媒体合作,由媒体选择商家商品信息并在自己的资源上进行推广,最终为商家带来销售。此广告形式按CPS(按销售付费)进行结算,即商品成交后,才需要支付相应的广告费用。

注意事项:京挑客属于站外引流,所以对于搜索权重没有用,但是对于店铺的其他数据帮助很大,如好评率、店铺动态评分、销量、询盘转化率、发货速度、买家到货速度、咚咚响应时间等。

(5)店铺活动,维护好老客户。店铺可以经常搞些促销活动,例如买满多少送小礼品、送优惠券之类的,这样更能吸引买家。店铺也可以定期针对单品打折促销、加价购、赠品促销、套装促销、满减等,还可以将经常购买的客户设置为VIP客户,享受VIP特权。

注意事项:开发十个新客户,不如维护一个老客户,对待客户要坦诚,让客户多多了解产品或服务的价值,客户向自己的亲友介绍产品或服务时会更加详尽,千万不要轻视顾客的人脉,店铺可以拟订客户服务计划,找到让客户回购的好办法。

八、信息流营销

(一)信息流营销的概念

一切从移动端(手机、iPad)看到的广告都可称为信息流广告,包括从朋友圈看到的广告,从抖音看到的广告,从微博看到的广告。

(二)信息流营销的优势

(1)营销模式创新。信息流整合了传统模式+新媒体技术两者的优势。它以传统广告模式(借助优质互联网媒体——用户量及黏性高的产品),结合新媒体技术(大数据、人工智能、受众画像),通过优质媒体,主动向潜在用户提供易于接受的营销信息。信息流广告创新的推广方式给企业提供了全新的营销蓝海市场。

(2)更符合人们获取信息的途径。现今是信息极度膨胀的时代,人们获取信息的途径非常多元化。消费者可能不再会因为一个大品牌的电视广告去购买产品,反而可能会因为一个朋友圈分享,而去购买英国小镇的一块手工香皂。信息流广告通过人们更爱使用的信息获取渠道进行广告推送,无疑响应度会更高,更利于让潜在受众接受。

(3)展现方式更容易被用户接受。信息流的广告通常是与平台功能、资讯内容或社交分享等混排的,所以,一般信息流广告的撰写都会避开硬广的形式,使广告第一眼看上去就不像广告。这在一定程度上不易引起用户的反感情绪,让受众在使用互联网产品功能的同时,能够顺其自然地浏览到广告,产生想要咨询的想法。

(4)能够实现精准化营销。信息流广告平台通常会通过大数据算法,从多维角度来分析用户的社交关系、兴趣爱好、地域等,为用户贴上属性标签。企业可以根据自己的需求按照标签进行人群划分,针对产品、行业、品牌感兴趣的消费人群进行广告投放。

(三)信息流营销的目的

(1)信息流广告的流量解决。企业想要获得市场的地位,信息流广告的流量是不可或缺的,粉丝能够为企业的产品带来流量,所以流量问题的解决势在必行。解决流量问题,就从粉丝的爱好上着手,粉丝裂变形成流量,流量数据大,产品品牌才会得到销量。

(2)信息流广告的互动解决。粉丝关注了产品,企业更想得到粉丝给产品带来的流量,为了流量,企业应该根据粉丝的需求定时定量地为粉丝提供福利,长此以往,其效果可想而知,粉丝互动的最终目的就是将产品或品牌的知名度推广出去。

(3)信息流广告的内容解决。粉丝喜欢什么,营销广告就展现什么,通俗地讲就是抓痛点,人都是感情动物,只要晓之以理、动之以情,粉丝就愿意关注企业产品,所以信息流广告的内容是非常重要的,在吸引粉丝上的地位也是举足轻重的。

(4)信息流广告的准确度解决。企业每生产出一种产品,都会对这个产品进行准确定位,也就是明确这个产品适合什么层次的消费者、产品的效果如何等,将产品定位和粉丝定位相结合,利用信息流广告进行产品营销,效果非常显著。

(四)信息流营销的案例

随着互联网时代人口红利的逐渐消失,互联网营销服务迎来了精耕细作的时代。作为移动互联网广告的新宠,信息流广告凭借独特的展现方式和超长用户黏性赢得了广告主的青睐。搜索引擎因其广泛的使用性和巨大的流量更是得天独厚,360搜索可持续加码信息流广告,凭借海量跨端的资源、全球领先的个性化重定向技术、功能化的精细投放模式三大优势,重新"定义"信息流广告,为广告主构筑起一个"全场景、智能化"的营销平台。

超50亿优质流量、全场景覆盖目标人群,信息流广告是伴随着移动互联网的崛起而成长起来的,因此,绝大多数广告主对信息流的第一印象就是在移动端。但实际上,PC端与移动端的跨屏投放往往能带来意想不到的效果。在移动端,360推广信息流广告部署了手机浏览器、手机卫士、影视大全等富流量App。在个人电脑端,更是依托浏览器、导航、安全卫士等独家优势资源,率先推出了个人电脑信息流广告,并凭借可视化程度高、场景原生的特点,成为目前个人电脑端用户体验最优、广告效果最好的广告形式之一。

不仅如此,360更联手网易新闻、今日头条等站外资源,打通站外ADexchange,对社交、内容类资源进行补充。通过站内外流量的打通,360为广告主提供了日均超50亿流量的信息流广告流量。而且,广告主只需一个360账号即可全面覆盖当下主流的信息流资源,全场景覆盖潜在人群。

自我练习

选择题

1. 新媒体营销的平台有(　　)。
   A. 微信营销　　　B. 微博营销　　　C. 短视频营销　　　D. 直播营销
2. 社群的类型有(　　)。
   A. 教父型社群　　B. 圈子型社群　　C. 学习型社群　　D. 服务型社群
   E. 产品型社群
3. 常见的搜索引擎有(　　)。
   A. 百度搜索　　　B. 360搜索　　　C. 淘宝搜索　　　D. 谷歌搜索

项目二

新媒体营销管理

任务六　熟悉新媒体运营的内容

新媒体运营是通过现代化互联网手段,利用微信、微博、贴吧等新兴平台工具进行产品宣传、推广、营销的一系列运营手段,常见有用户运营、内容运营、活动运营、产品运营四大模块,但在实际运营工作中,四大模块之间并没有清晰的边界,各项工作会有交叉,每个模块在新媒体运营中又发挥着不同的作用。

学习新媒体运营的最终目的是能够为企业产生实际的效益,一个优秀的新媒体运营人员必须具备良好的文字表达能力、项目管理能力、人际沟通能力、用户洞察能力、热点跟进能力、渠道整合能力和数据分析能力。通过本章的学习,可以了解新媒体运营的基本内容。

项目任务书

课内学时	4	课外学时	持续 2 周,累计不少于 4 课时
学习目标	1. 了解新媒体运营(用户运营、活动运营、内容运营) 2. 掌握用户运营的 9 个策略 3. 掌握活动运营的完整流程及关键环节 4. 掌握拉新、促活、留存、转化的方法 5. 掌握内容运营的 7 个核心环节		
项目任务描述	1. 阅读背景材料,了解运营背景 2. 组建团队,做好分工 3. 注册咖啡店公众号、抖音号,所有同学同步做好企业微信宣传的准备 4. 策划用户运营,同步为咖啡店开展拉新活动,建立微信群 5. 策划咖啡店全年的运营活动 6. 运用用户运营的策略,结合内容运营,在微信群内及公众号展开运营		
学习方法	1. 教师讲授 2. 学生实践		

续表

所涉及的专业知识	1. 新媒体运营(用户运营、活动运营、内容运营) 2. 用户运营 9 个策略 3. 活动运营的完整流程 4. 内容运营的 7 个核心环节
本任务与其他任务的关系	本任务与其他任务属于平行任务
学习材料与工具	学习材料:任务指导书后所附的基础知识 学习工具:项目任务书、任务指导书、手机、笔
学习组织方式	部分步骤以团队为单位组织,部分步骤以个人为单位组织

任务指导书

完成任务的基本路径如下。

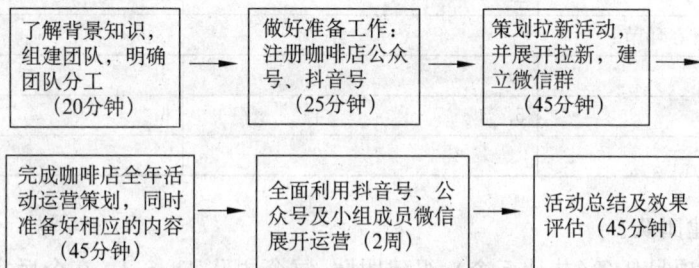

了解背景知识,组建团队,明确团队分工(20分钟) → 做好准备工作:注册咖啡店公众号、抖音号(25分钟) → 策划拉新活动,并展开拉新,建立微信群(45分钟) →

完成咖啡店全年活动运营策划,同时准备好相应的内容(45分钟) → 全面利用抖音号、公众号及小组成员微信展开运营(2周) → 活动总结及效果评估(45分钟)

第一步:听教师讲解基础知识,填写基础知识测试表,见表 6-1～表 6-3。

表 6-1　用户运营基础知识测试

用户运营的具体工作:			
1.	2.	3.	4.
吸引用户有哪几步:			
1.	2.	3.	
用户运营的 9 种策略:			
1.	2.	3.	
4.	5.	6.	
7.	8.	9.	

表 6-2　活动运营基础知识测试

活动运营的 3 个阶段:		
1.	2.	3.

续表

活动运营的 10 个环节:		
1.	2.	3.
4.	5.	6.
7.	8.	9.
10.		
活动复盘的两个层面:		
1.		
2.		

表 6-3 内容运营基础知识测试

内容运营的两层含义:		
1.	2.	
内容运营的作用:		
1.	2.	3.
内容运营的 7 个核心环节:		
1.	2.	3.
4.	5.	6.
7.		

第二步:组建团队。

学生针对本项目任务(共计 5 个),组建团队,每个团队 4~5 人,在今后完成任务的过程中,如有团队项目,则沿用此分工。填写团队分工表,见表 6-4。

表 6-4 任务产出——团队分工

人员任务分工	组长	成员 1	成员 2	成员 3	成员 4
主要负责任务	决策、领导、组织、协调	活动运营	用户运营	内容运营	汇报
姓名					

注:由于团队成员有限,团队成员间在明确分工情况下做好配合,如张三负责用户运营,那么用户运营的主要工作由张三负责,其他同学注意配合,所有人都要完成每一个任务,每个人针对本人负责部分,应使全体成员达到较高的水平。

第三步:启动咖啡店用户运营。

(1)以团队为单位,讨论小组运营的主题,并结合主题初步讨论拉新的目标及策略,形成小组的工作计划。填写团队用户运营工作计划,见表 6-5。

表 6-5 团队用户运营工作计划

时间节点	计 划 内 容	负责人

（2）微信群、公众号拉新。每天记录拉新人数和拉新策略，填写拉新记录，见表6-6。

表6-6　拉新记录

日期	拉新人数	拉新策略

第四步：开展咖啡店活动运营。

开展活动运营，确定活动周期及活动相关事项，填写活动运营计划，见表6-7。

表6-7　活动运营计划

类　　别	相关事项
微信公众号	
个人微信朋友圈（可在公众的基础上充分发挥个人自媒体的主动性）	
抖音	
线下	

第五步：确定内容运营方案并启动活动运营。

完成活动周期的内容运营方案（包括选题规划、内容策划、形式创意）。以1周为例（建议持续2周），填写内容运营工作计划，见表6-8。

表6-8　内容运营工作计划

时间	选　题	内　容	形　式	推送时间	负责人
周一					
周二					
周三					
周四					
周五					
周六					
周日					

第六步：在微信公众号完成一次长内容及短内容推广，个人微信号完成不少于3次/周

推广,在抖音完成 1 次推广,填写内容运营记录,见表 6-9。

表 6-9　内容运营记录

微信公众号长内容	
内容介绍:	
公众号浏览次数	
微信公众号短内容	
内容介绍:	
公众号浏览次数	
抖音运营内容	
内容介绍:	
浏览次数	

个人微信号运营内容				
次数	第 1 次	第 2 次	第 3 次	第 n 次
内容介绍:				
点赞次数				

第七步:对活动效果进行评估,填写表 6-10。

表 6-10　效果评估

目　标　项	目标期望	最终达成数	目标达成情况
参与人数			
涨粉数量			
转发量			
……			

第八步:运营复盘,填写表 6-11。

表 6-11 运营复盘

复盘内容	用户运营	活动运营	内容运营
本次活动的收获			
本次活动需要改进的地方			

任务阅读案例

不只是做一杯好咖啡那么简单

刘璐的咖啡厅开业了,虽然她在店面装修上费尽心思,但门口人来人往的上班族还是没有注意到这间咖啡厅。

她很着急,想不通为什么传说中的"口碑效应"还没出现,因为刘璐坚信自己的咖啡比对面的星巴克好很多,只要来尝试一次就会爱上这里。

越想越气,她决定做点什么,于是走到店里仅有的一位年轻男客面前,征求他的意见。男客抬起头,慢慢说道:咖啡味道很好啊,环境也不错。听到这个评价,刘璐激动地一屁股坐下来,上身向前探着追问:那为啥人这么少?男客想了想,说:没发现这里啊,也没理由从星巴克换到这儿吧,而且又不知道你的咖啡不错。

刘璐恍然大悟,因为没理由来尝试,所以不知道咖啡好喝,口碑传播就没有源头。开咖啡厅不只是做好咖啡就行了!

咖啡厅和互联网企业一样,即使产品的功能和体验都非常好,也可能没人访问。没用户就没价值,不能形成口碑,用户雪球就滚不起来。从这点上来说,做互联网产品和开咖啡厅是相似的,需要让用户关注这个产品,给一个访问的理由,加深用户对产品定位的认知。同样也要伸出"活动"这只手,不断有策略地拉用户访问、参与或购买。再凭借优质的产品品质,不断加深用户对产品的认知,促成留存和口碑传播。

咖啡厅只是安静地躺在路边,人们是注意不到的,需要伸出一只"手"把顾客拉进来。这只"手"就是新媒体运营,如通过爆款半价、办卡减免、满一赠一等活动拉新,再凭借美味的咖啡让顾客爱上这里,附加有情怀得当的内容运营带动后续消费和口碑传播,增加消费者的忠诚度。

(资料来源:百度文库,https://wenku.baidu.com/view/0f731d8bfbb069dc5022aaea998fcc22bcd143df.html,略改动)

基础知识

一、用户运营

（一）用户运营的概念

用户运营是指以用户为中心搭建用户体系、开发需求产品、策划相关活动与内容,同时严格控制实施过程与结果,最终达到甚至超出用户预期,进而实现企业新媒体运营目标。

新媒体运营,用户是核心。不少企业的新媒体部门规定:"新员工在入职后,必须先做与用户相关的工作(如网店客服、微信公众号后台互动、用户社群沟通等),再上任其本职岗位。"因为不论是开发产品、设计活动,还是策划内容,都需要围绕用户。如果不重视用户运营,新媒体就会出现事倍功半的运营结果——面向大量不精准的用户开展新媒体工作,造成资金与精力浪费,最终降低了转化率、曝光量等数据。

用户运营工作主要围绕拉新、促活、留存及转化 4 个方面展开。

1. 拉新

拉新是指在微博、微信、论坛、社群、线下等渠道进行推广,邀请新用户注册或试用,其目的是提升用户总体数量。例如,抖音是一款音乐创意短视频社交软件。在 2016 年 9 月上线后,抖音先进行了初期的验证及版本更新,接着于 2017 年 2 月开启大规模的用户拉新工作。

抖音拉新的主要方式之一是借助明星的微博影响力促进品牌曝光,如邀请岳云鹏、胡彦斌、李纯等明星录制视频并发至微博。

经过大量明星的原创视频及粉丝的自发传播,抖音的下载量迅速攀升。

2. 促活

促活是指采用友好的新用户教程、创意的用户活动等方式,让用户每天多次打开软件或进入自媒体账号,其目的是提升用户活跃度。如小米手机认证微博@小米手机于 2017 年 9 月 13 日发起"拍个透明照"的微博话题,邀请用户晒出自己的"变脸照"并转发微博,在参与者中抽取一位获奖者送出一台小米手机。

3. 留存

留存是指通过后台分析用户数据,以策划活动、增加功能或发放福利等形式留住用户,其目的是提升用户留存率。例如,当用户近期登录频率降低、有流失风险时,可以通过邮件、短信等方式邀请用户重返网站。

4. 转化

转化是指拥有一定数量的活跃用户后,尝试采用下载付费、会员充值等方式获取收入,目的是提升转化率。围绕拉新、促活、留存及转化,用户运营可以展开大量细节工作。

（二）如何找到并吸引用户

粉丝数量、阅读数量、转化数量等指标一般用于评估新媒体运营的效果,这些指标都与用户总体数量成正比。因此,新媒体运营者必须想方设法拉新。

拉新工作力求精准,大量不相关用户会增加客服工作量、降低转化率,最终降低运营效果。获取精准用户分为识别用户渠道、设计引入形式、给出引入理由 3 个步骤。

第一步:识别用户渠道。用户画像常用到标签公式"用户标签＝固定属性＋用户路径＋用户场景",分析该公式中的"用户路径",运营者可以识别出用户的活跃渠道,即找到用户"出没"的网站或软件,做好渠道布局。

第二步:设计引入形式。识别出精准的用户渠道后,需要在此渠道设计引入形式,引导用户关注公众号、进入网站或下载软件。常见的引入方式包括硬广、软文、活动等。引入形式没有固定模板,新媒体运营者可以结合渠道特点及产品特色,加入独特的创意,吸引用户。

第三步:给出引入理由。用户不会主动关注毫不相关的公众号或下载不了解的软件,因此即使找到了精准用户并设计出引入方式,依然需要"临门一脚",即给出引入理由。

(三) 用户运营的策略

完成拉新工作还远远不够,如何提升用户的忠诚度也是非常重要的,这也是用户运营的重要策略之一。

在互联网,路人是指浅层次接触的用户,他们可能只是关注了企业微信公众号、转发过企业活动,甚至可能只看过企业的一篇文章。路人有助于提升企业的品牌知名度,但无法产生实际的运营价值。有效运营价值来自深度接触的用户(也称为忠粉)。这些深度接触的用户,不仅关注企业账号或浏览企业文章,更多的是加入企业社群、参与企业活动、推荐身边好友关注企业账号或邀请身边朋友下载企业软件。

获取一个新用户的成本往往高于挽留一个老用户,因此新媒体运营者必须提升用户活跃度、降低用户流失率,将路人变为忠粉。常用的策略包括内容、活动、资源、社群、功能、积分、奖励、投入、提醒 9 种。

1. 内容

内容是最稳妥的促活方式。好的内容会让用户快速完成从接触账号时的"看一看内容"到"很期待,等着看内容"的转变,形成活跃度的初始积累。通过内容增加用户活跃度不是偶尔刻意为之,而是需要新媒体运营者持续地发出高质量的文章、视频、图片等。

2. 活动

运营者可以定期策划与组织企业新媒体活动,通过富有创意的活动吸引用户参与,提升用户活跃度。

3. 资源

运营者可以在部分新媒体平台放置学习资料、成长工具、工作素材等资源并引导用户下载,用资源促活。

4. 社群

现阶段的公众号、富有创新的新媒体产品层出不穷,即使运营者每天推送有用的、有趣的信息,用户的热情还是会降低,但是如果组建社群,将企业与用户的关系从冰冷的"账号对人"变成带有温度的"人对人",在社群内定期开展相应活动,则会提升用户的忠诚度。

5. 功能

用户对不同的互联网产品的使用频率不同,一部分产品属于高频产品,用户打开次数较多,另一部分属于低频产品,只有在特定的场景下才会打开,低频产品提升活跃度,可以尝试增加高频功能,促使用户在线时长或使用频率提高。

6. 积分

新媒体运营者可以参考 RFM(最近一次消费频率/消费金额)模型,设计对应的用户层级并设置相应的积分体系,每个用户层级享受不同的用户待遇,如享受不同的福袋、抢兑、折扣等福利。用户必须保持一定的活跃度才能升为下一级别,这也是大部分网站的积分方式。

7. 奖励

积分体系完成的是精神层面的奖励,以满足用户尊荣感。此外,新媒体运营者也可以设置物质奖励,进一步提升用户活跃度。

8. 投入

投入是指用户的资金或时间投入。例如,在线下饭店,如果消费者提前预订并已经缴纳定金,往往不会轻易取消预订;但如果只是电话预约,则很有可能会由于天气等原因而取消。由此可见用户往往对已经付出时间或资金的产品更忠诚。新媒体运营者在进行用户运营时可以引导用户进行适当投入,以降低流失率,例如淘宝的 88 会员、京东的 plus 会员等。

9. 提醒

提醒是指用户长时间没有打开网站或登录网站时,新媒体运营者可以尝试推送提醒,引导用户尽快打开。提醒的核心在于提醒的内容,首先要引人注目,看到标题时就有要点开的冲动。其次是内容强调价值,既然是吸引用户再次登录账号或网站,信息必须准确表述用户回归后的价值,如"我们新增一款适合你的功能""我们对老用户有福利发放""今天有免费优惠券"等。最后是操作简洁,信息最好包含网址,用户点击后直接跳转到相关页面或软件,否则用户很有可能会因为操作烦琐而放弃回归。

二、活动运营

(一)活动运营的概念

活动运营是指围绕企业目标而系统地开展一项或一系列活动,其中完整的活动包括阶段计划、目标分析、玩法设计、物料制作、活动预热、活动发布、过程执行、活动结束、后期发酵及效果评估等全过程。

在新媒体运营工作中,之所以要重视活动运营,是因为活动运营具有快速提升运营效果的作用——微博发布、微信公众号发文、产品数据分析等日常工作,可以使企业新媒体稳定运行;而阶段性开展新媒体活动可以使得运营效果在某个时期内快速提升。

理解活动运营,重点是理解目标、系列、完整 3 个关键词。

第一是"目标"。活动运营必须要紧紧围绕企业的目标,如提升新品曝光度、提升产品销量、提升品牌美誉度等,否则即使活动过程火爆,参与人数众多,也会在活动后进行效果评估时,由于结果数据与目标不匹配,而使活动效果减分。

第二是"系列"。新媒体活动多数情况下以"系列活动"的形式出现,一方面,活动之间需要系列化,每个活动之间都要有衔接;另一方面,活动自身也具有系列化特征,一场大型活动本身包括"预热活动""正式活动""发酵活动"等小活动。

第三是"完整"。活动运营不仅仅是发布 1 篇活动文章、撰写 1 条"转发抽奖"的微博,而是包含 3 个阶段及十大完整的环节。

(二)活动运营的阶段

1. 策划阶段

新媒体活动始于策划——活动运营超过一半的工作量都在策划阶段。策划阶段需要运营者完成 4 项工作,为后续两个阶段搭建起整体框架。

首先是阶段计划。运营者需要在每年年底结合节假日、周年庆等热点,制订第二年的活动计划。

其次分别是目标分析和玩法设计。在每次活动开始前,运营者都要先把活动目标拆解开,根据目标设计活动玩法。同时,将目标数据植入玩法,便于监控活动。

最后是物料制作。活动物料既包括线下物料(如易拉宝、宣传单、条幅),又包括线上物料(如活动海报、活动视频、活动文字)。运营者必须提前做好物料准备工作,防止由于物料缺失而延误其他工作。

2. 执行阶段

进入执行阶段后,活动运营工作从策划变为落地。为了使策划阶段制定的工作目标顺利实施,运营者需要协调整个团队,在"活动预热、活动发布、过程执行、活动结束"四个环节按照既定的方案精准执行。

3. 收尾阶段

在对外宣布活动结束后,新媒体活动的运营工作实际上并未结束。一方面,运营者需要做好后期发酵工作,整理出活动过程中的照片、视频、留言截图等,进行二次传播;另一方面,运营者需要进行效果评估,并带领团队复盘,把活动经验归档,便于后续活动的持续改进。

(三)活动运营的 4 个核心环节

在活动运营的十大环节中,运营者需要重点关注 4 个核心环节,即阶段计划、玩法设计、过程执行及效果评估。

(1)阶段计划是活动运营的总纲。成熟的新媒体活动运营者并不是在某个热点到来后才开始"抓热点、做活动",而是提前一年就进行了热点预判及前期准备。

(2)玩法设计是活动运营的灵魂。平淡无奇的活动无法抓住网民的注意力,丰富多彩的跨界活动和脑洞大开的活动创意,有助于活动效果的提升。

(3)过程执行是活动运营的根基。好的策划必须用好的执行作辅助,否则一切都是纸上谈兵。运营者需要在策划阶段制作活动推进表、活动物料清单、活动运筹表三大表单,确保执行工作顺利完成。

(4)效果评估是对活动运营的检验。运营者需要在活动开始前"预埋"监控数据,并在活动结束后汇总活动数据,便于总结与优化。

下面对这 4 个关键环节逐一展开讲解。

1. 阶段计划

在新媒体运营的四大模块中,活动运营通常不会单独出现,而是结合其他三大模块(用户运营、产品运营及内容运营),以组合的形式出现。

用户运营＋活动运营:策划一场提升用户活跃度的活动。

产品运营＋活动运营:策划一场新品发布活动。

内容运营＋活动运营:策划一次"转发海报,即可抽奖"的活动。

因此,活动运营不能凭运营者的主观想法来独立设计,而是应综合企业整体目标、团队运营规划和网民关注的热点等,设计出整体的规划。成熟的新媒体活动运营团队一般以年为单位,提前设计全年的活动规划。全年活动规划设计有两个重要的作用。

(1) 制定全年活动的整体框架可以减少运营的随机性,防止运营者"临时抱佛脚",不断追随热点而没有运营主线。

(2) 规划出全年的活动安排有助于相关执行者灵活安排时间,提前筹备活动海报、活动文案等素材。

设计全年活动规划,首先需要梳理企业下一年的整体目标、新媒体整体运营规划和互联网热点预测评估,然后分别推导出年度活动的主题、每月活动规划及热点活动规划,最后汇总形成全年活动规划。

完成年度主题、每月活动、热点活动的规划后,新媒体运营者可以将三者综合,形成××年全年活动规划的表单或文件。

随后,运营者可将表单或文件发送至设计部门、编辑部门、开发部门等,便于相关同事灵活安排时间,提前筹备素材。

我们所看到的各网站的主题节日宣传其实都是年初有备而来。

2. 玩法设计

活动运营的效果一般会体现在活动的参与度上,但是持续提升用户参与度相当困难。一方面,现阶段网民的可选择性变大,通常不会对同一家公司、同一个账号或同一类活动保持浓厚的兴趣;另一方面,活动运营团队很容易在策划几次活动后进入"思路枯竭""创意失效"的状态——没有新的灵感,自然无法激发用户的参与。因此,玩法设计很重要。在玩法设计中,运营者需要做好跨界与整合,以提升参与度,确保活动效果。活动运营的跨界整合有 5 种策划方式,包括产品跨界、内容跨界、圈层跨界、IP 跨界、渠道跨界。

(1) 产品跨界。产品跨界是指以定制产品作为活动的主线,把原本毫不相干的产品元素相互融合,突出"限量""定制"等关键词,引爆合作双方的新媒体传播。例如迪士尼定制款的各类衣服、包包等。

(2) 内容跨界。内容跨界是指合作方在活动文章、活动海报、活动视频等内容中互相植入对方的品牌,在内容传播过程中对参与方的品牌进行多次传播,达到共赢的目的。

(3) 圈层跨界。在互联网的发展过程中,网民的喜好呈多样化发展趋势,不同的网络喜好产生了不同的文化圈层,而不同圈层的品牌跨界合作,可以激活对方的用户,尝试获得超出预期的活动效果。

(4) IP 跨界。一个成功的 IP 实际上也是一个独特的文化现象,尝试不同形式的 IP 跨界合作,可以将 IP 的影响力充分聚合。

（5）渠道跨界。活动运营未必局限于互联网渠道。运营者可以尝试与其他渠道的品牌进行合作，打通线上和线下渠道，多维度放大品牌的声量。

3. 过程执行

过程执行是活动运营的根基。再优秀的策划，如果没有好的执行辅助，都会变成纸上谈兵。

为了保证活动按照既定的方案精确执行，运营者需要高度关注事、物、人 3 方面，即活动事项、活动物料及团队协作。通过提前设计活动推进表、活动物料清单、活动运筹表三大表单，运营者可以更系统地管理以上 3 方面的运营细节。

（1）用活动推进表跟进事项进度。活动推进表实际上就是项目管理中常用到的甘特图，通过条状图来显示项目随着时间推进的进展情况，其关注点在"事"。一方面，在活动策划期规划出各事项的推进时间；另一方面，在活动进行期间跟进事项的完成情况。

活动推进表可以借助图表工具制作，主要包括以下制作步骤。

第一步：运营者需要计算活动周期并设计各阶段的时间。例如，某活动从 5 月 10 日开始，预计 5 月 25 日结束，其中包括筹备期、预热期、进行期及发酵期，可以在表中标出对应时间，如表 6-12 所示。

表 6-12 某活动周期

5/10	5/11	5/12	5/13	5/14	5/15	5/16	5/17	5/18	5/19	5/20	5/21	5/22	5/23	5/24	5/25
周三	周四	周五	周六	周日	周一	周二	周三	周四	周五	周六	周日	周一	周二	周三	周四
筹备期					预热期				进行期				发酵期		

第二步：运营者需要按照类别和事项的分类方式拆分相关事项，如表 6-13 所示。

表 6-13 按类别和事项拆分相关事项

类 别	事 项
微信·发起	软文撰写
	客服话术
	软文推送
微博·推广	海报设计
	文案撰写
	广告投放
线下·推广	宣传单设计
	宣传单印刷
	宣传单散发
……	……

第三步：将前两步的内容合并，形成整体表单，如表 6-14 所示。

表 6-14　某活动相关事项

项目		日期															
		5/10	5/11	5/12	5/13	5/14	5/15	5/16	5/17	5/18	5/19	5/20	5/21	5/22	5/23	5/24	5/25
		周三	周四	周五	周六	周日	周一	周二	周三	周四	周五	周六	周日	周一	周二	周三	周四
类别	事项	筹备期					预热期				进行期				发酵期		
微信·发起	软文撰写																
	客服话术																
	软文推送																
微博·推广	海报设计																
	文案撰写																
	广告投放																
线下·推广	宣传单设计																
	宣传单印刷																
	宣传单散发																
……	……																

第四步：设计各事项的执行时间及截止日期，如表 6-15 所示。

表 6-15　活动推进表

项目		日期															
		5/10	5/11	5/12	5/13	5/14	5/15	5/16	5/17	5/18	5/19	5/20	5/21	5/22	5/23	5/24	5/25
		周三	周四	周五	周六	周日	周一	周二	周三	周四	周五	周六	周日	周一	周二	周三	周四
类别	事项	筹备期					预热期				进行期				发酵期		
微信·发起	软文撰写		■	■	■												
	客服话术					■											
	软文推送									■							
微博·推广	海报设计			■	■												
	文案撰写	■	■														
	广告投放										■	■	■	■	■	■	
线下·推广	宣传单设计		■	■													
	宣传单印刷				■	■	■										
	宣传单散发										■	■					
……	……																

完成以上步骤后，可以得到一张活动推进表。这张表需要在活动筹备阶段的前一周完成，随后运营者根据该表跟进每一项工作的完成进度。

（2）借活动物料清单跟进相关素材。活动物料清单即活动所需的所有线上及线下物料,其关注点在"物"。梳理活动物料清单,主要是梳理两类物料。

第一类是线上素材,包括文案、海报、视频、音频、账号等。

第二类是线下物料,包括宣传单、条幅、手牌、贴纸、服装、道具等。

运营者在理清所需物料后,需要将每一项物料责任到人,并标明完成期限,填入活动物料清单,如表 6-16 所示。

表 6-16　活动物料清单

序号	物料	简要需求	责任人	计划完成时间	目前状态
1	微信公众号文案	含活动理念及活动规则	张三	5 月 13 日	已完成
2	微博文案	需要五天的活动宣传文案,每天发三条	李四	5 月 11 日	
3	朋友圈海报	六种不同风格的海报	王五	5 月 14 日	已完成
4	预热视频	需要与微信公众号文案风格相符	张三	5 月 15 日	
5	推广账号	活动推出后,推广至其他平台的账号	李四	5 月 12 日	已完成
6	宣传单	16 开,底色为蓝,含活动规则	张三	5 月 10 日	
7	条幅	0.7m×8m,底色为红	李四	5 月 15 日	
8	服装	工作人员服装十套、志愿者服装五套	张三	5 月 7 日	
……	……	……	……	……	……

在活动执行过程中,运营者需要跟进所有物料的完成情况,尽量每日更新活动物料清单。对即将超期的物料,运营者必须提前跟催,防止发生物料延误的情况。

(3)用活动运筹表协调团队工作。活动运筹表之所以强调"运筹",是因为该表单的主要使用者是活动运营的总负责人。借助该表,总负责人可以对参与人员进行统筹安排,以达到最合理的团队管理与调控目标。实际上,活动运筹表是由活动推进表和活动物料清单提炼而成的,如表 6-17 所示。

表 6-17　活动运筹表

参与人员	日期															
	5/10	5/11	5/12	5/13	5/14	5/15	5/16	5/17	5/18	5/19	5/20	5/21	5/22	5/23	5/24	5/25
	周三	周四	周五	周六	周日	周一	周二	周三	周四	周五	周六	周日	周一	周二	周三	周四
	筹备期					预热期				进行期				发酵期		
张三	宣传单	微信公众号文案		预热视频					宣传单散发							
李四	微博文案	推广账号		条幅设计				软文推送								
王五		朋友圈海报								广告投放						
……																

一方面,活动运筹表包含活动推进表中的活动周期及各阶段的时间;另一方面,它也包含活动物料清单中的责任人、完成期限。活动运筹表的关注点在"人",利用该表可以清晰地掌握活动团队每个成员负责的事项。

4. 效果评估

经过前期策划、中期执行、后期发酵，新媒体活动本身已经结束，但活动运营工作还需要完成最后一个动作——总结。活动总结分为两个层面：①分析数据，评估活动效果。②复盘过程，提炼活动经验。

围绕分析数据与复盘过程两个层面，活动总结的步骤可以用四字诀来概括，即"埋""算""析""盘"。其中，"埋""算""析"都与数据相关，因为企业新媒体活动的效果不能简单用"很好"或"很差"来主观评价，而需要借助客观的数据来比对分析；"盘"与过程相关，需要团队总结经验并归档。

（1）"埋"即数据预埋。数据预埋工作需要在活动开始前完成。运营者需要提前设置数据观察入口，并将过往数据清零，便于活动结束后的数据统计。例如，某培训机构在报名活动开始前，先在报名后台预埋了两个分销渠道的链接，活动结束就可以分开统计，获知效果。

（2）"算"即数据统计。如果把数据预埋看作"撒网捕鱼"，那么数据统计就是"收网捞鱼"。活动前设定的观察网址、分销链接、推广二维码等，在活动结束后可以进入后台统计并分析相关数据。

（3）"析"即效果分析。新媒体活动效果的精确评估，来自数据的准确比对。一场新媒体活动的目标不一定只有一种，很可能既要通过活动涨粉，又要通过活动销售产品。因此，进行数据比对时，需要将活动目标所涉及的数据全部进行统计，然后分别评判目标的达成情况，解析数据原因。

（4）"盘"即过程复盘。"复盘"原是围棋术语，本意是对弈者下完一盘棋之后，重新在棋盘上把对弈过程摆一遍，看看哪些地方下得好，哪些地方下得不好，哪些地方可以有不同甚至更好的下法等。

运营团队也可以根据过程的质量进行复盘，总结出团队的活动经验。活动复盘需要紧扣"过程"，首先通过个人总结、团队互评的方式提炼出复盘清单。

随后，将复盘清单按照"经验"和"教训"进行归类与整理，并根据经验和教训，进一步写出对后续活动的建议。

三、内容运营

（一）内容运营的概念

在新媒体运营中，内容运营是指运营者利用新媒体渠道，用文字、图片或视频等形式将企业信息友好地呈现在用户面前，并激发用户参与、分享、传播的完整运营过程。

内容运营

1）内容运营中的"内容"

内容运营中的"内容"有两层含义。

（1）内容是指内容形式。用户使用手机或计算机上网，只能采用"看图文、看视频、听音频"等形式了解产品或品牌信息，与之相对应，内容可以是文章、海报、视频或音频等。

（2）内容是指内容渠道。用户浏览互联网内容，一般采用微信公众号、今日头条、微博、知乎、腾讯新闻等内容渠道，因此运营者也需要在内容渠道中布局内容，与用户的内容浏览习惯相匹配。

2）内容运营中的"运营"

内容运营中的"运营"是指系统的运营工作,包括选题规划、内容策划、形式创意、素材整理、内容编辑、内容优化和内容传播等。换言之,内容运营工作需要的是体系化的思路和完整的运营流程,而不是偶尔撰写一两篇阅读量高的文章。

内容运营对于新媒体运营的整体效果起着至关重要的作用。

（1）有助于提升产品知名度。产品本身不会说话,需要用内容进行表达。用户在使用产品之前,只能采用企业官网或微信公众号等渠道浏览产品介绍、品牌新闻、用户反馈等内容进而了解产品。因此,优质的内容、精准的内容推送、多平台的内容宣传可以让更多用户接触产品信息,从而提高产品知名度。

（2）有助于提升营销质量。企业新媒体运营最终目的是转化,让用户愿意付费。但如果把内容运营看作一场球赛,那么在射门之前必须有传球、盘带等过程——高转化率的文域、高参与度的活动只是转化工作的"临门一脚",在此之前需要进行更多铺垫。因此,高转化率的新媒体内容并不只是写一篇好文章或做一场好活动就能完成的,而是需要建立在长期扎实的日常内容运营工作基础之上。

（3）有助于提升用户参与感。用户的参与感来自持续的互动。设计具有话题性、创新性的新媒体内容会引导用户参与互动,提升用户的参与感。

（二）内容运营的核心环节

企业新媒体内容运营共有 7 个核心环节,包括选题规划、内容策划、形式创意、素材整理、内容编辑、内容优化和内容传播。

1. 选题规划

新媒体内容运营的第一个环节是进行选题规划。新媒体领域受人关注的 10W＋文章、百万级曝光等内容,看起来是突然爆发,其实多数是建立在扎实的日常运营基础之上的。否则,偶尔写出高阅读量的文章,也会由于日常内容积累少、口碑积累缺失,而影响后续的转化效果。因此,内容运营者必须进行选题规划,策划出下一阶段的主要内容形式、内容选题等,作为下一阶段的内容运营总纲。

2. 内容策划

"选题规划"做的是阶段性的内容设计,而"内容策划"做的是更具体的内容设计。在写一篇微信文章或创作一条产品广告之前,内容运营团队需要进行头脑风暴,探讨内容细节,并完成内容策划。做内容策划,实际上就是解决以下重要问题。

制作本次内容的目的是什么？推广新品、宣传品牌还是其他？

内容投放渠道在哪里？微信公众号、微博、知乎还是其他？

该渠道的用户是谁？大学生、职场人还是其他？

内容制作周期是多久？内容传播周期预计多久？

内容主题如何设计？

内容风格如何设计？

3. 形式创意

内容策划完成后,运营者需要思考对应的形式。用户总是对新鲜的、有创意的形式更感兴趣,如果某个账号的内容形式一成不变,用户的活跃度就会逐渐降低。

因此每一次发文章或者做海报之前,运营者需要思考这些内容。

可以写成一个故事吗?

可以写成一篇趣味新闻吗?

可以做成一张长图吗?

可以做成一个小问答吗?

在思考内容形式时,运营者可以脑洞大开,但不必局限于文章、海报、视频等形式。

4. 素材整理

内容形式确定后,运营者需要进行素材搜集与整理。素材主要包括内部素材和行业素材:内部素材包括产品图、产品理念、活动流程、过往照片、过往数据等;行业素材包括行业数据、行业新闻、网民言论、近期热点等。尽可能多地搜集并分门别类地整理这两大类素材,这一环节就基本完成了。

此外,运营者应该养成"随手记录素材"的习惯,完善自己的素材库。如知名自媒体大号"咪蒙"曾分享:"只要你用心去发现,你身边的每个朋友都是行走的素材库。发现故事要随时搜集,整理进你的素材库。我随时都会掏出手机记录素材,而且标记清楚,可以用在什么选题里。"

5. 内容编辑

内容编辑实际上就是常规意义上的写文意、做海报等,属于内容运营的执行工作。如果跳过前面4个环节直接写文章或做海报,运营者常会出现没有思路、毫无框架的情况;相反,如果以上步骤都完整执行,这一步会相对轻松,直接按照已经做好的策划来设计即可。

6. 内容优化

内容编辑工作完成后不能马上发布,而是需要进行测试、反馈及优化。如果转化率低或反馈不好,需要进行内容优化与调整。常见的测试与反馈包括如下方式:文章预览直接转到粉丝群、报名网址分享在朋友圈。例如,微博发布设置为"好友圈",海报仅部分人可见。

7. 内容传播

内容运营并非发完微信文章或发了微博就万事大吉,还需要继续推广与传播,以期获得更好的内容效果。特别是那些粉丝较少的账号,由于只有为数不多的人可以看到推送的内容,传播效果有限。因此,运营者需要设计传播模式和便于传播的内容,引导粉丝将内容转发到朋友圈、微信群或更多渠道。

(三)提升内容运营的策略

走心的新媒体内容是指采用精心设计的文字、图片、视频打动用户,让用户自发点赞、转化或下单。为了获得更高的转化率,应优化内容运营效果,下面分别从长内容运营技巧和短内容运营策略两方面进行介绍。

1. 长内容运营技巧

长内容运营者可以从以下六大要素入手,优化转化页的内容并提高转化率。

(1)简明介绍。目前网民对新媒体内容的耐心正在逐步丧失,更多人喜欢在打开文章或网页后快速了解文章或者网页是讲什么的、与自己有什么关系。因此,在设计转化页面时,运营者应在开头用简洁的语言讲明本文或本页的意图。

(2) 场景设计。为了打动用户,必须引入适当的场景,让用户进入场景,在场景内阅读。

(3) 具体参数。在长内容中,要详细给出产品参数,给用户留有足够的判断空间。

(4) 产生信任。让用户产生信任的方式很多,例如让用户证言,企业自夸产品难免有王婆卖瓜的嫌疑,用户证言可以增强用户的信任感。

(5) 付费刺激。如果简单地让顾客付费,用户很有可能不会点击,因此应在设置内容时增加刺激点,引导用户立即付费,刺激付费的方法有很多,常见以下几种。

① 限时优惠。告诉用户现在的优惠是限时限量的,如果错过,产品会涨价,甚至售罄,迫使他必须立即做出决定。

② 算账。用户心里都有一本账,就会隐隐地出现一个天平,一边是产品价值,另一边是价格,当他确定产品价值大于价格时,他才会下单。与其看着客户摇摆不定,不如帮他算算账。当产品很耐用,但价格比较高时,可以把价格除以使用天数,算出一天花多少钱,让他感觉到很划算。如果产品能节水、节电或替代其他消费,帮他算出每年或是 10 年他能省多少钱,当他发现自己可以很快"回本"时,他就会觉得购买是划算的。

③ 正当消费。告诉用户买产品不是为了个人享受,而是为了其他正当理由,消除他内心的负罪感,让他尽快下单,尤其在售卖高端用品时,这种方法更有效。

(6) 放心售后。除了对付费本身的相关描述,高转化页面通常还包含"放心售后"要素,给客户吃一颗定心丸,减少客户的后顾之忧。放心售后根据产品的性质不同,其承诺内容也不同,有效化解了客户的付费顾虑,达到成功转化的目的,如 7 天无理由退换、运费险等。外卖转化页面则需要做出外卖速度与食品新鲜度的承诺。

2. 短内容运营策略

策划新媒体内容时,运营者很容易只关注软文故事、硬广正文等长内容,忽略标题、摘要、朋友圈转发语等短内容。

在内容运营过程中,短内容更多地在扮演锦上添花的角色——同样的文章,设计不同的短内容,效果会有很大的区别。

1) 标题引人注意

不论是微信公众号、今日头条等新的内容平台,还是邮件、论坛、博客等比较旧的内容平台,用户第一眼看到的都是标题。一个很残酷的现实是,这个时代的读者是缺少耐心的,他们通常只愿意花费 2~3 秒扫读标题来决定是否点开,如果他不想点开,文章内容再好也等于零。因此好的标题会直接影响文章的阅读量、邮件点击量等数据,最终影响转化率。标题优化的方法有以下几种。

(1) 新闻社论标题。比起广告,人们一般更爱看新闻,这也是为什么软文那么多,大家都不想点开那种商业气味浓厚的赤裸裸的广告,相比之下,新闻显得更权威、中立和有趣,所以我们可以把自己的内容化装成新闻,激发阅读量。

(2) 好友对话。对话中,人们一般最关心的是他自己,所以,在标题里放进"你"非常重要。例如"微信文案大咖战绩辉煌,周六线上授课","他写微信软文赚了 1173 万元,愿意手把手教你文案的秘籍,只在这周六",你觉得哪个更好呢?

(3) 关联定位。抓住热点,关联定位也是常见的一种标题,热点最能引人注目,关联定位的方法可以借助热点提升点击率。

2）精彩的转发语，提升传播效果

为了提升某次内容运营效果，运营者需要持续宣传，增加内容的曝光度，但由于人手有限，转发效果也容易遭遇瓶颈，因此发动粉丝的力量，引导粉丝自发地把文章或海报转发到微博、微信朋友圈、微信群、QQ群等渠道就很重要。

但是粉丝的文案能力参差不齐，转发效果也有很大的差别。因此为了扩大宣传效果，运营者必须帮粉丝写好转发语，并把转发语一并发给粉丝。粉丝转发语包括四大要素。

要素一：第一人称"我"。网民在浏览朋友圈时，如果发现生硬的广告，点击的可能性就会变小，因此转发语需要第一人称，例如，"我想要某产品""我想要"等语句开头。

要素二：一句话描述。浏览者的时间有限，必须对这次宣传内容进行描述，最好用一句话讲清楚。

要素三：呈现价值点。人们通常不会花时间去了解与自己无关的内容，因此转发语中要写出是点击之后的好处或者使用产品之后的好处。

要素四：强调稀缺性。人们通常不会珍惜无限量供应的产品，所以转发语有必要突出稀缺性，如"仅限50个名额"等。

（四）内容传播的模式

好的内容运营必须要辅助好的传播，增加内容发酵时间并提升内容运营的效果。内容传播的方式包括新闻源宣传、行业公众号投放、搜索引擎投放等。但是一定要考虑投入产出比，因此，企业选择内容传播途径时，多会想方设法策划"自传播"模式。

用户与企业的链接发生在售前、销售过程中、销售交付、服务、推荐产品5个场景，运营者需要结合场景来设计传播模式。

1. 售前场景

用户购买产品之前都属于售前场景，由于用户没有使用产品，其对产品的认知只能停留在看过相关信息的层面，因此，运营者一方面需要在自媒体平台发出专业内容，树立专业形象，另一方面要借助软文、新闻等内容让用户接触企业品牌、文化、技术等相关信息。

2. 销售过程中场景

销售过程中，部分用户对产品暂时没有需求，处于观望状态，此时运营者可以设计促销策略，用海报、文章等内容形式直接推送给用户，刺激购买。促销形式包括价格满减、转发红包、购物券等。

3. 销售交付与服务场景

精良的产品交付环节设计会引发用户主动晒单，帮助企业增加互联网话题内容，随着产品交付，企业的新媒体传播能力会升级。

而精心设计的服务环节则可以打造良好的网络口碑，超越期待的服务会换来用户的认可，从而主动分享使用心得，协助企业完成传播。

4. 推荐产品场景

人际传播是指人与人之间的直接沟通。人际传播有两个重要的特点：①直接传播，当有人询问时,直接将购物网站发给用户。②快速推荐,比起企业与其他网民,人们更信任自己的好友,所以好友推荐后,容易快速做出购买决定。因此运营者应特别设计出推荐海报、推荐标题、推荐摘要、推荐封面截图等内容,以提升人际传播的转化效果。

结合以上场景的良好设计,合理地运用自传播的模式,一方面可以降低企业的推广成本;另一方面可以更精准地发动用户的力量,更快、更稳地提升企业的互联网业绩。

自我练习

选择题

1. 活动运营的四个核心环节包括(　　　)。
   A. 阶段计划　　　　B. 玩法设计　　　　C. 过程执行　　　　D. 效果评估
2. 活动过程执行中需要用到的表单有(　　　)。
   A. 活动推进表　　　B. 活动物料清单　　C. 活动运筹表　　　D. 活动计划表
3. 新媒体内容运营的七个核心环节,包括(　　　)。
   A. 选题规划　　　　B. 内容策划　　　　C. 形式创意　　　　D. 素材整理
   E. 内容编辑　　　　F. 内容优化　　　　G. 内容传播

任务七　熟悉新媒体营销与目标管理

目标管理是 20 世纪 50 年代由美国管理学家彼得·德鲁克在西方传统管理理论的基础上归纳总结并升级出的一种全新的管理模式。具体内容是以目标管理和自我控制为核心,将企业总体宏观目标层层分解至部门和具体员工的具体小目标,形成一个目标体系,同时制定相应的实现目标的措施,并把目标的完成情况作为对各部门或个人的考核依据。此管理方法因其切实可行性和管理科学性,在企业生产中具有很强的现实指导价值,最终在彼得·德鲁克的推动下,迅速普及开来,得到了大家的普遍认可,被广泛应用于企业管理和绩效评价中。

新媒体营销的渠道复杂多样,包括门户、搜索引擎、微博、微信、SNS、博客、播客、BBS、RSS、WIKI、手机、移动设备、App 等。为了达到最优化的营销效果,在新媒体营销中运用目标管理的相关方式方法,能够实现新媒体营销的高曝光量、高传播速度、高有效传播等价值。

项目任务书

课内学时	6	课外学时	持续 2 周,累计不少于 4 课时
学习目标	1. 初步认识目标管理的定义和意义 2. 认识新媒体营销中的目标管理的作用 3. 学会新媒体营销的目标设定 4. 学会新媒体营销的目标分解 5. 学会新媒体营销的目标总结和评估 6. 尝试操作新媒体运营项目,实现目标设定,并对这个过程做出合理的分析评价		

续表

项目任务描述	1. 设定新媒体运营的目标 2. 分解目标,时间上具体到年目标、季度目标、月目标和日目标,空间上具体到团队目标、小组目标和个人目标 3. 运营模拟新媒体项目,检验短期内目标设定达成情况 4. 对此次新媒体营销活动中的目标管理进行评估和总结
学习方法	1. 教师讲授 2. 学生实践
所涉及的专业知识	目标管理的概念、目标管理的作用、目标设定、目标分解、目标管理的评估和总结
本任务与其他任务的关系	本任务与其他任务为平行关系。本任务是团队化运作中一种最为科学有效的管理办法,是团队良好发展的一项必不可少的技能。与任务八搭配组合,形成团队管理的基石
学习材料与工具	学习材料:任务指导书后所附的基础知识 学习工具:项目任务书、任务指导书、手机、笔
学习组织方式	部分步骤以团队为单位组织,部分步骤以个人为单位组织

任务指导书

完成任务的基本路径如下。

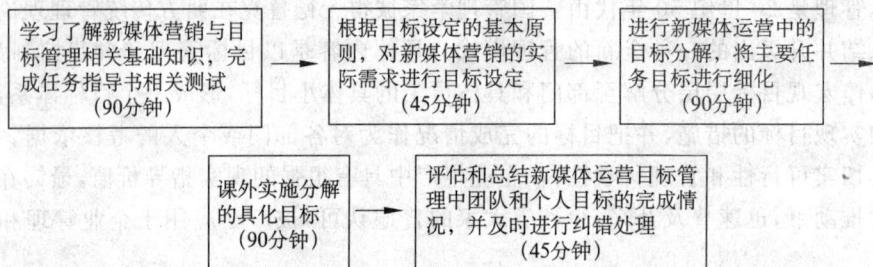

学习了解新媒体营销与目标管理相关基础知识,完成任务指导书相关测试(90分钟) → 根据目标设定的基本原则,对新媒体营销的实际需求进行目标设定(45分钟) → 进行新媒体运营中的目标分解,将主要任务目标进行细化(90分钟) →

课外实施分解的具化目标(90分钟) → 评估和总结新媒体运营目标管理中团队和个人目标的完成情况,并及时进行纠错处理(45分钟)

第一步:听教师讲解目标管理的基本知识,填写基础知识测试表,见表7-1。

表7-1 基础知识测试

目标设定的原则		
1.	2.	3
4.	5.	
目标分解的方式		
1.		2.
目标总结和反馈的原则		
1.	2.	3.

第二步:设定新媒体营销的目标。

如果已经注册和建立了各种新媒体运营平台,根据目标设定的基本原则,对新媒体营销的实际需求进行目标设定,一般包括询盘量、各平台流量、各平台推广情况、后期客户开发与维护水平,数据搜集、统计、分析,各成员根据现实预判,提出以上目标的任务量,并根据实际情况确定此次新媒体营销的终极目标,填写表 7-2。

表 7-2　设定新媒体营销的目标

任　　务	组长	成员 1	成员 2	成员 3	成员 4
销售量					
询盘量					
平台流量					
平台推广					
客户开发与维护水平					
数据搜集、统计、分析					
终极目标					

第三步:新媒体营销目标分解。

对新媒体运营中的主要任务目标进行细化,确定主要项目的评判指标,并对指标进行具体的量的划定和完成情况的界定,填写新媒体营销目标分解表,见表 7-3。

表 7-3　新媒体营销目标分解

任　　务	具 体 任 务	指　　标	完成情况
销售额	产品 1	金额	
	产品 2	金额	
	产品 3	金额	
	……		
询盘量	产品 1	数量	
	产品 2	数量	
	产品 3	数量	
	……		
平台流量	百家号	阅读量和粉丝量	
	今日头条	阅读量和粉丝量	
	集团订阅号	阅读量和粉丝量	
	抖音	阅读量和粉丝量	
	新浪微博	阅读量和粉丝量	
	……		
平台推广	中文网站推广	百度收录数量、外链数量	
	国内收费 B2B 推广	更新文章、上传商品、询价回复率、旺铺评分等	

任　　务	具体任务	指　　标	完成情况
平台推广	海外网络营销	阅读数量、谷歌收录数量	
	搜索引擎优化推广	每天点击费用、单次点击成本	
	整合推广	文章内容重复度、文章数量	
	QQ 推广	QQ 好友数量、QQ 空间浏览量、QQ 群成员数量	
	微信推广	微信公众号粉丝、微信个人号粉丝、推送文章数量	
	新媒体推广	阅读量、粉丝量、询盘量	
	……		
客户开发与维护水平	网络询盘信息备份	询盘信息数量、询盘信息完整性	
	线下客户数据整理	A 级客户数据数量、客户数据完整性	
	微信小号维护	微信小号成员数量	
数据搜集、统计、分析	网站数据	统计报表及报告	
	B2B 平台数据	统计报表及报告	
	流量数据	统计报表及报告	
	粉丝量数据	统计报表及报告	
	阅读量数据	统计报表及报告	
	广告数据	统计报表及报告	
	……		

学生以团队为单位,以 1 个月为期限,将目标进行时间和空间上的分解。小组内各个成员根据自己岗位的需求进行上述具体任务认领,并按照时间节点要求,对任务完成程度进行划分,并填写目标分解表,见表 7-4。

表 7-4　目标分解

目标种类	队长	成员 1	成员 2	成员 3	成员 4
月目标					
半月目标					
十天目标					
周目标					
日目标					

第四步:新媒体运营目标管理的评估和总结。

学生定期对新媒体目标运营中的各项目标达成情况进行统计,并对新媒体运营中团队和个人目标的完成效率、完成质量和后期效果进行全面的评论和分析,填写表 7-5。

表 7-5 新媒体运营目标管理的评估和总结

目标评估与调整	团队目标	队长	成员 1	成员 2	成员 3	成员 4
星期目标评估						
需要调整之处						
十天目标评估						
需要调整之处						
半月目标评估						
需要调整之处						
月目标评估						
需要调整之处						

基础知识

一、新媒体营销的目标设定

(一)目标管理的作用

1. 分解新媒体运营目标,实现目标具化

新媒体营销的
目标设定

目标分解就是将企业宏观目标,从两个维度上进行分解具化。一个是时间维度,将一年或几年的工作目标划分成年度计划、季度计划、月度计划甚至是每天的计划。另一个是人力维度,将企业整体目标划分为部门目标、小组目标和个人目标。

具体到新媒体方面的工作的具化,根据实际需求,目标一般包括销售额、询盘量、各平台流量、各平台推广情况、后期客户开发与维护水平、数据搜集、统计、分析等。

将目标进行细化,有利于团队的总体计划按部就班地完成。远大的目标定位必须要有,这是前进的动力,目标细化以后,就不会觉得目标遥不可及,能够全力以赴地做好眼前工作,无数的眼前工作就聚合成了终极目标。而且在每一阶段的工作完成以后,心理上也会获得一定的成就感,为下一阶段工作的完成树立起信心。

2. 新媒体运营中目标的导向性

以具体目标为行动指南,明确近期及长期工作重心,能机动地进行自我调整,实现工作效率的最大化。团队有宏观目标,个人有微观目标,所有的微观目标组合在一起形成了宏观目标,在新媒体运作过程中,以目标为导向,更容易实现行动的统一化。

3. 高效率(管理十成员)

成员一般处于主动工作的地位,明确工作任务完成和收入之间的关系,明确目标考核的价值和意义。因而成员会自发地工作、自发地接受考核,从而提高工作时间的利用率和工作完成的效率和质量。

目标管理是一种成熟的管理机制,对目标的总体把控,可以实现企业对各个部门工作进度和工作方向的把控。另外,由于成员工作的积极性高,考核目标明确,被管理的自觉性高,

便节省了管理成本。

4. 整合企业管理，具有多重性作用

目标管理具有统筹规划、整体运营的作用，可以将企业各个部门、不同工作领域进行统领规划，让看似不相关的工作，有了"目标"这一内在联系。目标管理将运营管理和考勤管理等重点活动结合起来，既可作为战略落实、业务规划、运营规划、管理控制的手段，也可用作绩效考评、成员激励的重要辅助工具，可以做到统筹整个企业管理，使管理更加便捷有效。

5. 团队协作能力

目标管理不仅要求个人目标的达成，还要求团队目标的达成，要求分中有合。只有在每个成员的个人目标契合小组目标，小组目标契合部门目标，部门目标契合企业目标的情况下，企业目标才能最终达成，所以每个人的目标都与小组、部门、企业目标息息相关。在实际操作中，根据不同阶段、不同情况，工作目的和过程会有不同侧重，团队化作战更容易达成目标。

6. 激励作用

对成员的管理，最主要的方面是能否做到完全调动成员工作的积极性、创造性激励作用和主动性，而目标管理能将成员的人生目标和企业目标相结合，抓住每个成员的期望点，以把目标节点作为动力，并且在目标完成的道路上，能够不断地对成员进行鞭策和检验，以保证最终目标的顺利完成。

目标管理要求工资和绩效挂钩，将每个成员的收入和付出的努力密切联系在一起，抓住成员的期望点，充分调动成员的工作热情。另外，就是每一个成员的总体目标被细化到每一天的目标，目标实现了量化，保证成员每一天工作的积极性。而且在实际工作中，公司能通过量化指标，实现对成员的监测，及时对成员工作进行纠错和引导。以目标为导向，能充分调动成员的创造性。

7. 主人公思想

培养提升成员自主管理、自我控制能力和素养，提高成员责任感，强化成员自我管理、自我约束的能力，使其认识到真正的管理并不是要被人管，而是对自己的管理。

（二）目标设立的意义

只有在明确方向指引的情况下，新媒体运营才能健康快速地发展。而目标的设定为团队中的成员指出了明确的工作方向和实施路线，是全体成员工作方向的指南针和一切工作任务的行动标尺。

社会学家研究调查显示，27%的人群是没有目标的，他们一般处于社会最底层；60%的人群目标模糊，他们一般处于社会中下层；而10%的人群有清晰但比较短期的目标，他们相应地处于社会中上层；剩下只有3%的人，有清晰且长期的目标，而这类人一般就是我们所说的成功人士，处于社会象牙塔的顶层。

举个例子：比塞尔是撒哈拉沙漠里的一个绿洲，肯·莱文第一次来到这里时，发现这里的人从来没有走出过这片沙漠。当地土著居民的答案都是一样的，无论朝哪个方向走，最后还是会回到出发点。肯·莱文3天就走出来了，为什么当地人却走不出来呢？他雇佣了一个当地青年，请他带路，终于发现了原因，是因为他们不会利用北斗星等方法辨认方向，所以

他们永远都走不出沙漠。也有研究证明,如果没有参照物,一个人在沙漠中凭感觉,只能是不停地走大小不同的圆圈。后来肯·莱文教给了当地土著居民用北斗星辨别方向的方法,他们就很容易地走出了沙漠。

(三) 新媒体营销目标设立的过程

先确定总目标,总目标的确定关系到团队甚至是公司的未来发展和后期一系列目标的确定,所以应该要慎重和科学。营销目标的确立要结合公司的产品特点、客户群体、竞争优势、成长方向、愿望憧憬等进行,还有 BSC(balanced score card)4 个维度(即内部、外部、现在和将来),综合考虑,科学设定。后期设置各部门到个人的分目标时,也要做到合理、适量,量力而行、定人而设。

(四) 目标设立的原则

目标设立要遵从以下 SMART 原则。

1. 具体性(specific)

在新媒体营销中,目标设定绝对不能出现模糊不清的概念。例如,今年我们的询盘量争取做到 10W＋,这个目标就不是一个很好的设定方式,可以改成我们今年的询盘量要最少做到 8 万,目标是 10 万,争取做到 12 万。这就是一个具象的目标,有明确要求,没有歧义。

目标的设定应该是具象的和十分清晰的,不能是模糊的、大概的,不能用一些模棱两可的词语,如大概、可能、应该和许多等,确切地说,所有指标都应该做到量化。因为目标是以后工作的指向标,一旦出现不确切性,在层层传递过程中,各级部门(或是一个人每个阶段)加上自己的理解和加工以后,很容易出现“差之毫厘,谬以千里”的现象。这是后期工作顺利完成的第一道保险。

2. 衡量性(measurable)

衡量性是指在设定的目标中必须包含有切实可行的标准,目标在实现的过程中是可以跟踪其完成的程度的。设定的目标不能定性衡量,最终会导致成员疲懒,验收时借口推诿和解释原因,实际目标将最终不能达成。

这是新媒体营销中比较容易忽略的一个方面,很多团队都要求做好新媒体营销,但是做好的标准在哪里呢? 这就需要在设定新媒体营销目标时进行框定和具化,使新媒体营销具有可衡量性。例如询盘量,要设定到具体的数量,平台流量要具体到哪个平台? 具体到实际阅读量和粉丝量有多少才算是合格? 其他的客户开发维护,数据统计分析,也应该根据其任务特点进行相应划定。

3. 可实现性(attainable)

假设一个非快销和爆款产品的新媒体营销,在团队成立初期,就要求日询盘量过千,显然是不合理的,成员很容易丧失动力,因此应该制定一个适合团队、适合产品、符合营销规律的目标,才能发挥成员的最大潜能,实现新媒体营销的最大作用。

设定目标时,应该根据自身的实际情况、市场的具体反馈和新媒体运营的实际预估产值进行设定。既不能定得过高,导致目标无法达成;也不能定得太低,不用努力也能轻松达成。过高或过低的目标都没有意义。

最好的目标应该是"跳一跳,能够得着"。让成员能达成,但是又不是那么容易达成,成员工作也会更有积极性。

4. 相关性(relevant)

企业在设定目标过程中,可能会设定一系列的分期目标,循序渐进,分期完成。这就要求企业在系列目标设定中要有全局思想,也就是我们常说的格局化。各个分目标都有各自的衡量标准,但是每个分目标之间都要相互关联,层层递减。

在新媒体营销中,各个主要任务目标更是环环相扣,销售额需要一定的询盘量做支撑。询盘量又与各平台流量、各平台推广情况、后期客户开发与维护、数据搜集、统计、分析等息息相关,平台流量与平台推广力度有很大关系等。

5. 时限性(time-based)

一个工作目标的完成应该有固定的时间限制,例如要求在某个时间段内完成某项工作,这样成员才能有紧迫感,提高工作效率。没有时间限制的目标,是不能考核或者是考核不公平的。

根据工作的实际需要和成员的个人能力,制定合理的工作时限,文案一天要出多少篇文章,美工要在一周内设计多少宣传海报,运营要在一周内在某平台增长多少粉丝量等都要做出计划,让每个成员都能在工作岗位上更有效率地工作和达成既定目标。

二、新媒体营销中的目标分解

目标分解法又称 WBS(work breakdown structure)法,它是目标管理中最常用的一种方法。基本操作是将目标层层分解,细化到不能再拆分的最小单位为止。例如,将新媒体运营中的任务定性定量按空间分配法分配至某个人的目标,或按时间方法分配到每天的目标。

目标设定后,最终达成这个目标需要一系列的任务作支撑。将目标层层分离,细化到每个员工每天的各个方面具体的工作量。例如文案每天要写多少篇什么质量(多少字、重复率、是否精排版等)的文案,运营每天要在多少个平台上发布多少消息、进行多少互动、实现多少粉丝量和阅读量。

目标分解就是将整个新媒体运营中的宏观任务像是剥洋葱一样,层层分剥,将一个整体的大项目,逐步分解成若干大小不等的下级任务,且每个上级任务都是直属下级任务的归纳和升华,直属下级任务是上级任务的具化和细化,任务结果是上级任务完成的基础。一般最基层的任务是任务分解的终端,是不能再细化的任务。分解后的活动结构清晰,一目了然,尽量避免盘根错节,混乱纷杂。

任务分解的基本方法一般分为两类,是从两个维度进行划分的。一类是从空间上对任务进行分解,另一类是从时间上对任务进行分解。

1. 新媒体运营目标的空间分解法

空间分解方式是将企业新媒体运营整体作为目标的主体,按照管理系统的等级划分,从高到低进行层层任务分配,最终实现任务落地,也就是落实到个人。类似于林奈,将所有的生物按照门、岗、目、科、属、种一一划分的生物学分类,新媒体运营中,最开始是确定企业新媒体运营总体目标,按照公司新媒体运营队伍的实际大小,将企业总体目标分解成部门目标,部门目标又分解成分部目标,分部目标还能再分解成小组目标,小组目标最终落实到新媒体运营人员的个人目标。

　　新媒体运营目标是需要进行层层分解的。例如制定一定的新媒体营销的销售额，为了实现这样的销售额，就需要做一定的询盘量。询盘量又需要各平台流量，各平台推广情况，后期客户开发与维护水平，数据搜集、统计、分析等。将这些任务目标分解到不能再小的单位，并将其分配给对应的成员。

　　这种分解方式可以将全公司所有成员的目标都与新媒体营销的总目标紧密地结合在一起，不会出现目标偏差，同时也将成员的利益与企业的利益结合在一起。每一个成员的进步都是团队的进步，每一个成员的成果也都是团队的成果。让成员和团队成为墙与砖的关系，每个成员都会成为团队的建设者，团队的高度也成就了成员的高度。

　　分解新媒体运营的目标还有利于提高运营中各部门、各单位、各小组和小组中成员之间的配合度，增加团队凝聚力。只有大家团结一心，互相配合，才能实现工作目标的达成。这就是我们经常说的"筷子理论"：一根筷子轻轻一折就断了，一双筷子稍微用点力气也能折断，但是十双筷子放在一起就很难折断。配合战会使团队变成一块铁板，能抵御各种外界打压，也会让团队变成一把利剑，在新媒体运营中无坚不摧。

　　分解企业目标能够使团队氛围更加积极向上。在《荀子·劝学》中有这么一句话："蓬生麻中，不扶则直。白沙在涅，与之俱黑。"意思是说，蓬草生长在麻地里，不用扶持，也能直挺。白沙混进了黑土里，便和黑土一样黑了。这说明了大环境对一个人的影响是巨大的，而分解企业目标，会使团队形成一种良好的氛围，能够充分调动成员的积极性，每个成员都能积极向上，即使有一两个疲懒的成员，在这种积极氛围的带动下，也会"不扶则直"了。

2. 新媒体运营目标的时间分解法

　　以时间为基线，划分新媒体运营中的宏观目标。企业的终极目标是提取出中心轴，设定一个长期目标，将长期目标按照紧急情况、关键次序和难易程度划分成中期目标，再将中期目标按照类似的原则划分成短期目标，短期目标再进一步划分成近期目标，以便于成员实施。近期目标按照目标完成的难易程度，可以设置成月目标、周目标和日目标等时间限制不等的目标。

　　将目标按时间分解成短期目标，可以进一步跟踪工作的进度，并及时根据目标和实际情况需要对工作进度进行调整，以更快更好地实现终极目标。例如，在短期工作进程中，通过几个日工作或者是周工作，就能发现工作目标安排的合理性。当工作安排不合理时很容易挫伤成员的工作积极性。又如，当发现某些工作强度太大，在规定时间内某个小组难以按时完成时，为了保证工作目标的顺利达成，就应该从别的小组机动地安排人员过来协助。相同地，如果一旦发现某个小组的工作量过小，可以适当地提高工作要求或者是抽调人手，从而保证每个成员都能在工作岗位积极工作。因为工作量过小，有时候不是在给成员减负，让工作完成得更加尽善尽美，而是会造成一种拖沓和偷懒的工作氛围。

　　因为此分解方式是按时间划分的，所以会形成很多时间节点，在时间节点上就相当于有一个变相的考核和检测节点。完成了，可以增强成员的信心，有利于更加积极有效地进行后续工作；没完成，也会对成员产生警示作用，让成员更加积极努力地完成工作，提高工作效率，增加剩余劳动价值。

三、新媒体运营任务的分解原则

1. 上下一致

所有的目标分解,不管是从时间维度上,还是在空间维度上进行,都必须保证分解后的目标与上级目标方向是一致的,这是一切分解工作的出发点。如果上下目标不一致,这样的目标分解是没有意义的,是无效的。

2. 分解彻底

将目标分解到最小单位,更有利于工作的开展和工作的落实。最好的方法是将工作落实到个人,落实到每一天。只有将任务分解得足够细致,足够明了,才能统筹全局,合理安排人力和财力资源,把握项目进度,避免出现问题后成员之间相互推卸责任,造成时间的浪费,工作节奏的拖沓。

在新媒体营销中应该将任务划分到最小单位,然后直接分配给某一个成员,并规定他在每一天具体的可定性评判的工作量。

3. 规划合理

在目标规划中要做到合理,根据实际情况综合考虑,定量计算。要考虑成员的能力问题、工作的难度问题、团队的成熟程度等。不能要求一个新生团队负责的非快销产品在一天内达到很高的销售额,这是不切实际的,很容易挫伤团队的工作信心。

4. 分中有合

虽然在新媒体营销目标的分解中要求分解到最小单位,但是各个分目标的综合要体现总体目标,并保证总体目标的实现。要做到分中有合,各目标应该协同一致,才能实现目标,也更有利于企业团队的和谐和积极工作氛围的构建。

5. 分目标设定的具体性

各分目标的表达也要简明、扼要、明确,有具体的目标值和完成时限要求。例如数据搜集、统计、分析中,要求负责成员每个月都要出一份统计报表及报告。这个分目标就非常简单明确,不仅有具体的时间安排、清楚的任务,还有明确的负责人。

四、新媒体运营中目标管理总结和评估

在一定期限内,某个时间节点的目标计划达成以后,团队上级和计划的主体实施者都应该对计划进行评估和总结。评估和总结是指对于目标的完成效率、完成质量和后期效果进行全面地评论和分析。

如果各项工作都完成并符合企业新媒体市场营销的大方向规划,那么就要适当给予奖励和表彰,鼓励其再接再厉,继续开展下一期的工作;对目标未能很好地达成,或者方向有所偏差的,应该给予指导并鼓励其改进。另外部门和个人成果还需要反映到人事绩效考评上,完成得好,作为晋升和加薪的参考和依据;如果工作没有完成或完成质量不佳,或者是偏离大方向,就应该对其进行纠正,并利用绩效考核制度进行惩罚。

例如,文案人员在某一周内写出了一篇爆款文章,阅读量短短几天之内就达到了10W+,这种情况就应该及时在周例会上进行表扬,月末按照规定给予一定的薪资奖励。在鼓励这个

文案人员写出更多更好的爆款文章的同时,也激励其他文案人员努力写出好文章。

(一)新媒体运营中目标管理总结和评估的作用

1. 激励和鞭策

目标管理是一个长期的、持续改善、渐进的过程,团队在推行目标管理过程中,要持之以恒,踏踏实实做好每一步,积跬步以致千里,摒弃奢望通过设定不切实际的高目标短期内达到目的的想法,那种想法不仅不能真正达到目的,反而会适得其反,严重挫伤成员对目标达成和目标管理的信心,给目标管理的有效推行带来更大的困难。

自我评估和总结,能让成员对自己近期的工作产生清楚的认识,获得阶段性成果,激励自己更好地向下一个阶段迈进。对于评估出的经验和教训,也能对自己产生警示和鞭策作用,也会更努力地工作。企业可以通过评估和总结成员或团队的近期工作,结合绩效奖惩制度,对成员进行外部激励或鞭策。

"日事日毕,日清日高",意思是每天的工作每天完成,每天的工作要清理并且每天都要有所提高。这是海尔集团提出来的一种管理模式,因为这项举措,海尔曾经获得国家企业管理创新的"金马奖"、企业改革的"风帆杯"等奖项,并将此项管理经验推向全国。在每天的评估和总结中,成员和企业的积极性会被完全激发出来,能进行自我激励和自我鞭策,实现工作效率大幅提高。

2. 及时纠错

在新媒体营销中,如果新媒体运营人员的推广方向有偏差(可能一开始只是对某个平台影响能力的错误预估),在倾注了大量的人力、物力和财力后,没有收到应有的效果,如果不及时纠正这个偏差,继续投入,最终可能严重到影响团队整体资金链甚至整体营销效果。

及时的沟通能发现工作中出现的问题,避免问题扩大,产生更大的不良影响或给企业造成更大的损失。加强目标管理的总结和评估能够及时纠正错误,修正下级工作过程中出现的偏差并避免偏差进一步扩大。

"千里之堤毁于蚁穴"。虽然有时候在工作中出现的问题不大,但是如果不及时发现和纠正,日积月累,后期可能会导致整个项目失败,甚至影响公司的正常运转。

3. 总结和优化

不断进行总结和评估,将大量原始资料进行分类概括,实现资料的具体化,成功的经验不断得到积累,后期可以直接套用,节省了试错所花费的时间和精力;错误的经验经过分析,可以在后期实现规避,避免发生相同错误,同时也为下次正确的尝试提供了信心和素材。

我们都熟悉爱迪生发明电灯的故事:爱迪生和他的同事做了1600多次耐热材料和600多种植物纤维实验,积累了大量数据,并在每次实验后都进行充分的分析,终于制造出世界上第一个碳丝灯泡,这个灯泡一次燃烧45小时。后来爱迪生在这些实验基础上,不断总结和评估原因,最终改良制造方法,实现了可以点燃1200小时的竹丝灯泡的制作。

4. 工作系统化

定期评估总结可以全面、系统地了解以往的工作情况,积累工作经验,会形成系统性经验和公式性策略,后期可以套用不同的项目,减少错误发生和成本投入。

　　例如,网易味央黑猪的成功,借助"住公寓、听音乐、不吃抗生素",慢养300天等养殖模式特点,以及高频率的相关组合新媒体营销活动,成功地在朋友圈崭露头角,为生猪营销杀出一条光明大道。依靠组合拳,精准分析新媒体传播过程中的受众偏好,系统性总结,最终打造成猪界"第一黑富美",让网易味央黑猪成为互联网圈、农业圈、美食圈三栖网红。这也为其他农产品品牌的营销活动提供了宝贵的经验,为下一个"网易味央黑猪"神话的缔造打下了基础。

(二)新媒体运营中目标管理总结和评估的原则

1. 科学化

　　当评估中发现工作出现问题后,切忌互相指责、相互推诿,应该团结一致解决问题。当形成指责、推诿的氛围时,很容易造成后续工作的拖沓,致使工作效率低下。正确的做法是发现问题后,先以最快的速度解决问题,然后结合相应的绩效考核制度进行处理。

　　例如,突然发现询盘量直线下降。首先不是追究责任,而是要分析其原因,看造成这种情况的主要因素是什么,然后及时解决询盘量下滑的问题,后期再按照实际原因追究主要责任人和相关负责人的责任。

2. 量化

　　评估要量化,要有具体的数据指标和理论依据,要有科学的态度。评估过程中,一定要有具体的数量指标,一般按照前期目标设定的量化指标进行评估,切忌笼统地进行叙述。笼统的评估是没有意义的,属于浪费时间的操作。数据化评估能为后续决策提供翔实可靠的数据支持,为后续工作的展开和优化调整提供参考。

　　例如,在做中文网站推广中,要求新媒体运营人员发布百度文章不少于300篇,谷歌文章不少于600篇,基本外链不少于3000条。这样有具体的量化评估指标,更方便后期工作的延续和改进。

3. 反馈

　　总结和评估之后,要进行相应的反馈,尤其是上级对下级的评估。评估以后,根据评估反馈结果,下级成员修订目前工作,上级成员通过反馈,可以调整下一阶段部门或者是个人的具体工作内容和工作量。

　　新媒体营销中,数据搜集、统计、分析的任务环节也是一个反馈环节。这项任务中会统计网站数据、B2B平台数据、流量数据、粉丝量数据、阅读量数据、广告数据、客户数据、竞争对手数据等一系列的数据,为新媒体运营提供完善的反馈机制,并为下一阶段工作的顺利开展和完成创造良好的条件。

自我练习

选择题

1. 目标设立的SMART原则分解开是指(　　　　)。

　　A. specific(具体)　　　　　　　　　　B. measurable(可度量)

　　C. attainable(可达成)　　　　　　　　D. time-based(时限性)

2. 新媒体任务分解原则是(　　)。
   A. 上下一致　　　B. 分解彻底　　　C. 规划合理
   D. 分中有合　　　E. 分目标设定的具体性
3. 新媒体运营中目标管理总结和评估的原则是(　　)。
   A. 科学化　　　B. 量化　　　C. 反馈　　　D. 有计划

任务八　熟悉新媒体营销与人力资源管理

新媒体营销已经成为目前主流的营销方式,根据营销渠道不同,新媒体营销可分为微信公众号、微博、新闻资讯(如今日头条、一点资讯、百度百家、网易新闻、搜狐新闻等平台的官方渠道和自媒体)、社交网站(如各大论坛、贴吧等)、社群(如微信群、QQ群等)、问答百科(如知乎、百度百科、360百科等)、视频网站(如爱奇艺、哔哩哔哩、优酷、腾讯等)、短视频和直播平台(如抖音、快手、京东直播、天猫直播等)、音频(如喜马拉雅、蜻蜓、荔枝等)等。不同的新媒体营销渠道,涉及的相关岗位也非常多,如新媒体运营、文案撰写、活动策划、视频剪辑、推广、美工设计、数据分析等。

学习完本任务,学生能够了解新媒体营销团队的相关岗位,包括岗位职责及岗位任职资格、新媒体营销相关的考核体系、新媒体营销相关的薪酬体系等,为组建新媒体营销团队、成长为新媒体营销团队管理者提供参考。

项目任务书

课内学时	6	课外学时	0
学习目标	1. 了解新媒体营销团队的相关岗位,包括岗位职责以及岗位任职资格等 2. 了解新媒体营销相关的考核体系 3. 了解新媒体营销相关的薪酬体系 4. 掌握新媒体营销团队构建的主要任务和流程		
项目任务描述	1. 模拟一个企业或创业项目,要求与新媒体营销相关,例如新媒体营销是项目的一个部门,或项目业务主要以新媒体为主 2. 完成项目相关的新媒体营销团队构建,包括新媒体营销团队定位、组织机构、岗位分工、岗位职责、关键绩效指标和激励机制等		
学习方法	1. 教师讲授基础知识 2. 学生沿用之前任务的团队,自主完成项目任务		
所涉及的专业知识	新媒体营销相关岗位、新媒体营销职业技能、新媒体营销考核体系、新媒体营销薪酬体系等		
本任务与其他任务的关系	本任务是任务一认识新媒体及新媒体营销中,新媒体岗位职责和职业技能的拓展		
学习材料与工具	学习材料:任务指导书后所附的基础知识 学习工具:项目任务书、任务指导书、计算机、笔		
学习组织方式	所有步骤以团队为单位组织		

任务指导书

完成项目任务的基本路径如下。

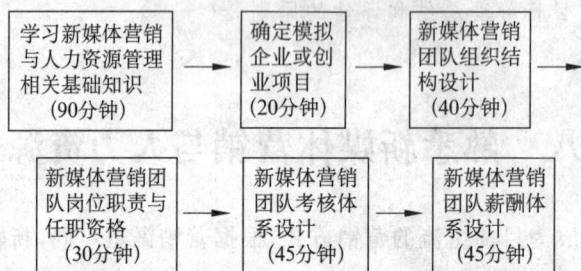

学习新媒体营销与人力资源管理相关基础知识（90分钟）→ 确定模拟企业或创业项目（20分钟）→ 新媒体营销团队组织结构设计（40分钟）→

新媒体营销团队岗位职责与任职资格（30分钟）→ 新媒体营销团队考核体系设计（45分钟）→ 新媒体营销团队薪酬体系设计（45分钟）

第一步：学习新媒体营销与人力资源管理相关基础知识，填写基础知识测试表，见表8-1。

表8-1　新媒体营销人力资源管理基础知识测试

新媒体营销相关的工作岗位：				
1.		2.		3.
4.		5.		6.
从事新媒体营销相关工作，所需要的主要素质和技能：				
岗位名称	主要素质和技能			
	1.	2.		3.
	4.	5.		6.
	1.	2.		3.
	4.	5.		6.
	1.	2.		3.
	4.	5.		6.
新媒体营销相关岗位的考核方法：				
岗位名称	主要素质和技能			
	1.	2.		3.
	4.	5.		6.
	1.	2.		3.
	4.	5.		6.
	1.	2.		3.
	4.	5.		6.
新媒体营销相关岗位的薪酬构成：				
岗位名称	主要素质和技能			
	1.	2.		3.
	4.	5.		6.
	1.	2.		3.
	4.	5.		6.
	1.	2.		3.
	4.	5.		6.

第二步：确定模拟企业或创业项目，填写模拟企业或创业项目表，见表 8-2。

团队可沿用前面任务的团队成员构成，模拟一个企业或创业项目，项目应该包含新媒体营销部门/团队，或者新媒体营销是项目的主要业务，确定新媒体营销团队组织定位及战略目标。需要注意的是，模拟企业或创业项目的目的主要是为了让新媒体营销人力资源管理有具体可分析的背景，因此，不需要想象一个复杂、细节充实的项目，重点围绕该项目的"人"这一环节进行设计。

表 8-2　模拟企业或创业项目

项目名称：
该项目提供的产品和服务：
该项目的商业模式：
该项目所需要的整体组织架构或部门：
新媒体营销部门在整个组织结构中的作用或定位：

第三步：新媒体营销团队组织结构设计，填写新媒体营销部门组织架构表，见表 8-3。

根据项目背景和新媒体营销团队定位，设计新媒体营销部门/团队组织结构，并尽量使用专业绘图工具绘制组织结构图，如 Visio，明确团队相关岗位配置和人员数量配置。

表 8-3　新媒体营销部门组织架构

新媒体营销部门组织架构图

第四步:新媒体营销团队岗位职责与任职资格,填写岗位职责与任职资格表(表 8-4)和岗位分工表(表 8-5)。

根据新媒体营销团队组织结构设计,设计相关岗位的岗位职责及任职资格。

表 8-4　岗位职责及任职资格

岗位名称	
岗位职责	
任职资格	

注:其余岗位可参考此表添加。

表 8-5　岗位分工

	组长	成员 1	成员 2	成员 3	成员 4
小组成员					
对应岗位					

团队负责人根据岗位职责及团队小组成员的特点(任职条件),合理组织模拟岗位面试或岗位分工,确定各岗位任职人选,团队负责人可作为新媒体营销总监。

第五步:新媒体营销团队考核体系设计,填写岗位绩效评价表,见表 8-6。

团队负责人组织协调团队成员,根据各自岗位分工,自行确定各岗位的关键绩效指标(KPI)及各指标的权重。完成之后,团队负责人组织大家讨论设计的合理性。

表 8-6 岗位绩效评价

姓名		岗位		考核起止周期		评价时间	
绩效指标类型	关键绩效指标	指标评价标准	指标权重	自我评价 评价权重:$x\%$	同事评价 评价权重:$x\%$	直属领导评价 评价权重:$x\%$	合计
素质绩效							
行为绩效							
业务绩效							
最终得分							

第六步:新媒体营销团队薪酬体系设计,填写岗位薪酬体系表,见表 8-7。

表 8-7 岗位薪酬体系

岗位名称			
薪 酬 构 成	二级项目	项目释义	金额
货币报酬			
福利			
工作与生活平衡			
绩效与认可			
发展与职业机遇			

注:其余岗位可参考此表添加。

团队负责人组织协调团队成员,根据各自岗位分工,自行确定各岗位的薪酬体系,包括薪酬构成项目及具体薪酬金额数据。完成之后,团队负责人组织大家讨论设计的合理性。需要注意的是,部分薪酬构成项目可以用货币进行量化,如货币薪酬,也是薪酬体系中最重要的;部分薪酬构成项目难以用货币进行量化,如绩效与认可、发展和职业机遇等,可以根据岗位业绩完成情况制定对应的可量化薪酬,如业绩考核连续得分 90 分 5 次以上,奖励 1 次培训机会;或者业绩考核连续得分 90 分 5 次以上,奖励带薪休假 3 天等相似的薪酬构成项目。

说明：具体薪酬金额数据可参考主流招聘网站，如智联招聘、前程无忧、BOSS 直聘等，统计相关岗位在目标城市的普遍薪酬水平。

任务阅读案例

H公司网络营销部门人力资源管理制度

一、公司背景

H公司是一家集高科技新材料的研发、生产、销售于一体的国家级重点高新技术企业。从 2018 年开始做网络销售，于 2018 年 3 月成立网络营销部，现有网络营销专职人员 3 人、兼职人员 1 人。网络营销部成立以来，在销售公司的统一领导下，学习网络营销的相关知识和技能，接受网络营销专家团队的相应培训，积极开展电子商务，进一步扩大了品牌影响力，形成了公司产品销售的新亮点，实现了线上销售的历史性突破，2018 年实现销售额 84 万元。

二、网络营销部定位

H公司网络营销部是公司营销队伍的一部分，隶属于营销系统，是营销公司的直属下级单位。网络营销与线下营销信息共享、互通有无、互相支持、两条战线协同作战，共同发展。未来，公司要重点支持网络销售，给予适当的政策支持，使网销部门能够快速成长起来，早日独立运作，如图 8-1 所示。

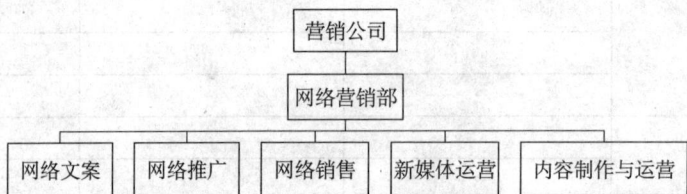

图 8-1　H公司网络营销部架构

网络营销部的主要职责包括：重在市场宣传，强化网络品牌推广，提高品牌知名度和美誉度；优化网络沟通渠道，建立网络潜在客户群，加强客户关系维护；营销数据搜集和统计，为市场数据和营销决策提供支持；信息共享，为线下销售提供参考；实现销售量和销售额，完成营销公司下达的年度销售目标等。

三、网络营销部岗位设置

H公司网络营销部岗位设置如图 8-2 所示。

1）各岗位职责（以下以新媒体运营主管为例，其他岗位略）

（1）结合品牌定位与产品诉求，负责品牌在新媒体平台的规划（如公司官网、公众号、今日头条）与传播。

（2）带领新媒体编辑团队负责新媒体平台的阅读量、增粉、留存及活跃度。

（3）利用专业运营数据分析工具，分析新媒体各项运营指标，提高运营效率与效果；研究新媒体发展、应用趋势，定期出新媒体报告与行业分析报告，为推广方向提供支持。

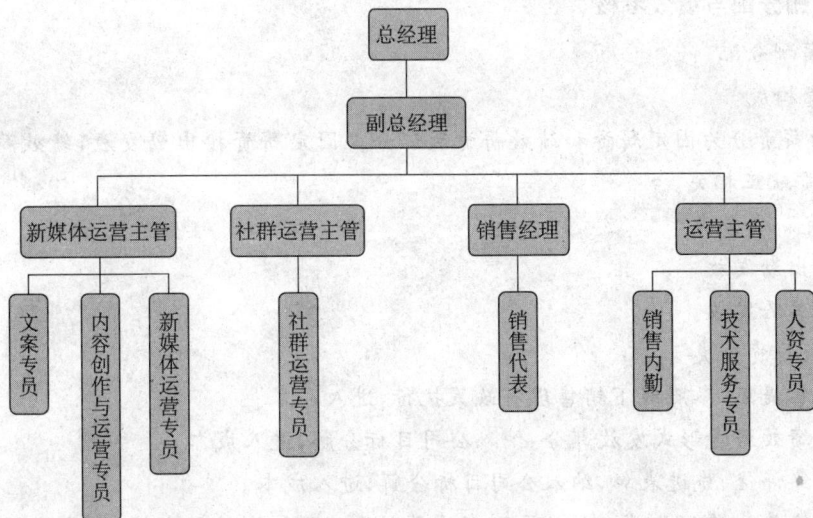

图 8-2　H公司网络营销部岗位设置

（4）负责自媒体平台的布局、内容生产矩阵的规划，针对目标用户，持续发展官方社交媒体账户粉丝并做好客户服务工作。

（5）负责新媒体供应商管理，与相关第三方网站及平台进行商务合作，整合资源，投放、优化网站、今日头条等付费推广渠道。

（6）负责新媒体平台及线下营销活动策划、选题、执行等整体规划和运营管理，把握整体风格及发展方向。

（7）负责部门规章的制定，组织新媒体运营成员的人员培训学习工作。

2）各岗位任职要求（以下以新媒体运营主管为例，其他岗位略）

（1）专科及以上学历，专业不限，新闻、广告、市场营销专业优先，3年以上新媒体运营管理经验。

（2）具备策划、实施新媒体传播活动的能力。

（3）有丰富的线上线下活动推广实战经验，了解知识性媒体特点，熟悉口碑营销的执行操作流程。

（4）热爱互联网思维活跃，具有良好的理解能力和团队精神，工作细心、有强烈的责任心，执行力强，富有想象力和激情。

（5）统筹和管理能力强，能独立思考，热爱新媒体运营工作，对未来自身发展有较高的定位。

3）各岗位职业生涯及晋升通道

（1）部门全体人员具有晋升为部门经理的通道。

（2）部门经理具有晋升为上级副总经理及以上职位的通道。

（3）部门全体人员具有转向线下销售及晋升的通道。

（4）统计分析及具有良好计算机应用功底的人员具有向信息管理领域发展晋升的通道。

（5）统计分析具有向市场管理方面发展晋升的通道。

（6）根据本人意愿与特长向其他方向发展、晋升的通道。

四、薪酬分配与绩效考核

（一）薪酬分配

1. 薪资构成

员工的薪资分为固定薪资和绩效薪资两部分。固定薪资按出勤发放，绩效薪资根据业绩发放，与贡献正相关。

1）固定薪资分类

（1）按出勤发放。

（2）按工龄发放。

2）绩效薪资分类

（1）销售提成，参照线下销售现有政策执行，进入成本。

（2）以绩效薪资形式发放部分，纳入公司目标分解，进入成本。

（3）年终评优、先进表彰，纳入公司目标分解，进入成本。

（4）年终其他奖励形式，按公司现有政策执行，从公司利润中提取，由公司领导掌握发放。

考虑到网络营销是公司的新生事物，网络营销部是新组建的部门，承担的是起步和发展中的业务，相对弱势；该部门既要完成销售，又要完成部门建设，故应予以该部门较大支持和一定政策导向，绩效薪资可略高于线下销售。

员工薪资构成：固定薪资（含工龄）＋薪酬绩效总额（绩效＋提成＋奖金＋期权）。

2. 固定薪资

$$固定薪资＝底薪＋工龄工资$$

（1）底薪分两档，第一档 3000 元起，第二档 4000 元起。

（2）工龄工资。公司每位员工工作 1 年以上者，享受工龄工资的待遇，即满 1 年 100 元，满 2 年 200 元，满 3 年 300 元，依次类推，1000 元封顶。

3. 薪酬绩效

（1）2018 年网络营销部完成销售收入 84 万元，绩效薪资总额为 5.3 万元。

（2）2019 年绩效薪资总额：

2019 年部门总经理绩效薪资总额＝绩效薪资（2000）×绩效得分×100％＋提成＋奖金

2019 年部门销售人员绩效薪资总额＝绩效薪资（1000）×绩效得分×100％
＋提成＋奖金

2019 年部门互联网运营绩效薪资总额＝绩效薪资（3000÷4000）×绩效得分
×100％＋提成＋奖金

部门绩效薪资总额＝部门总经理绩效薪资总额＋销售人员绩效薪资总额
＋互联网运营绩效薪资总额

薪酬绩效总额分成 4 部分：第一部分为销售提成，根据销售额发放；第二部分根据绩效考核结果发放；第三部分为工作中所得奖金；第四部分公司优秀员工年终由领导商定期权。即

$$薪酬绩效总额＝绩效薪资＋销售提成＋奖金＋期权$$

（3）绩效薪资。岗位绩效薪资总额一览表见表 8-8。

表8-8 岗位绩效薪资总额一览表

部 门	岗 位	绩效薪资总额/元
新媒体运营部门	新媒体运营主管	4000
	文案专员	3000
	内容创作与运营	3000
	新媒体运营专员	3000
社群运营部门	社群运营主管	1000
	社群运营专员	1000
销售部门	销售经理	1000
	销售代表	1000
运营部门	运营主管	4000
	销售内勤	3000
	技术服务专员	4000/3000
	人资专员	3000

（二）绩效考核

各岗位考核指标见表8-9。

表8-9 各岗位考核指标

岗 位	指 标	比重/%	说 明
新媒体运营主管	1. 付费推广、阿里店铺维护	20	每日维护
	2. 微信小号加粉、加群	10	
	3. 品牌宣传	5	朋友圈、平台发布,宣传策划
	4. 文案写作	5	文案质量、数量
	5. 询盘	40	询盘信息数量、询盘信息质量
	6. 业绩	20	询盘客户业绩
文案专员	1. 文章阅读量	15	所有发布平台
	2. 文章粉丝量	15	所有发布平台
	3. 平台发布	5	
	4. 原创文案	5	文案质量、数量
	5. 询盘量	40	询盘信息数量、询盘信息质量
	6. 业绩	20	询盘客户业绩
内容创作与运营	1. 短视频制作	15	
	2. 短视频录入	15	协助短视频录制
	3. 短视频发布	6	抖音、微视等
	4. 图文	4	修图,制作宣传册、海报、单页
	5. 询盘	40	询盘信息数量、询盘信息质量
	6. 业绩	20	询盘客户业绩

续表

岗 位	指 标	比重/%	说 明
新媒体运营	1. 文章发布	4	公众号、头条号、百家号文章发布频次
	2. 文章阅读量	20	公众粉丝、个人粉丝、推送文章数量
	3. 文章粉丝量	10	公众号、头条号、百家号粉丝
	4. 专业文案	6	文案质量、数量
	5. 询盘量	40	询盘信息数量、询盘信息质量
	6. 业绩	20	询盘客户业绩
社群运营专员/主管	1. 粉丝量	20	电话加粉数量
	2. 内容阅读量	10	
	3. 部门培训	10	
	4. 询盘	20	
	5. 业绩	40	本岗位开发业绩及销售开发线上业绩
销售专员/主管	1. 意向客户完成量	10	
	2. 费销量	10	完成本月销售业绩的10%
	3. 数据	10	
	4. 回款量	10	
	5. 客户维护	10	本月总开发客户×3次
	6. 业绩	50	
销售内勤	1. 销售回款率/回款情况、核对账务	2	
	2. 售前售后服务/询盘接待、回访	8	
	3. 阶段销售报表/销售汇总表、销售费用统计	5	
	4. 销售后勤保障/资料文件准备、资料整理保存、办公室日常事务	5	
	5. 发货处理	5	
	6. 业绩	75	部门总销售额业绩
技术服务专员	1. 视频录制	8	
	2. 微群技术服务数量	8	
	3. 专业性文案	4	
	4. 产品研发报告、项目申报方案	10	
	5. 短视频询盘量	20	
	6. 业绩	50	某产品销售额总业绩

考核指标的量化与细化:对表8-9中的考核指标进行量化和细化。能够量化的量化,不能量化的细化,给出指标的算法、标准、得分及与绩效薪资的量化关系,给出每一项指标的说明和考核单位或考核人,参考模板,见表8-10和表8-11。

表 8-10　销售绩效指标表参考模板

考核指标	算　法	数据来源	达成标准/%	奖惩标准	比重/%	说明
销售计划完成率	销售计划完成率=$\dfrac{实际销售额}{目标销售额}$	实际销售额:财务管理办公室 目标销售额:预算办公室	100	绩效激励薪资×销售计划完成率×50%	50	
销售回款率	销售回款率=$\dfrac{实际回款}{销售额}$	销售回款率:财务管理办公室	100	绩效激励薪资×销售回款率×10%	10	
有效意向客户完成率	有效意向客户完成率=$\dfrac{意向客户开发数量}{15}$	考核得分:销售经理	100	绩效激励薪资×$\left(\dfrac{意向客户开发数量}{15}\right)$×10%	10	最多上浮10%
费销率	费销率=$\dfrac{费销量}{销售额的10\%}$	考核得分:销售经理	100	绩效激励薪资×$\left(1-\dfrac{费销量}{销售额的10\%}\right)$×10%	10	最多上浮10%
数据完成率		考核得分:销售经理	100	绩效激励薪资×数据完成率×10%	10	最多上浮10%
客户维护次数	客户维护次数=$\dfrac{实际次数}{本月总开发客户×3次}$	考核得分:销售经理	100	绩效激励薪资×$\left(\dfrac{实际次数}{本月总开发客户×3次}\right)$×10%	10	最多上浮10%

表 8-11　推广绩效指标表参考模板

考核指标	算　法	数据来源	达成标准/%	奖惩标准	比重/%	说明
付费推广、阿里店铺维护	展现率/年度目标分解	第三方	100	绩效激励薪资×考核得分×100%	20	
微信小号加粉、加群	每日新增/年度目标分解	第三方	100	绩效激励薪资×考核得分×100%	10	
品牌宣传(朋友圈、平台发布)	每日工作量/年度目标分解	第三方	100	绩效激励薪资×考核得分×100%	5	
文案写作	每日工作量/年度目标分解	第三方	100	绩效激励薪资×考核得分×100%	5	
询盘	实际完成量/年度目标分解	第三方	100	绩效激励薪资×考核得分×100%	40	
业绩	实际完成量/年度目标分解	第三方	100	绩效激励薪资×考核得分×100%	20	

此外，为促进员工工作积极性，提高工作效率，按时高质完成工作任务，本着奖优罚劣的原则，特制定本奖金制度。本制度所称奖金，是在薪资范围之外，另行对按时高质完成工作任务的员工所给予的奖励，不是薪资的必然组成部分，其有无、高低，直接按照工作表现，而非法定或规定的范畴。本制度奖金分为3个部分：为更好地调动业务人员的积极性，取得更好的业绩成果，第一部分设定为销售奖金；考虑到新人可能无法取得较好的业绩，第二部分特设定运营奖金，给那些积极开发客户的业务人员一部分奖励；除此之外，第三部分设置为团队建设奖，为后期团队的扩展提供良好的奖金依据，见表8-12。

表 8-12　奖金核算

奖金指标	结 果 指 标	数据来源	奖金金额/元
销售奖金	月度销售冠军	财务部门	100
	季度销售冠军	财务部门	200
	成交第一单	上级主管部门	50
	月超额完成目标，且不是第一名	上级主管部门	50
	回款第一名	财务部门	200
	最佳进步奖	上级主管部门	50
	开发客户最多奖	上级主管部门	50
	本月开发客户成交量最多	上级主管部门	50
运营奖金	询盘量超额完成	上级主管部门	100
	询盘成交客户数量最多	上级主管部门	50
	粉丝量超额完成	上级主管部门	100
	阅读量超额完成	上级主管部门	50
	销售订单执行无任何纰漏	上级主管部门	50
团队建设奖	师徒制：入职新人选一个老员工拜师，新人获得上述奖金的，给予老员工相同奖励	上级主管部门	灵活
	其他贡献奖：除销售工作外的其他团队工作或有效建议奖项	上级主管部门	50
	创新工作：带领团队工作取得创新突破奖项	上级主管部门	50
	团队协作奖	上级主管部门	50

基础知识

一、新媒体营销的岗位分工

（一）新媒体营销团队概述

俗话说，一流的项目交给三流的团队做，最终只会做成三流项目；三流的项目交给一流的团队做，最终却会做成一流项目，由此可见团队的重要性，因此，一个科学合理的营销团队是完成新媒体营销战略目标的关键。

一般而言,新媒体营销团队的建设随着企业规模由小及大,业务由简及繁也会经历由粗放到细致的阶段,团队组建初期,由于企业业务、资源投入等的限制,新媒体营销团队岗位一般以文案编辑相关岗位为主,常常会出现一人多岗的现象,文案编辑不仅承担文案撰写和编辑工作,也承担活动策划、推广、数据分析等工作,随着业务需求逐渐复杂及资源投入的增加,新媒体营销团队逐渐成熟,各岗位职责也越来越清晰。

值得说明的是,新媒体营销团队管理人员应该意识到,工作岗位设置与人员配置之间虽然相互关联但又是两个不同的方面。尽管新媒体营销团队初期可能存在一人多岗的现象,虽然岗位也没有明确设立,但是这些业务本身存在,因此,相关的工作岗位事实上也是存在的,只是存在一人多岗而已。

一个相对完善的新媒体营销团队应该包括新媒体营销总监、新媒体营销文案编辑、新媒体美工设计/视频编辑、新媒体营销推广、新媒体营销活动策划、新媒体营销数据分析等多个岗位。此外,根据企业规模、业务需求及新媒体营销战略的不同,还可以采用矩阵式的组织管理方式,例如根据渠道不同,将新媒体营销团队按照渠道进行分工,如微信微博运营团队、新闻资讯运营团队、短视频运营团队等,如图 8-3 所示。

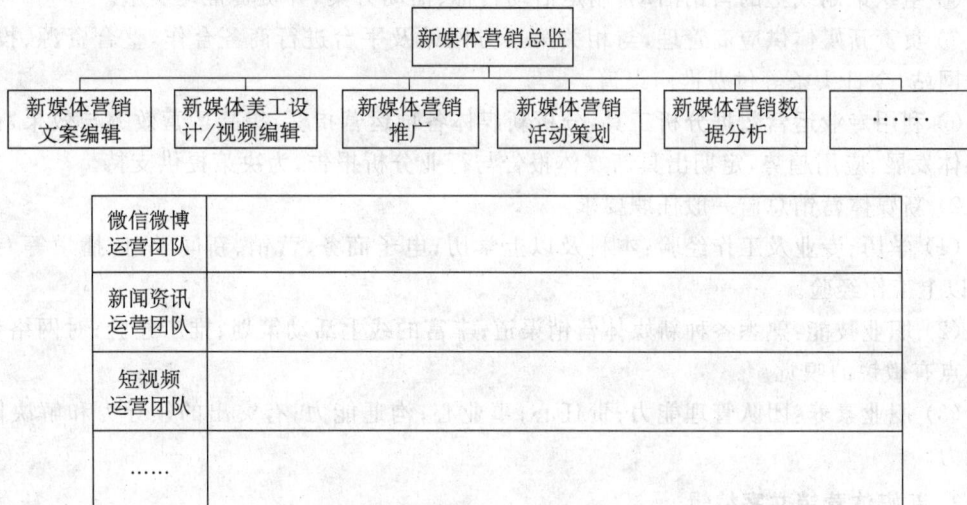

图 8-3　新媒体营销团队架构

(二)新媒体营销关键岗位职责及任职要求

下面是新媒体营销关键岗位的职责及任职要求,根据企业具体业务需求及新媒体营销团队的定位不同,部分细节要求也可能不同。

1. 新媒体营销总监

新媒体营销总监是新媒体营销团队的主要负责人,岗位职责主要包括管理和业务两个方面。

1)新媒体营销总监主要岗位职责

(1)新媒体营销团队管理。

① 根据企业业务需求、新媒体营销战略等设计新媒体营销团队架构。

② 根据新媒体营销团队岗位需求,协助人力资源部门进行岗位人员的招聘。

③ 不同岗位的工作内容不同,承担的岗位职责不同,所需要的职业资格也不同,新媒体营销总监应该善于发现每个人的性格、能力等特点,合理进行分工,让每个人在合适的岗位上发挥最大作用。

④ 健全新媒体营销团队管理制度,如考核制度、薪酬制度、工作流程等。

(2) 新媒体营销目标制定与分解。

① 根据企业新媒体营销战略,制定新媒体营销团队目标,并将目标按照岗位、时间等维度进行科学分解。

② 监控新媒体营销目标的完成情况,协助人力资源部门进行相关的考核和奖惩。

(3) 新媒体营销业务。

① 结合品牌定位与产品诉求,负责品牌在新媒体矩阵的规划(如企业官网、公众号、今日头条)与传播。

② 带领新媒体营销团队分析新媒体平台的阅读量、增粉、留存及活跃度。

③ 负责不同平台内容的策划、选题、执行、内容分发等业务的整体规划和运营管理。

④ 组织策划线上的营销活动,制定活动目标、活动方案,并负责推动实施。

⑤ 负责新媒体供应商管理,与相关第三方网站及平台进行商务合作,整合资源、投放、优化网站、今日头条等付费推广渠道。

⑥ 利用专业运营数据分析工具,分析新媒体各项运营指标,提高运营效率与效果,研究新媒体发展、应用趋势,定期出具新媒体报告与行业分析报告,为决策提供支持。

2) 新媒体营销总监一般任职要求

(1) 学历、专业及工作经验:本科及以上学历;电子商务、营销、新闻学、传播学等专业;3 年以上工作经验。

(2) 职业技能:熟悉各种新媒体营销渠道;丰富的线上活动策划、推广经验;对网络和社会热点有敏锐的嗅觉。

(3) 职业素养:团队管理能力;责任心;事业心;沟通能力;有突出的领导力和解决问题的能力。

2. 新媒体营销文案编辑

文案是新媒体营销内容的具象载体,文案编辑是新媒体营销团队中最重要的岗位之一。

1) 新媒体营销文案编辑主要岗位职责

(1) 根据企业相关广告策划及宣传推广方案进行产品广告文案、宣传文案、媒体软文的撰写、编辑、排版、发布、粉丝维护和互动等工作。

(2) 负责各媒体平台的日常管理与运营,跟踪运营推广效果,分析数据并有效总结反馈。

2) 新媒体营销文案编辑一般任职要求

(1) 学历、专业及工作经验:大专及以上学历;新闻、广告、中文、营销等相关专业;1 年以上工作经验。

(2) 职业技能:创意性思维能力强,能够准确捕捉产品亮点,能结合产品卖点和市场要求,撰写文案;具有扎实的文字功底和较强的文字编辑能力,有敏锐的观察力,逻辑思维清晰缜密,有文案创作热情。

(3) 职业素养:注重团队合作,善于沟通,喜欢新事物,富有创新精神。

3. 新媒体美工设计

1）新媒体美工设计主要岗位职责

（1）负责企业新媒体整体视觉设计。

（2）负责企业文案相关的配图设计与制作。

（3）负责企业产品层面各项目、对内外宣传活动等的设计制作（宣传册、折页、海报、单页、易拉宝、卡通形象等）。

2）新媒体美工设计一般任职要求

（1）学历、专业及工作经验：大专及以上学历；美术、艺术设计、动画等专业；1 年及以上工作经验。

（2）职业技能：熟练使用 PS、AI 等设计软件；能熟练制作 H5 等；掌握视频拍摄、编辑相关技术。

（3）职业素养：注重团队合作，善于沟通；有创意；喜欢新鲜事物。

4. 新媒体营销活动策划

1）新媒体营销活动策划主要岗位职责

（1）负责策划新媒体渠道营销活动，制定活动目标、活动方案，并负责推动实施。

（2）对活动指标进行有效监控，对活动数据进行多维度分析，输出活动总结。

（3）通过分析平台趋势、竞品行为、竞争现状等梳理活动方向。

2）新媒体营销活动策划一般任职要求

（1）学历、专业及工作经验：本科及以上学历；企业管理、市场营销等专业；3 年及以上工作经验。

（2）职业技能：创意性思维强，能结合产品及热点事件策划营销活动；数据分析能力强，能对营销活动执行效果进行分析。

（3）职业素养：计划性强；执行力强；注重团队合作，善于沟通；有创意。

5. 新媒体营销数据分析

随着企业新媒体营销业务规模逐渐加深，必须对新媒体营销进行精细化运营，精细化运营的前提是对数据进行梳理和分析。

1）新媒体营销数据分析主要岗位职责

（1）对企业新媒体营销产生的数据做采集整理、统计与深度分析，并监控和评估实施效果，提出改进方向。

（2）建立多维数据分析模型，通过数据报表，为新媒体营销总监的经营决策提供支持。

（3）负责调研竞争对手新媒体营销数据、相关行业新媒体营销数据等。

2）新媒体营销数据分析一般任职要求

（1）学历、专业及工作经验：本科及以上学历；统计学、数学、电商等专业；3 年及以上工作经验。

（2）职业技能：熟练使用 Excel、PPT、SQL，精通各类数据分析与图表可视化制作工具；有强大的逻辑分析能力和统计能力，良好的数据敏感度，能从海量数据提炼核心结果，思维敏捷，具有发散性，能够举一反三。

（3）职业素养：逻辑能力强；注重团队合作，善于沟通；耐心、细致。

6. 其他新媒体营销岗位

除上述新媒体营销相关的主要岗位外,根据企业业务不同,新媒体营销相关岗位设置还可以包括新媒体销售、新媒体客服、新媒体视频主播等。

7. 新媒体营销人员的一般技能

虽然新媒体营销团队相关岗位较多,不同岗位承担不同的职责,但是作为一个新媒体从业人员,无论任职何种岗位,有一些能力是各个岗位都应该具备的。

(1)较强的学习能力。新媒体营销行业发展非常快,新的知识、工具和方法也有很多,因此,新媒体从业人员应该具备较强的学习能力,紧跟最新的知识、工具和方法。

例如,在新媒体营销中,文案的标题是影响文案传播非常关键的因素之一,尤其是文章打开率。因此,一般运营团队会采用类似咪蒙取标题的方法,即每篇文案制定100个备选标题,再从100个标题中,精选5~10个,放到3个顾问群去投票,最后,再根据投票结果,确定最终的标题。或者在几个粉丝量较小的微信公众号中进行模拟投放,选择阅读量较高的一个。但是,随着计算机技术的发展,AI取标题已经不再是黑科技,通过"壹伴"插件,可对不同标题进行评分,并根据评分选择最优的标题,如表8-13所示。

表 8-13　AI 取文案标题

编号	标　题	机器评分	群投票得分	次日会话阅读	打开率/%
1	刚刚!公众号标题黑科技诞生了!研究了1000万个标题后,AI竟比人更懂套路	92.21	11	570	5.8
2	在研究了1000万个标题后,这款标题神器诞生了	80.72	8	423	4.7
3	这样子取标题,太高级了吧	76.01	8	479	5.1
4	取标题机器人上线,AI比人工更靠谱	68.36	7	411	4.3
5	自从用了这个取标题工具,公众号打开率从此提升50%	67.30	7	431	4.4

此外,文章的主题、核心内容是文章转发量、点赞量的关键,例如当一个热点事件发生后,确定一个合理的、被大众广泛认可的主题最能引起大众的传播。大数据时代,当你还在猜测民意时,其他人已经利用网络爬虫技术,爬取微博或论坛上广大网民对某个事件的留言和评论,并从数万条留言评论中,确定高频词汇,根据高频词汇分析网络舆情态度,进而确定文案的主题,最终获得大众最广泛的认同和传播。

(2)敏锐的新闻感知力。新媒体人必须保持敏锐的新闻感知力,借助新闻热点传播效力,可以实现文案的快速和大量传播。例如,2017年乐天事件爆发的第一时间,有作者编辑并发布了一篇乐天相关文案,个人微信公众号阅读量从原有仅1万余人,两天内快速突破23万人。

(3)基本的写作能力和数据分析能力。虽然文案写作和数据分析属于新媒体营销团队中的专职岗位,由相关专职人员负责,但是团队其他成员都需要掌握一定的写作能力和数据分析能力,一方面可以为新媒体营销文案提供一定的支持,另一方面也有助于团队成员的个人成长。

（4）抗压能力。根据调查数据，新媒体从业者平均每天工作时间在1～3小时、8～10小时及正常8小时的共占80%，其余20%的工作时间在11～13小时，甚至13小时以上。此外，加班频率也较高，只有32%新媒体从业者说自己几乎从不加班，27%表示一周加班两三次，23%表示根本没有周末，还有18%工作日基本都加班。因此，新媒体从业者必须具备一定的抗压能力，否则很难适应快速的行业节奏。

图8-4是知示笔记发布的一个新媒体人的36种能力与成长路径。

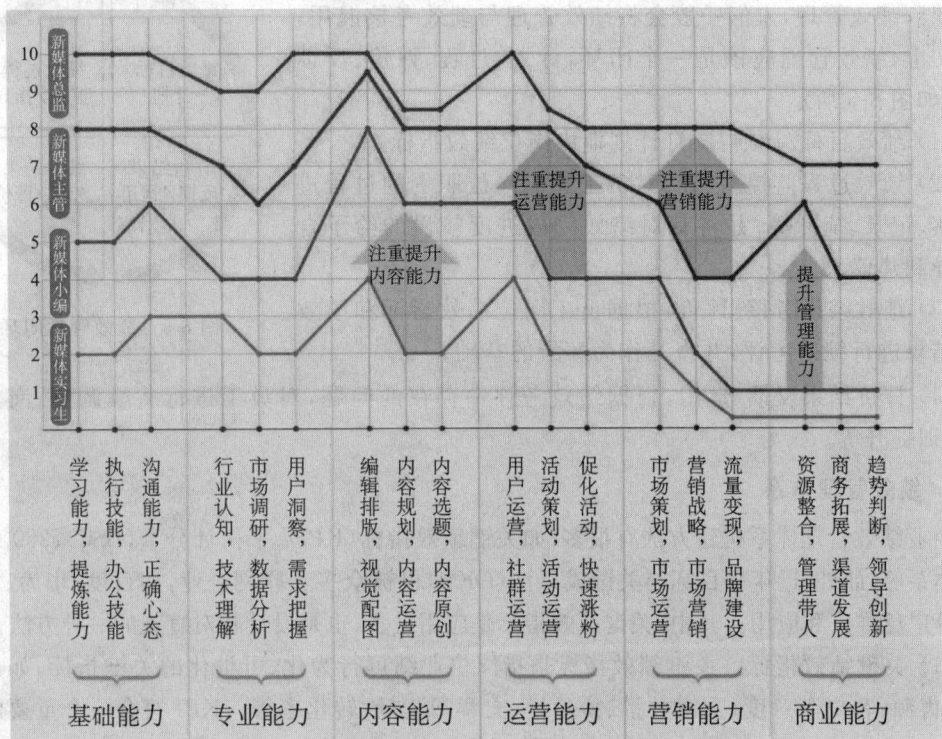

图8-4　一个新媒体人的36种能力和成长路径

以上的部分能力并不是每个新媒体岗位都必须具备的，如敏锐的新闻感知力与新媒体数据分析岗位之间关联性似乎不大，但是，如果新媒体团队成员都具有敏锐的新闻感知力，将对新媒体营销团队整体业绩的提升带来很大的帮助，同时，也有助于员工个人成长为一个综合型人才。

二、新媒体营销的绩效管理

1. 绩效概念

绩效是反映员工从事岗位工作所产生的成绩和成果。员工绩效从个体横向来说，可以分为素质、行为和业务；从组织纵向来说，可以分为个体、部门/团队、组织整体。一般而言，如果岗位与其他部门或者企业整体绩效关联较大或者该岗位属于部门领导岗位，可采用纵向划分绩效指标；反之，可采用横向方式划分绩效指标。

新媒体营销的绩效管理

（1）素质一般是指员工个人的内在素养指标，如忠诚感、主动性、创造性、领导力、沟通能力等。

（2）行为一般是指员工完成岗位职责的过程指标，如按时出勤、执行力、创新力等。

（3）业务一般是指员工完成岗位职责的结果指标，如微信粉丝数量、文章阅读量、转化率等。

2. 绩效管理

谈到绩效管理，人们一般会将绩效管理与绩效考核混用，但事实上，绩效管理应该是一个闭环，计划、过程、评价、反馈并重，如图 8-5 所示。

（1）绩效目标/计划：制订计划期内岗位绩效指标。

（2）绩效过程监控/指导：对员工完成岗位职责的过程进行观察、记录、统计等，并将其对绩效完成进度较慢的给予合理指导和建议。

（3）绩效结果考核/评价：根据员工岗位绩效指标和绩效完成结果进行绩效考评，并将其作为薪酬的基础。

图 8-5　绩效管理闭环

（4）评价结果反馈/运用：根据绩效考评中存在的问题，对员工进行薪酬调整、岗位调整、培训提升等。

3. 绩效管理体系

企业绩效管理体系构建方法有很多，如关键绩效指标（KPI）、平衡计分卡（BSC）、360°绩效管理体系等，此外，近年来目标与关键成果法（OKR）也被众多互联网企业，如百度、华为、字节跳动等广泛推广和应用。其中，关键绩效指标是应用最多，也是设计相对直观的一种方法。

（1）关键绩效指标。关键绩效指标是指岗位业绩可行为化、可量化的关键指标，如出勤率、销售额、客户满意度、文案数量、粉丝量、文章阅读量、转化率等。KPI 符合一个重要的管理学原理，即"二八定理"，即 80%的工作任务是由 20%的关键行为完成的，因此，重点对员工的关键绩效指标进行考核，而不是全部绩效指标。

（2）关键绩效指标设计原则。对岗位关键绩效指标的设计是绩效考核体系中非常重要的一项工作，一个工作岗位需要完成的职责往往是比较多的，哪些是最重要的、哪些指标能够合理考核创造的真正价值，需要管理人员仔细思考。

关键绩效指标的设计一般遵循以下 SMART 原则。

① specific（具体的）：绩效指标必须是明确的、具体的，不能是模棱两可的。例如，为粉丝提供优质服务，这种指标描述就很模糊，不够具体，因为提供优质服务的方法可能有很多，再如，可以改成及时回复粉丝咨询的问题，而及时仍然比较模糊，无法衡量，可以进一步改成必须在 30 分钟内回复粉丝咨询的问题。

② measurable（可衡量的）：绩效指标必须是可衡量的，最好是量化的指标。例如，粉丝数量增加 10%、留言回复率达到 70%等。再如，要求美工图片设计符合营销活动需要，那么如何衡量，可改成店铺静默转换率达到 30%。

③ attainable（可实现的）：绩效指标必须是在资源匹配的情况下可以实现的，避免设置过高或者过低。虽然希望文案阅读量越高越好，但是对于一个普通微信公众号来说，要求每

篇文案达到10W＋的阅读量仍然有难度。

④ relevant(相关的)：绩效指标必须是与员工的岗位职责相关的。例如,要求美工设计、数据分析岗位承担销售指标是不合适的,一方面会扰乱企业绩效考核体系,另一方面也会挫伤员工积极性。

⑤ time-bound(时效性)：没有时效性的绩效指标是没有意义的,必须为完成绩效设置明确的时间,并在时间范围内及时监控和指导。

除上述原则外,在设计关键绩效指标时,还应该考虑以下几点。

① 岗位绩效指标必须服从部门/团队及企业绩效指标。绩效指标的制定应该首先确定企业整体绩效指标,然后分解至部门/团队,最后分解至岗位。

② 绩效指标数量不宜过多。指标数量太多,容易分散员工精力,不利于聚焦关键职责,也违背了关键绩效指标的二八原则。不同类型的绩效指标数量一般保持在3~5个较为适宜。

③ 不同岗位绩效指标要相对独立。为了提高考核效率,尽量不使不同岗位的几项考核指标重复,即一个考核指标包含另一项指标。

(3) 多维度绩效指标评价方法。在现实中有时候会存在这样一个事实,即绩效完成得好的员工,并没有得到很高的绩效评价,而绩效完成一般的员工,可能由于工作态度好,得到上级的肯定,反而获得更高的绩效评价。因此,在绩效指标评价时,应该避免单一的领导评分方法,可采用多维度绩效评价方法,即采用员工自我评价、同事互评及直属领导评价等多维度评价方法,例如,员工自我评价占20％,同事互评占20％,直属领导评价占60％。

4. 新媒体营销岗位考核指标

1) 新媒体营销岗位考核指标设计的一般模式

员工绩效从个体横向来说,可以分为素质、行为和业务;具体关键绩效指标可根据不同岗位来确定;而绩效考评的方法一般采用多维度绩效指标评价方法,见表8-14。

表8-14　岗位绩效评价

姓名		岗位		考核起止周期		评价时间	
绩效指标类型	关键绩效指标	指标评价标准	指标权重	自我评价 评价权重:x%	同事评价 评价权重:x%	直属领导评价 评价权重:x%	合计
素质绩效							
行为绩效							
业务绩效							
最终得分							

2) 素质和行为绩效指标

素质和行为绩效指标一般是对员工完成岗位绩效的过程和工作态度等进行考核,不同岗位相差不大,部分指标量化难度大,且在整个绩效考评中所占权重一般相对较低。例如素质绩效指标占10％,行为绩效指标占20％。

常见的素质和行为绩效指标有以下几个方面。

(1) 执行力：考察员工是否能按上级要求及时的保证质量完成工作任务,当无法完成任务时,主动寻求解决办法。

(2) 沟通力:考察员工是否始终将集体利益放在首位、团队意识强、同事关系融洽。

(3) 学习能力:考察员工是否主动进行自我提升学习,积极认真参加培训。

(4) 出勤率:考察员工是否自觉遵守企业人力资源管理的相关制度。

(5) 创新能力:考察员工是否能够提出区别于行业或者竞争对手的文案创意、活动创意或设计创意。

(6) 发现问题的能力:提出合理化建议及创新想法并带给企业有效性创收或落地执行。

3) 业务绩效指标

业务绩效指标是与企业新媒体营销战略和岗位职责紧密相关的绩效指标,是对岗位职责完成结果的考核,不同岗位差别很大,一般容易量化,且在整个绩效考评中所占的权重较高。例如业务绩效指标占 70%。

根据企业新媒体营销战略和定位的不同,总体可以分为以品牌营销为主和以产品销售为主两种类型。以品牌营销为主的业务绩效指标如阅读量、转发量、收藏率、留言数、留言回复率、粉丝数量、粉丝增长率等;以产品销售为主的业务绩效指标如访问量、转化率、订单量、销售额、用户量、复购率等。

根据企业新媒体营销岗位的不同,不同岗位的业务绩效指标也不尽相同。

(1) 新媒体营销总监。新媒体营销总监负责整个新媒体营销团队的业绩,其主要关键绩效指标可以分为管理类和业务类。

管理类如下。

① 部门日常管理规范及优化:考察新媒体营销总监是否按照企业规章制度进行团队管理,并提出进一步优化措施。量化指标如部门员工违纪数量、优化措施或建议的数量、管理文件制定或更新的数量等。

② 员工培养:考察新媒体营销总监是否进行员工培养,量化指标如员工培训次数。

业务类如下。

① 全平台新媒体营销渠道数量和质量。

② 新媒体合作商数量。

③ 新媒体营销投入产出率。

(2) 新媒体营销文案编辑。新媒体营销文案编辑主要对全平台文案传播效果负责,其主要关键绩效指标可以分为文案传播类和粉丝增长类。

① 文案传播类:包括全平台文案发布数量、阅读量、文章留言数、转发量、在看量、收藏率、点赞量、视频播放量、头条号推荐量等。

② 粉丝增长类:包括全平台粉丝数量、粉丝增长率、取消关注粉丝数、粉丝互动率(文章留言回复率)等。

(3) 新媒体美工设计/视频编辑。

① 图片、视频、H5 等设计作品数量。

② 图片页面静默转换率。

此外,由于美术设计不便于直接量化,但是美工与文案传播一般具有一定的关联性,因此,美工也可共同对部分文案传播指标负责;或者由根据文案编辑或新媒体营销总监对图片设计、视频制作的满意度(包括时效性、质量等)进行评价。

（4）新媒体营销活动策划。

① 策划案数量及质量：从策划案的质量（如策划案内容）是否完整可行，策划活动是否基于行业和企业数据背景分析，策划活动是否具有创意等方面考察。

② 营销活动用户参与度。

③ 营销活动新增粉丝数。

④ 营销活动销售额。

（5）新媒体营销数据分析。

① 新媒体营销数据日报准确率、及时性。

② 基于数据分析，提供有价值的业务建议数量。

此外，对于企业新媒体营销的绩效衡量，也可以引入第三方评价的方式，如可参考一些行业排名。如果需要考察微信、微博、今日头条、抖音等新媒体营销情况，可使用新榜指数或者清博指数、西瓜数据等，这些指数本身就是综合了多个指标得来的。例如，新榜微信公众号排名是综合考虑总阅读数、最高阅读数、平均阅读数、头条阅读数、总点赞数等指标得来；如果需要考察 App 运营情况，也可参考 CQASO、蝉大师等排名榜单。

表 8-15 所示为某企业新媒体营销文案岗位关键绩效指标（参考节选）。

表 8-15　某企业新媒体营销文案岗位关键绩效指标（参考节选）

姓名		岗位	新媒体文案	入职日期		考核周期	
考核类型	考核项目		衡 量 标 准	权重/%	自我评分	直属领导评分	得分
工作业绩（60%）	今日头条		A. 推荐量。推荐量达到 2000 合格；达到 10000 以上优秀；2000 以下不合格 （共 7 分） B. 阅读量。阅读量达到 500 合格；达到 5000 以上优秀；500 以下不合格 （共 7 分） C. 转发量。转发量达到 5 条合格；达到 30 条以上优秀；5 条以下不合格 （共 6 分）	20			
	网站软文		A. 收录量。一周后统计收录达到 3 篇合格；统计收录达到 10 篇优秀；统计收录达到 3 篇以下不合格 （共 6 分） B. 质量评估。整体图文结构清晰，原创度见解，符合公司相关类目，追寻热点 （共 4 分）	10			
	微信公众号		A. 阅读量。阅读量达到 20 合格；达到 50 以上优秀；20 以下不合格 （共 6 分） B. 转发量。转发量达到 5 合格；达到 20 以上优秀；5 以下不合格 （共 6 分） C. 粉丝增加量。一周粉丝增长达到 50 人 （共 8 分）	20			
	H5 制作		A. 2 小时完成交稿合格；1 小时以内完成交稿优秀；2 小时以后完成交稿不合格 （特殊情况例外，共 6 分） B. 质量评估。整体图文结构清晰，原创度见解，符合公司相关类目，追寻热点 （共 4 分）	10			

考核类型	考核项目	衡 量 标 准	权重/%	自我评分	直属领导评分	得分
工作能力（30%）	活动策划能力	A. 主动策划线上微信、微博等新媒体活动,线下活动,组织流程,提交方案给领导审核,执行监控报告 （8～10分） B. 基本能完成策划活动,活动需经过领导多次修改 （4～7分） C. 简单完成活动,没有直接参与活动运营维护,没有活动报告 （0～3分）	10			
	文案编写能力	A. 经常能按时保证质量完成文案编写,经常一次性通过审核 （5分） B. 能够按时完成文案编写,偶尔需要领导指导后才能达到要求 （3～4分） C. 编写文案经常需要多次修改和确认 （0～2分）	5			
	执行力	A. 经常按上级要求及时保证质量完成工作任务（5分） B. 能够认真地去完成工作,偶尔达不成但总从自身找原因 （3～4分） C. 任务经常无法完成且有自我辩解行为 （0～2分）	5			
	学习能力	A. 主动进行自我提升学习,积极认真参加培训（5分） B. 偶尔会进行学习提升,按要求参加培训 （3～4分） C. 较满足于现有掌握基础,上进心不明显,也不积极参加培训活动 （0～2分）	5			
	创新能力	A. 运营信息掌握全面,经常能给上级提出建设性建议和观点,得到领导赞许 （5分） B. 掌握一定运营信息,偶尔能给上级提出建设性建议和观点 （3～4分） C. 懂较少运营信息,无法提出建设性意见 （0～2分）	5			
工作态度（10%）	沟通协作能力	A. 与同事协调配合度高,把公司利益放在首位,不搞个人主义 （5分） B. 与同事协调配合度较好,偶尔表现个人主义,但经指正后能及时改正 （3～4分） C. 团队意识薄弱,经常从个人角度考虑问题（0～3分）	5			
	工作服从性	A. 积极遵守公司的规章制度,并起到带头标杆效应 （5分） B. 基本遵守公司的规章制度,偶尔有违反或抵制现象但经过指正后积极改正 （3～4分） C. 经常违反和抵制公司相关规定并屡教不改（0～2分）	5			

三、新媒体营销的薪酬管理

(一) 薪酬的概念

薪酬是指员工因从事岗位工作,完成岗位职责而获得以货币形式或者非货币形式表现的报酬。

薪酬一般包括经济性报酬和非经济性报酬。经济性报酬如工资、奖金、福利待遇、股票等;非经济性报酬是员工工作的一种心理感受,如工作成就感、满足感、同事关系融洽、良好的工作环境等。

(二) 薪酬的构成

2008 年,美国薪酬协会提出了总体薪酬的概念,总体薪酬分为经济性报酬和非经济性报酬,共包括五大板块。

(1) 货币报酬。货币报酬主要包括基本工资、绩效工资、奖金、津贴/补贴及股权等。

(2) 福利。福利主要包括保障福利,如失业保险、残疾报账;健康与救济福利,如医疗保险;退休福利,如养老保险;带薪休假福利等,相当于我国的五险一金等。

(3) 工作与生活平衡。工作与生活平衡主要包括灵活的工作时间、场所安排;带薪休假;社会参与,即组织员工积极参加社会活动;员工关爱,如员工旅行、生病探视、家庭关爱等;财政支持,如理财服务或培训,企业年金计划;额外福利,如免费停车等。

(4) 绩效与认可。绩效与认可包括高绩效系统和员工认可两方面。高绩效系统是高效的绩效管理系统,帮助员工进行绩效评估和持续反馈、提升;员工认可是指对雇员的努力、行为及绩效给予重视。

(5) 发展与职业机遇。发展与职业机遇主要包括学习机会,领导力培训和晋升机会,帮助员工提升个人技能,实现个人职业生涯目标。

(三) 新媒体营销员工薪酬设计

从国内主要招聘网站有关新媒体营销相关岗位的招聘需求来看,绝大部分企业提供的薪酬是经济性报酬,依次是基本工资、绩效提成、奖金、五险一金、定期体检、节日福利;部分企业还提供一些补贴,如餐补、交通补助、租房补贴、通讯补贴、带薪年假、员工旅游等;少数企业可提供弹性工作时间、职业规划指导等。

1. 新媒体营销薪酬水平

根据职友集统计自全国 42848 份的样本显示,全国新媒体运营专员平均工资为5970 元/月,如图 8-6 所示。

随着工作年限的增加,薪酬水平也逐渐增加,其中应届生工资为 5410 元/月,1~3 年工资为 6060 元/月,3~5 年工资为 7590 元/月,5~10 年工资为 8130 元/月,如图 8-7 所示。

2. 新媒体文案编辑薪酬水平

王玥、刘杰平、蒲广宁等对新媒体文案编辑人才需求的分析结果显示,新媒体编辑岗位的全国平均工资水平约为 7590 元/月,如图 8-8 所示。

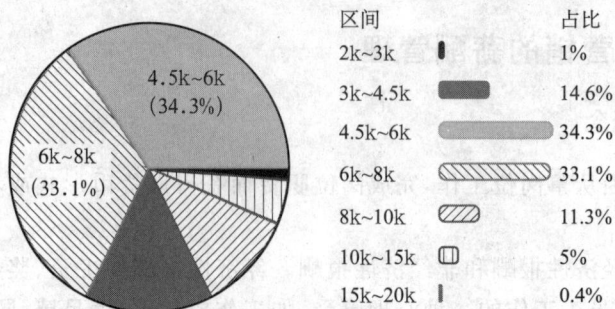

区间		占比
2k~3k	▮	1%
3k~4.5k	▬	14.6%
4.5k~6k	▭	34.3%
6k~8k	▨	33.1%
8k~10k	▨	11.3%
10k~15k	▯	5%
15k~20k	▮	0.4%

图 8-6　新媒体运营专员工资分布

（图片来源：职友集）

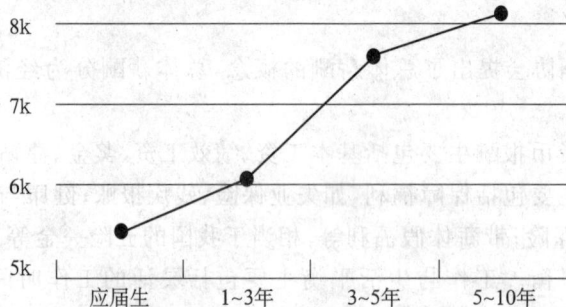

图 8-7　按工作经验统计的薪酬

（图片来源：职友集）

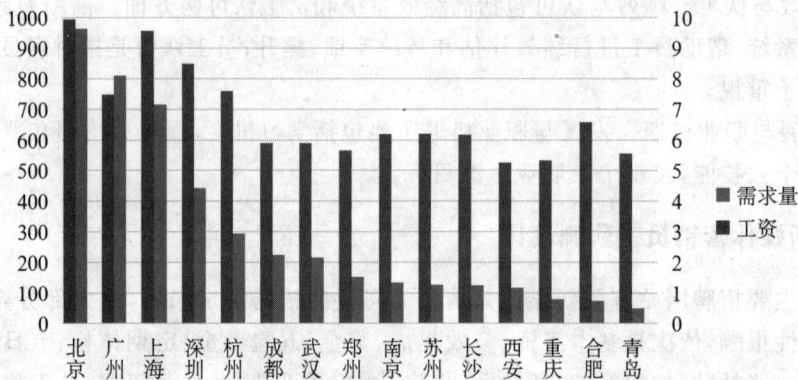

图 8-8　新媒体编辑岗位需求 TOP 15 的城市与平均工资

随着工作年限的增加，学历的提升，新媒体编辑薪酬水平也逐渐增加，见表 8-16。

表 8-16　新媒体编辑岗位工作经验、学历与薪酬水平的关系

工作经验	需求量	百分比/%	薪资待遇	学　历	需求量	百分比/%	平均工资
经验不限	1645	30.57	6480	大专以下	66	1.23	6070
0~1 年	837	15.55	6160	大专	2773	51.53	6670
1~3 年	2088	38.80	7810	本科	2517	46.78	8620
3~5 年	710	13.19	10000				
5 年以上	101	1.88	15670	硕士及以上	25	0.46	11030

其他新媒体岗位的薪酬情况可查询相关招聘网站。

3. 非经济性报酬的重要性

当人们谈论薪酬时,更多是指经济性报酬,而忽略了非经济性报酬,但在某种程度上,非经济性报酬对员工工作的激励、对企业的忠诚度更为重要,尤其是在互联网等从业人员偏向年轻人的行业,一方面年轻的员工缺少经济来源,希望通过工作获得丰厚的经济性报酬;但另一方面,越来越多的人在追求经济性报酬的同时,更加重视非经济性报酬。因此,薪酬体系的设计必须建立在对员工心理特点、行为特点深入了解的基础上。

2018 年 8 月,领英发布了《第一份工作趋势洞察》报告,报告显示,"95 后"平均工作 7 个月就离职,而"70 后"的第一份工作时间平均超过 4 年,"80 后"则是 3 年半,而"90 后"是 19 个月。大多员工离职只有两个原因:一是钱给少了;二是心委屈了。钱即经济性报酬,心则是非经济性的心理感受。

该报告还显示,"95 后"员工离职率较高的原因,其一在于他们更加追求独立自主,关注自身感受和自我价值的实现,一旦发现工作与期待不符,则会很快做出其他选择;其二如今获取职业信息和机会的渠道越来越快捷和便利,更换工作变得更加简单和频繁。此外,麦可思研究院 2018 年发布的《中国大学生就业报告》显示,2017 届本科毕业生在半年内离职的人群中有 98% 都发生过主动离职,而主动离职的主要原因是"个人发展空间不够"(48%)和"薪资福利偏低"(42%)。

4. 新媒体从业人员的特点

根据新榜联合头条号、插坐学院、36 氪等平台共同发起"2018 新媒体人生存现状调查"显示,新媒体从业人员呈现以下特点。

(1)性别特点:新媒体从业人员以男性为主,男性约占 59%,女性占 41%。

(2)年龄特点:新媒体从业人员普遍年轻化,"90 后"及"95 后"占 61%,"80 后"占 28%,而部分"00 后"也开始进入新媒体行业。

(3)从业年限:新媒体从业人员从业年限普遍较短,1 年左右占 38%,1～2 年占 37%,3～5 年占 20%,而 5 年以上仅占 5%。

(4)学历特点:有超过一半(53%)是本科学历,其次是大专及大专以下,硕士及以上占 8%。

(5)工作时间:每日工作时间在 11～13 小时甚至 13 小时以上的有 17%;有 38% 的人工作时间为 8～10 小时,32% 为 8 小时及以内。

(6)缺钱、缺成就感、缺时间:关于最缺什么的问题,有 17% 是职业成就感;15% 是自己的时间;5% 为升职空间。

而根据齐鲁人才网对 8000 多位新媒体从业人员的调查,行业变化快、工作稳定性低成为新媒体人最大焦虑。对"关于 2019 年,你还对新媒体有信心吗?",仅 11% 的从业人员明确表示对未来很有信心,其他人员均处于焦虑、犹豫状态,如图 8-9 所示。

根据以上行业调研,可以发现,新媒体营销相关岗位从业人员年轻,部分岗位入职门槛低,员工加班情况相对严重,同时又对工作缺乏个人成就感,没有明确的职业发展路径,缺乏信心。

5. 新媒体营销岗位非经济性报酬

在设计新媒体营销相关岗位的薪酬体系时,除了考虑一般的货币性报酬,如工资、福利、

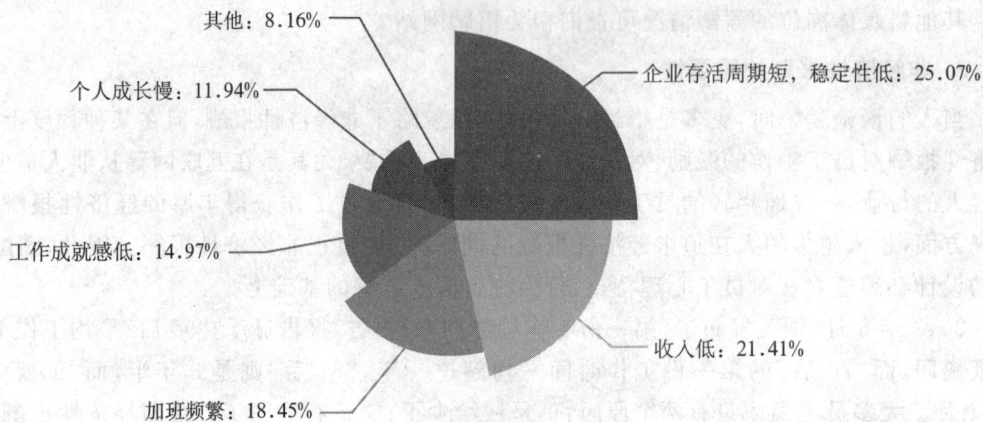

图 8-9　新媒体人焦虑的原因
(图片来源:齐鲁人才网)

奖金等以外,还需要结合新媒体从业人员的特点,重点考虑非货币性报酬。

(1)学习机会。有的员工平时工作很忙,也很努力,工作业绩也得到了企业认可,但越是这样的好员工往往越会提出离职,就是因为其工作一段时间后,发现自身技能并未得到提升,仅仅是重复性的工作内容而已,从而失去了工作的积极性和成就感。新媒体行业相关知识技能更新速度快,如果企业不能提供足够多的学习机会,而员工又为重复的日常工作所累,长此以往,对企业和个人来说都是一种损失。

(2)合理的职业发展规划,提升个人成就感。从调查数据发现,工作稳定性低、成就感低,是影响新媒体从业人员很重要的因素,因此,企业必须为员工提供合理的职业发展规划和清晰的职业晋升路径,让员工看到工作的希望和信心,在很多时候,信心比黄金更重要。例如,提供员工轮岗机会,从一个专业化人才发展为多面手人才,因为现如今非专业技术人才职业边缘正在区域模糊化,全栈商业人才、综合性人才是更多企业希望员工可以胜任的。邀请人力资源专家辅助员工制定职业发展规划,在不影响岗位绩效的情况下,可以鼓励员工成长为一个行业人,而不仅是企业人,鼓励员工走出去学习交流,一方面提升员工自己的能力,另一方面也有助于提高企业的知名度和品牌形象。

(3)创新工作环境。新媒体营销相关岗位几乎都与创意、创新有一定关系,因此,有创意、轻松的工作环境有助于员工放松,提高工作幸福指数,同时也有利于激发创意,提高工作效率。图 8-10 是多次被《财富》杂志评为全球最佳雇主的谷歌企业的办公室环境。

　　　　　(a)　　　　　　　　　　　　　　　　(b)

图 8-10　创新工作环境

（4）丰富多彩的团建活动。新媒体从业人员普遍年轻，大多数在 27 岁以下，因此定期举办丰富多彩的团建活动有助于增强员工的幸福感、凝聚力和忠诚度。例如员工生日、轰趴、旅游、企业健康团建、企业运动会。值得注意的是，团建时间的安排尽量不占用额外的时间，否则可能会引起适得其反的效果，让员工害怕团建。

（5）家庭关爱。除给予员工个体报酬以外，有实力的企业也可以给予员工更多的工作与生活平衡，例如家庭关爱。如百度和京东企业规定工作两年以上的员工，父母看病无论是否有医保，费用均由企业承担；"员工可以享受'安居计划'最高 100 万元无息无抵押贷款购房，五年以上老员工重大疾病可享'无限额'报销，'免费托幼中心'解决新晋爸妈的后顾之忧"。

自我练习

选择题

1. 新媒体营销人员的一般技能要求有（　　）。
   A. 较强的学习能力　　　　　　　　B. 敏锐的新闻感知力
   C. 基本的写作能力　　　　　　　　D. 数据分析能力
   E. 抗压能力

2. 关键绩效指标（KPI）包括（　　）。
   A. 出勤率　　　　B. 销售额　　　　C. 客户满意度　　　　D. 文案数量
   E. 粉丝量　　　　F. 文章阅读量　　　　G. 转化率

3. 绩效薪资分为（　　）4 种。
   A. 销售提成　　　　　　　　　　　B. 绩效薪资
   C. 年终评优、先进表彰　　　　　　D. 年终其他奖励形式

任务九　熟悉新媒体营销与数据管理

随着新媒体行业竞争越来越激烈，新媒体平台越来越多，以往粗放式的运营方式已经无法满足竞争的需要，精细化运营、精准化营销被越来越多的公司所青睐。而精细化运营、精准化营销的前提是对运营数据的有效分析，并根据数据分析结果，优化运营策略。

学习完本任务，学生可以了解新媒体营销数据分析的一般步骤，了解新媒体营销常见的数据指标，了解 20 多种常见的数据搜集工具及常见的数据分析方法和工具，了解新媒体营销数据分析报告的撰写等。为从事新媒体运营、新媒体数据分析、新媒体团队管理等相关岗位提供支持。

项目任务书

课内学时	7	课外学时	0
学习目标	1. 了解新媒体营销数据分析的一般步骤 2. 了解新媒体营销数据分析常见数据指标 3. 了解新媒体营销数据分析常见方法 4. 了解新媒体营销数据分析常见工具 5. 掌握数据分析报告的一般写法和注意事项		

续表

项目任务描述	1. 进行数据分析：若有本人运营的新媒体平台，则针对自己的新媒体平台进行；若无本人运营的新媒体平台，则选择某个行业的一个或多个新媒体平台进行数据分析 2. 撰写数据分析报告：分析时，应尽量对各类数据指标进行全面分析，从数据分析发现其运营中存在的问题，并提出针对性、建设性建议，形成数据分析报告
学习方法	1. 教师讲授基础知识 2. 学生自主完成任务
所涉及的专业知识	数据分析的一般步骤；新媒体数据分析指标；新媒体数据搜集方法和工具；新媒体数据分析方法、思路和工具；数据分析报告撰写方法和注意事项
本任务与其他任务的关系	本任务与前序任务是承接关系，是对前序任务完成效果的提升
学习材料与工具	学习材料：任务指导书后所附的基础知识 学习工具：项目任务书、任务指导书、计算机、笔
学习组织方式	所有步骤个人为单位组织

任务指导书

完成任务的基本路径如下。

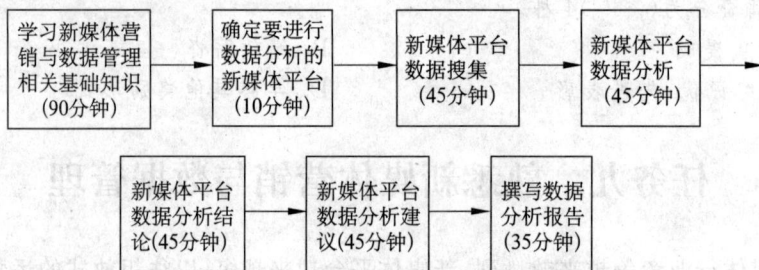

学习新媒体营销与数据管理相关基础知识(90分钟) → 确定要进行数据分析的新媒体平台(10分钟) → 新媒体平台数据搜集(45分钟) → 新媒体平台数据分析(45分钟) →

新媒体平台数据分析结论(45分钟) → 新媒体平台数据分析建议(45分钟) → 撰写数据分析报告(35分钟)

第一步：学习新媒体营销与数据管理相关基础知识，填写基础知识测试表，见表 9-1。

表 9-1　新媒体数据分析基础知识测试

数据分析的一般步骤：		
1.	2.	3.
4.	5.	
新媒体数据分类方式：		
1.	2.	3.
4.		
微信公众号常见的数据分析指标：		
1.	2.	3.
4.	5.	6.

续表

微博常见的数据分析指标：		
1.	2.	3.
4.		
短视频类数据分析指标：		
1.	2.	3.
4.	5.	6.
新媒体数据搜集的来源一般：		
1.	2.	3.
4.		
新媒体数据搜集的常用工具：		
1.	2.	3.
4.	5.	6.
7.	8.	9.
10.	11.	12.
新媒体数据分析常用的方法：		
1.	2.	3.
4.	5.	6
新媒体数据分析常用的工具：		
1.	2.	3.
新媒体数据分析报告应该注意：		
1.	2.	3.
4.		

第二步：确定要进行数据分析的新媒体平台，填写新媒体平台分析清单，见表9-2。

表 9-2　新媒体平台分析清单

你选择的新媒体平台是：					
序号	平台类型（微信、微博、短视频、百家）	平台名称	主要定位	主要功能	新榜指数
1					
2					
3					

如果读者有本人运营的新媒体平台，则针对自己的新媒体平台进行数据分析；如果读者没有本人运营的新媒体平台，则选择某个行业的一个或多个新媒体平台进行数据分析。如果选择多个新媒体平台，尽量选择运营状况相当的（可参考"新榜指数""清博指数"等），并选择两三个行业标杆平台。

第三步：新媒体平台数据搜集，填写新媒体数据搜集表，见表9-3。

通过讲授过的数据分析指标及数据搜集工具，对选择的新媒体平台进行数据搜集，数据搜集应尽量全面,表9-3以快递企业微信公众号为例。

表9-3 新媒体数据搜集

快递企业微信公众号	文章主题类型	文章形式类型	文章更新频率	文章平均阅读量	文章平均点赞量	文章平均留言量	文章平均留言回复量	微信总榜排名	粉丝量预估
顺丰速运	会员活动、福利赠送、顺丰优选平台产品推送	以图为主	4	10W+	662	20.3	6.9	56	143.2W

第四步:新媒体平台数据分析。

利用对比分析法、分类分析法、鱼骨图分析法、雷达图分析法、词云分析法等方法对数据进行分析,并利用正确的、合理的图表类型进行可视化表达。

第五步:新媒体平台数据分析结论,填写新媒体平台问题分析表,见表9-4。

通过上一步骤的数据分析,结合实际业务,发现平台运营中存在的问题。

表9-4 新媒体平台问题分析

通过以上数据分析,你认为该新媒体平台存在哪些问题:			
序号	问题描述(问题)	问题类别(图文、粉丝等)	关键异常数据指标(关键原因)
1	粉丝活跃度低	粉丝	留言回复率低
2			
3			
4			

第六步:新媒体平台数据分析建议,填写新媒体平台问题建议表,见表9-5。

表9-5 新媒体平台问题建议

通过以上问题分析,你认为优化该新媒体平台运营的主要措施有:			
序号	主要解决措施	拟解决关键问题	预估优化效果
1	(1) 文章发出后的一个小时内,运营人员须保持后台在线,并第一时间回复留言 (2) 统计常见的粉丝留言,针对常见留言编写专门的话术	粉丝活跃度低	粉丝活跃度提升10%
2			
3			
4			

针对第五步分析得出的问题,结合实际业务,提出对应的具体解决措施,应该注意的是,解决措施应细节具体且可执行(解决措施可结合 5W2H 方式进行思考或表述)。此外,还应该给出适当合理的预估优化效果。

第七步:汇总新媒体数据分析的整个过程及相关结论,按照数据分析报告撰写的一般要求和注意事项,撰写数据分析报告。

基础知识

一、数据分析概述

数据分析是指搜集、处理数据并获取有价值信息的过程。通过数据分析,可以帮助企业进行结果评价、问题分析、方向预测及成本控制等。

数据分析概述

(一)数据分析的重要意义

1) 结果评价:了解运营质量,评价运营效果

新媒体数据分析可以及时了解企业各新媒体平台的运营状况,例如微信文章的阅读数量、评论数量、粉丝数量等,同时也可以作为新媒体营销方案执行效果及相关岗位绩效评价的依据。

2) 问题分析:发现运营问题,优化运营措施

数据分析的最终目的是要辅助决策,通过数据分析,发现数据异常,分析异常背后的原因,并优化运营措施。例如取消关注人数为何突然增加;阅读人数很高,但是为何转发人数很少。通过分析这些数据变化,进而找到问题,并提出有针对性的解决措施。

3) 方向预测:预测运营方向

数据分析的另一价值在于预测,分析粉丝数据,为用户画像,并根据用户特点,实现精准营销。例如,随着短视频平台的兴起,短视频平台的用户呈现比微信平台更加年轻,更喜欢娱乐轻松等特点,而随着微信越来越回归社交,更年轻一代的群体将会重新选择属于他们的平台,因此,如果企业的新媒体业务更偏向于年轻群体,那么需要思考属于年轻人画像的新媒体平台在哪里。

4) 成本控制:控制运营成本

不同平台用户特点不同,阅读习惯不同,文案类型也不同,因此,通过数据分析,发现其中的规律,针对目标人群和受众的需求,实现精准化营销,用最小的投入实现最大的回报,从而达到控制运营成本的目的。

(二)数据分析的一般步骤

数据分析一般包括以下几个环节(图 9-1)。

1. 数据搜集

数据搜集是根据数据分析的需要,搜集相关数据的过程。想要通过数据分析来揭示业务,数据量越大越好,因此,需要尽可能从多个渠道搜集数据,既要搜集内部数据,也要搜集

数据搜集 ▷ 数据处理 ▷ 数据分析 ▷ 数据可视化 ▷ 数据利用

图 9-1　数据分析的一般步骤

竞争对手的数据,还要搜集行业的数据;此外,数据的搜集要尽量实现多维度,尽可能详细。例如,通过微博分析用户时,不但需要分析用户的性别、年龄、地域,还需要分析用户的关注对象,用户发微博的频率、内容,对微博留言是否回复、回复的内容等,此外,还可以进一步检索相关微博账号昵称在其他新媒体平台是否存在,是否为同一个用户,并综合多平台、多维度的信息对用户进行全面画像。

2. 数据处理

数据处理又叫数据清洗。有的时候,由于数据量较大,且来自不同的平台,可能出现杂乱无章、不甚统一的情况,因此,在数据分析之前,首先要对数据进行处理。数据处理常用的方法有以下 4 种。

(1)删除重复数据:重复数据会让最终结果变得更好或者更坏,偏离正确结果,因此必须删除。

(2)补全残缺数据:当数据出现残缺,且无法正确补全时,一般可采用平均值、中位数、众数等进行补全;如果某一字段残缺数据较多,也可以直接删除。

(3)修正异常数据:有些数据明显异常,例如某一期由于操作失误导致阅读量明显低于正常值,这样的数据也应该删除。

(4)归一相同数据:由于数据来自不同平台,可能存在相同含义的数据,表现形式不同,例如,数据统计标准或者单位等不一致,A 平台阅读跳出率统计的是阅读完成率低于 20％的用户,B 平台阅读跳出率统计的是阅读完成率低于 15％的用户,在对两个平台进行对比分析时,就需要想办法将数据进行归一化处理,如果 A 平台跳出率高于 B 平台跳出率,不能简单认为 A 平台用户对相关主题的文章喜爱度不如 B 平台。

3. 数据分析

数据分析是指利用数据分析的思路、方法和工具,提取有价值的信息,分析数据背后隐藏的业务问题。常用的新媒体数据分析思路和方法包括对比分析法、分类法、鱼骨图法、相关性分析法、漏斗图分析法等。需要说明的是,一般的新媒体数据分析区别于大数据分析,新媒体数据分析并不要求从业者使用非常复杂的分析算法和工具,而大数据分析由于数据量极大,数据相对更为抽象和多样,往往需要用到复杂的计算机知识和数学知识,分析的方法也相对复杂。

4. 数据可视化

数据可视化是指利用可视化图表,将数据分析结论形象、直观地展示出来,即用图表说话,使读者更容易理解。数值型数据常用的可视化方法主要是二维表、柱状图、折线图、饼图、条形图、漏斗图等;非数值型数据常用的可视化方法如词云、热力图等。

5. 数据利用

数据分析的结论最终要被应用于优化运营决策,因此,一般需要将分析的结果和相关建议以数据分析报告的形式提交决策者,实现数据的真正价值。

二、新媒体数据分类与搜集

（一）新媒体数据分类

新媒体数据非常多，不同的数据反映的业务问题也不同。因此，按照不同的分类方式，可以将新媒体数据分为不同的类别。

1. 按照数据类型分类

按照数据类型进行分类，新媒体数据可以分为数值型数据和非数值型数据。

数值型数据是指可以量化的数据，如阅读量、转发量、播放量、点赞数、粉丝量等，可以直观地反映新媒体运营情况。

非数值型数据是指不可以量化的数据，如粉丝的评论内容、留言、微信公众号自定义菜单等。例如，通过对新浪微博粉丝的评论进行搜集分析，可以知道粉丝对某件事情的态度，进而确定新媒体文案的主题，获得更多的转发量和阅读量；通过对 App 评价数据进行搜集分析，可以知道用户对 App 功能、设计等方面的看法，进而有针对性地优化升级。

2. 按照数据来源分类

按照数据来源进行分类，新媒体数据可以分为内部数据（一手数据）、竞争对手的数据、行业数据等。

（1）内部数据（一手数据）。内部数据（一手数据）是指可通过新媒体平台后台直接获取的数据，现在所有新媒体平台的后台管理中都有数据统计分析功能，运营人员可以非常便捷地获取并利用这些数据。

（2）竞争对手的数据。可通过一些公开的工具获取竞争对手的数据，以便制定针对性策略，如新榜、西瓜数据、清博大数据、新浪 U（铀）媒、蝉大师、飞瓜数据、超微数据等。

（3）行业数据。可通过一些指数了解行业热点，如百度指数、阿里指数、微信指数、微博热搜等。此外，也可以直接利用研究机构发布的公开数据报告，主要的研究机构包括艾瑞网、艾媒网、企鹅智库、易观报告等。行业数据可以帮助企业了解行业宏观趋势，及时调整运营方向。

3. 按照数据作用分类

以微信公众号为例，按照数据的作用进行分类，可以分为图文数据（传播）、用户数据、菜单数据和消息数据。

图文数据（传播）包括送达人数、图文阅读人数、分享转发人数、微信收藏人数等。

用户数据包括用户增长和用户属性两大类。用户增长包括新增关注人数、新增关注来源、取消关注人数、净增关注人数、累积关注人数；用户属性包括性别、语言、省份、城市、终端等。

菜单数据包括菜单点击次数、菜单点击人数和人均点击次数。通过菜单数据分析，可以看出粉丝的活跃程度和黏性。

消息数据包括消息分析的小时报、日报、周报和月报以及消息关键词。

4. 按照新媒体平台分类

新媒体营销已经成为目前主流的营销方式，相关的平台非常多，包括微信公众号、微博、新闻资讯(如今日头条、一点资讯、百度百家、网易新闻、搜狐新闻等平台的官方渠道和自媒体)、社交网站(如各大论坛、贴吧等)、社群(如微信群、QQ群等)、问答百科(如知乎、百度百科、360百科等)、视频网站(如爱奇艺、哔哩哔哩、优酷、腾讯等)、短视频和直播平台(如抖音、快手、京东直播、天猫直播等)、音频(如喜马拉雅、蜻蜓、荔枝等)。

(二)新媒体数据指标

每个不同的新媒体平台都有不同的数据指标,下面以一些主流的新媒体平台和类型为例,简要介绍不同新媒体平台的数据。至于其他平台数据,读者可自行查看相关资料或者直接注册相关平台登录查看。

需要注意的是,了解这些数据指标不能仅仅了解其基本含义或者是如何统计出来的,更重要的是要了解其所代表的业务内涵,即当这些数据指标发生变化时,如增长或者减少的时候,是利好还是利空,背后的业务原因又是什么。关于各平台数据指标的基本含义及统计方法,读者也可自行查阅相关平台的帮助文档。

1. 微信公众号数据

微信公众号的数据分析包括内容分析、用户分析、菜单分析、消息分析、接口分析和网页分析,其中接口分析和网页分析一般需要进行专门技术开发之后使用,一般微信公众号数据分析很少使用。

(1)内容分析。内容分析是指图文分析,图文分析包括单篇图文分析和全部图文分析两种形式。

单篇图文分析的数据指标主要包括转化率指标,如送达(人数)、公众号消息阅读、从公众号分享到朋友圈、在朋友圈再次分享、在朋友圈阅读等(图9-2),其中送达(人数)和公众号会话阅读属于一次传播,其他属于二次传播。另外,单篇图文分析还可以分析阅读来源,如公众号会话、好友转发、朋友圈、历史消息、看一看、搜一搜等。此外,运营者还可以通过详情分析,查看文章的用户性别比例、机型分布、城市分布等(图9-3),但是,对单图文分析而言,其作用并不太大。

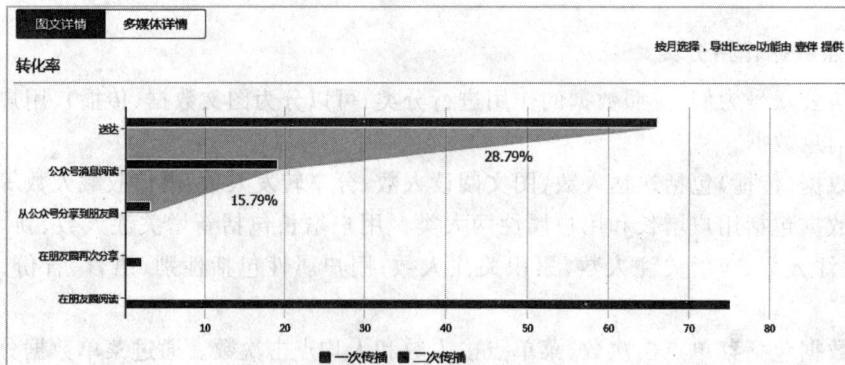

图9-2 单篇图文分析(转化率)

全部图文分析的数据指标主要包括图文总阅读(次数)、原文页阅读(次数)、分享转发(次数)和微信收藏(次数),并可根据不同的时间维度和阅读来源进行分析,如图9-4所示。

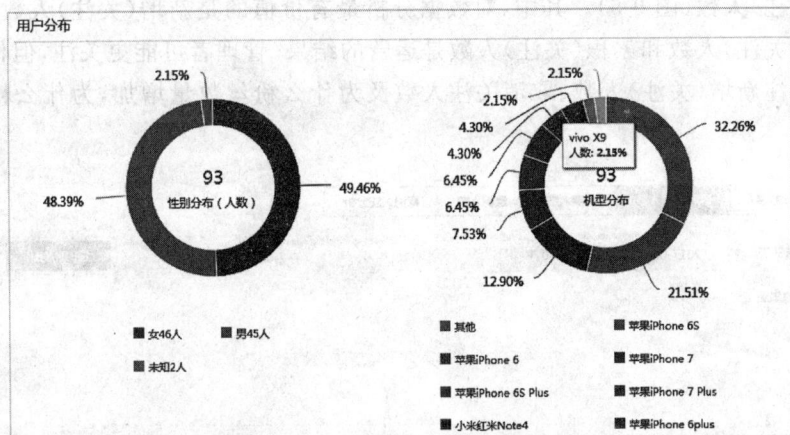

图 9-3 单篇图文分析(用户分布)

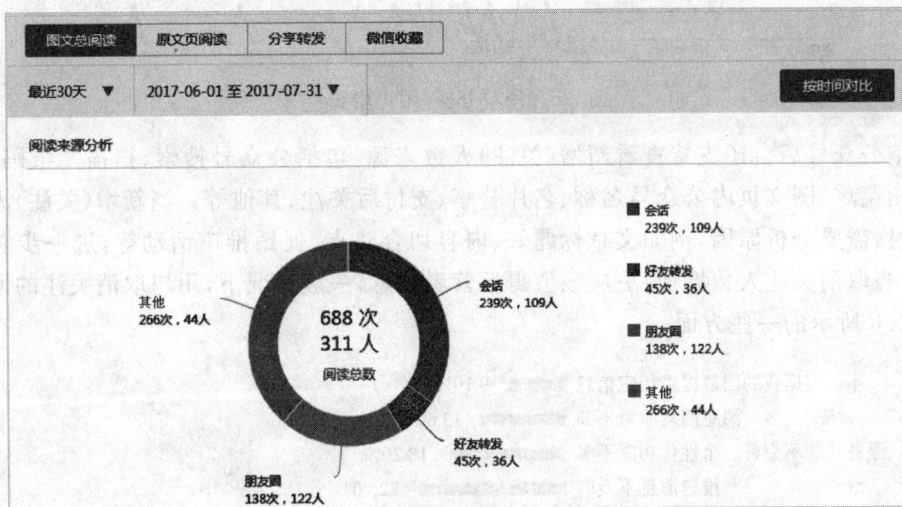

图 9-4 全部图文分析

通过图文分析,运营者可以了解微信公众号的传播情况及粉丝偏好。例如,当阅读量较高,且来源主要是公众号会话,但转发收藏量较低时,说明粉丝基数较大,文章标题或者首图效果好,能够引起用户的一次传播,但是文章内容质量一般或不符合微信公众号用户画像,所以无法引起二次传播,导致转发收藏量较低;又如,经过一段时间的运营,发现某一类主题文章的收藏量较高,说明粉丝对该类主题非常感兴趣,期待进一步或者持续了解(收藏意味着粉丝认为文章有价值,且未来可重复利用),那么运营者可考虑持续推出相关主题,或者如果主题具有可销售的性质,甚至可以销售对应的产品。再如,文章送达人数很高(送达人数是指群发消息时的群发人数,一般等于粉丝数量,但如果按照分组标签进行分组群发,则为分组粉丝数量),但是阅读人数很低,说明微信公众号粉丝活跃度很低,则可以策划一些互动环节,促进粉丝参与。

(2)用户分析。用户分析包括用户增长、用户属性和常读用户分析 3 种形式。

用户增长是描述粉丝数量的变化,包括新增(关注)人数、取消关注人数、净增(关注)人数和累积(关注)人数(图 9-5)。其中,对数据分析最有价值的是新增(关注)人数、取消关注人数。净增(关注)人数和累积(关注)人数是运营的结果,管理者可能更关注,但作为数据分析,更应该关注新增(关注)人数、取消关注人数及为什么粉丝数量增加,为什么粉丝取消关注等。

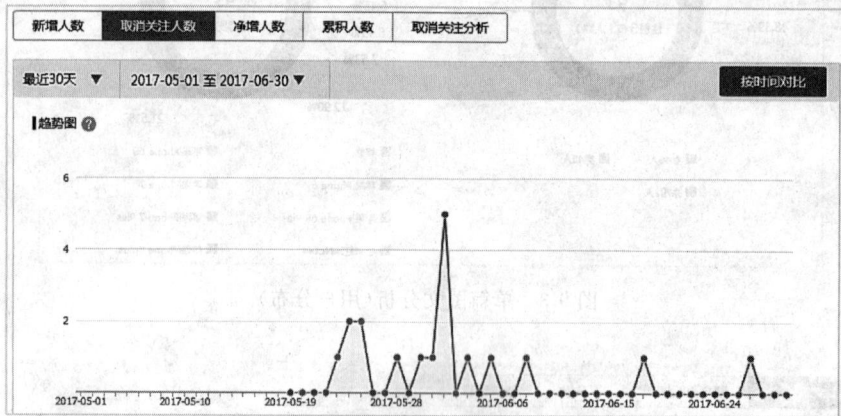

图 9-5　用户分析(用户增长)

微信公众号后台还支持查看新增(关注)人数来源,包括公众号搜索、扫描二维码、图文页右上角菜单、图文页内公众号名称、名片分享、支付后关注、其他等。当新增(关注)人数突然增加时,需要分析原因,例如文章标题好、内容切合热点、促销推广活动等,进一步总结相关经验;当取消关注人数增加,更应该值得运营者注意,一般情况下,用户取消关注的原因主要有图 9-6 所示的一些方面。

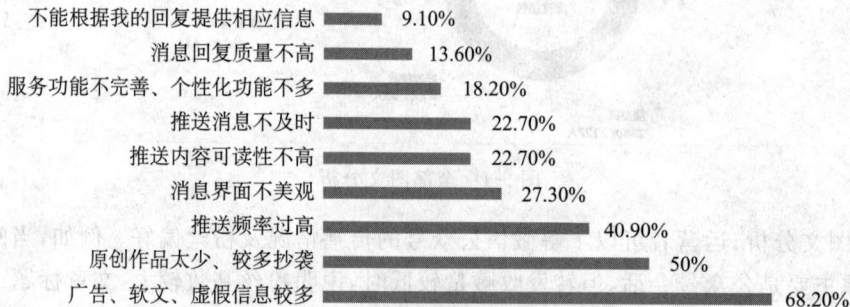

图 9-6　用户取消关注微信公众号的原因

用户属性主要包括用户性别、语言、省份、城市、终端、机型等(图 9-7)。一般情况下分析意义相对较低,但是如果微信公众号针对特定的人群,则需要特别关注。如微信公众号主要定位女性群体,但最近文章粉丝增长主要以男性为主,则要思考一下文章主题是否出现问题。又如,机型分布对于精准化营销也有重要参考价值,如某公司发布一款基于 IOS 的 App,则选择合作微信公众号时,应该将微信公众号的粉丝机型分布作为重要指标。

从 2019 年 6 月开始,微信用户分析增加"常读用户分析"功能,常读用户是指在订阅号消息列表顶部"常读的订阅号"横栏常驻你的公众号的用户,如图 9-8 和图 9-9 所示。

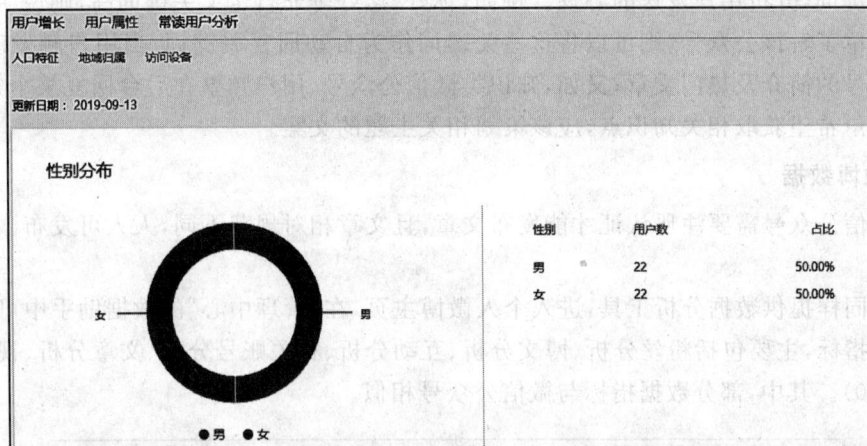

图 9-7 用户分析(用户属性)

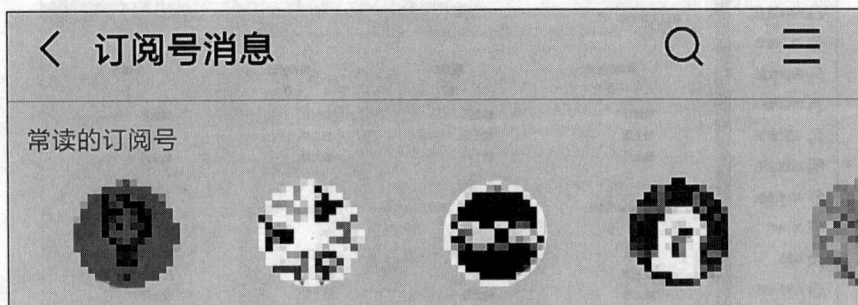

图 9-8 用户分析(常读用户)

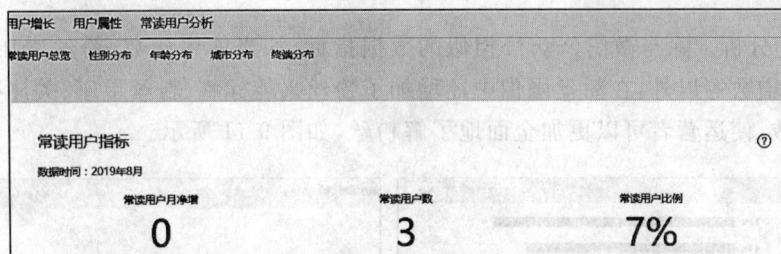

图 9-9 用户分析(常读用户分析)

(3)菜单分析。菜单分析包括菜单点击次数、菜单点击人数和人均点击次数。除以增粉为目的的订阅号以外,如服务号,或者希望用户使用菜单获取商品信息、进入微店的订阅号等,应该重点关注用户点击菜单的情况。增加菜单点击的有效方法是通过文章引导。

(4)消息分析。消息分析包括消息分析和消息关键词两种形式。

消息分析可以查看用户在小时、日、周、月等时间段与微信公众号会话的次数,可以分析粉丝的活跃时间,并以此安排客服人员在线时间,此外,一般情况可以不做重点分析。

消息关键词可以查看用户在微信公众号后台回复的关键词。一般情况下,消息关键词可以分析文案或者活动的引导效果。此外,运营者还应该关注非自定义关键词,尤其是一些高频的关键词,分析用户发送的心理。例如,你好、您好等非自定义关键词高,则说明新增用户希望简单了解该公众号,则可以将这些关键词作为自动回复关键词,当用户触发时,回复用户公众号的简介及热门文章;又如,知识类微信公众号,用户频繁在后台回复某个知识,则意味着用户希望获取相关知识点,应该策划相关主题的文案。

2. 微博数据

与微信公众号需要注册认证才能发布文章,且文章相对规范不同,人人可发布微博且更加开放。

微博同样提供数据分析工具,进入个人微博主页,在"管理中心"的数据助手中可以查看相关数据指标,主要包括粉丝分析、博文分析、互动分析、相关账号分析、文章分析、视频分析等(图 9-10)。其中,部分数据指标与微信公众号相似。

图 9-10　微博数据分析

(1) 粉丝分析。除与微信公众号相似的数据指标,如当前粉丝数、粉丝增加数、粉丝减少数、粉丝净增数等以外,在粉丝画像中还增加了粉丝兴趣标签、粉丝星座、关注我的人的粉丝量级等指数,使运营者可以更加全面地了解粉丝,如图 9-11 所示。

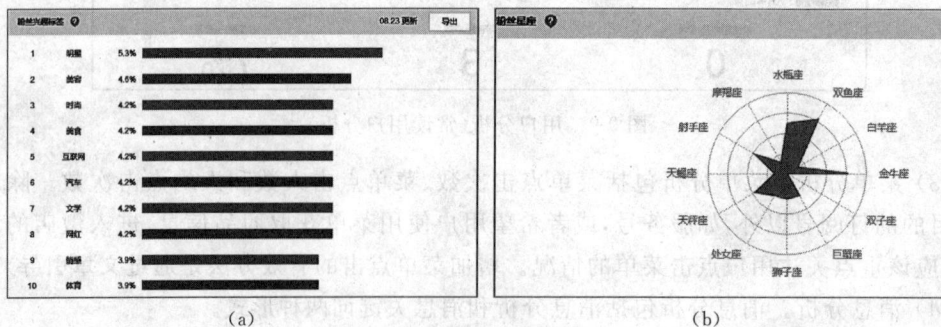

(a)　　　　　　　　　　　　　(b)

图 9-11　粉丝兴趣标签、粉丝星座

(2) 博文分析。博文分析主要包括发博文数、微博阅读数、微博阅读人数、微博转发、评论和赞、阅读来源分析等。

(3) 互动分析。互动分析可以用来分析粉丝活跃度和忠实粉丝。主要包括近 7 天账号互动 Top 10、我的影响力、我发出的评论等。

① 近 7 天账号互动 Top 10 是指 7 天内累计与你互动最多的前 10 名用户榜单，转评赞数为转发、评论、赞相加的和。

② 我的影响力是衡量微博账号每天在微博江湖中影响力大小，它是通过发微博情况、被评论、转发的情况及活跃粉丝的数量来综合评定算出。包括活跃度、传播力和覆盖度 3 个指标。

(4) 相关账号分析。相关账号分析是指可添加 5 个微博账号，进行对比分析。包括被对比账号的粉丝分析、博文分析，如图 9-12 所示。

相关账号列表 08.18－08.24 导出

	微博昵称	当前粉丝数	粉丝净增数	粉丝增长幅度	发博数	转评赞数	阅读数量级	操作
1	呼吁关...	61	0	▲0%	2	0	1000-	查看粉丝分析 查看博文分析
2	共青团...	1021万	+14.57万	▲1.43%	169	1405421	1亿+	查看粉丝分析 查看博文分析
3	格力电器	63.60万	-277	▼-0.04%	14	857	10万+	查看粉丝分析 查看博文分析
4	山东大学	57.69万	+169	▲0.03%	26	14515	100万+	查看粉丝分析 查看博文分析

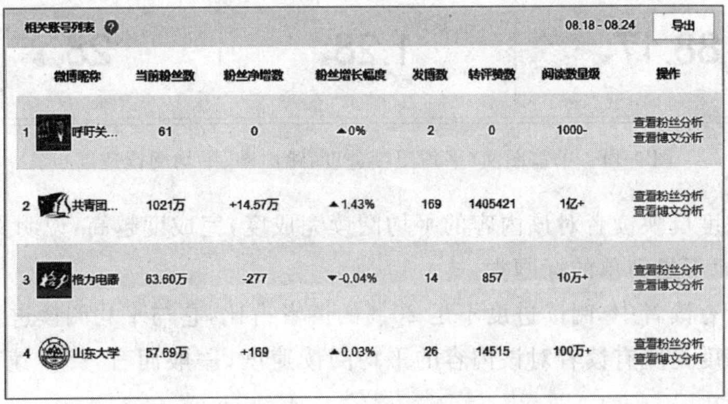

图 9-12　相关账号分析

3. 头条号数据

头条号是今日头条旗下的新媒体平台，其数据分析主要包括图文分析、微头条分析、问答分析和小视频分析，如图 9-13 所示。

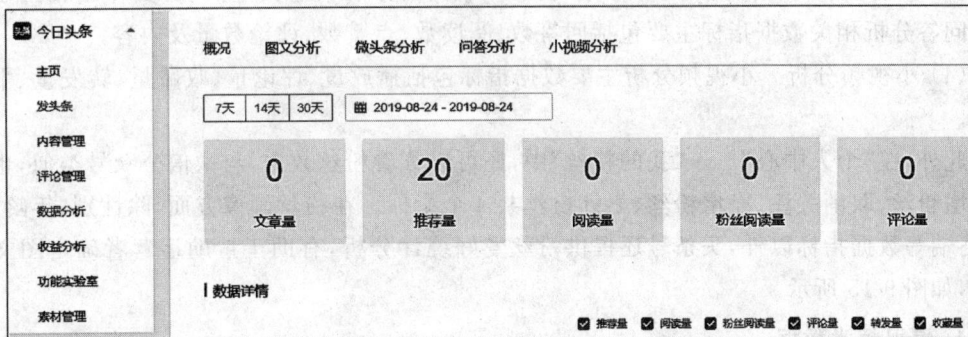

图 9-13　头条号数据分析概览

(1) 图文分析。头条号图文分析与微信公众号图文分析类似，包括阅读量、评论量、收藏量、转发量，与微信公众号图文分析不同的是，头条号还增加了“推荐量”和“粉丝阅读量”两项数据指标。

推荐量是指头条号所发布内容被推荐到今日头条用户信息流中的次数；头条号文章在推荐时，会分批次推荐给对其感兴趣的用户。例如，系统首先会将文章推荐给一批对其最感兴趣的用户,这批用户产生的阅读数据,将对文章下一次的推荐起到决定性作用。数据包括点击率、收藏数、评论数、转发数、读完率、页面停留时间等,其中,点击率所占的权重最高。

粉丝阅读量是指当日阅读量中由关注账号的粉丝产生的阅读,在计算对应的收益时会多倍加权。

此外,对于单篇图文,头条号还提供了平均阅读进度、跳出率、平均阅读速度 3 个指标,如图 9-14 所示。

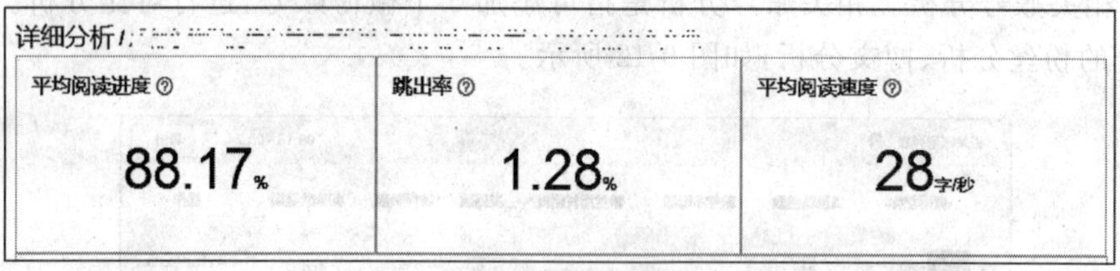

图 9-14　单篇图文(平均阅读进度、跳出率、平均阅读速度)

平均阅读进度反映读者对该内容的平均阅读完成度,完成度越高,说明文章的内容越受到读者的认可,而不是简单的标题党。

跳出率是所有读者中,阅读进度不足 20% 的读者占比,它与平均阅读进度相反。

平均阅读速度是所有读者对该内容的平均阅读速度,一般而言,阅读速度越低,表明阅读更细致。

(2) 微头条分析。与头条号的图文不同,微头条是人人可发布的一款社交媒体工具,其作用更像是微博。微头条相关的数据指标包括阅读量、评论量、点赞量和转发量。运营者可以通过经常发布微头条短内容来提升曝光度,积极和粉丝、网友互动讨论,从而增加头条号曝光度。

(3) 问答分析。问答是指今日头条旗下知识问答平台——悟空问答,其作用相当于知乎。问答分析相关数据指标主要包括回答数、阅读数、点赞数、评论数量及内容。

(4) 小视频分析。小视频分析主要数据指标包括播放量、评论量、收藏量、转发量、平均进度。

此外,在“个人中心”——“我的粉丝”中,还可以查看粉丝数据,与微信公众号类似,也包括新增粉丝、取消关注、净增粉丝、累计粉丝共 4 个指标。在粉丝画像方面,除性别、年龄、地域、终端等数据指标以外,头条号还提供粉丝爱好统计分析,有助于帮助运营者确定图文的主题,如图 9-15 所示。

4. 短视频类数据

短视频营销是目前非常热门的一种营销推广方式,如抖音、快手、西瓜视频、bilibili、微视、秒拍等。短视频数据分析主要指标包括视频播放量、点赞量、评论量、转发量、收藏量、播放完成率、退出率/跳出率、平均播放进度/时长等。

视频播放量是传播类数据,播放量低可能由于视频主题与粉丝画像不匹配,视频标题或者封面不吸引人,内容低质,存在模糊、抖动等问题等。

收藏量、点赞量、转发量、评论量属于互动类指标,相关指标较高一般意味着视频质量

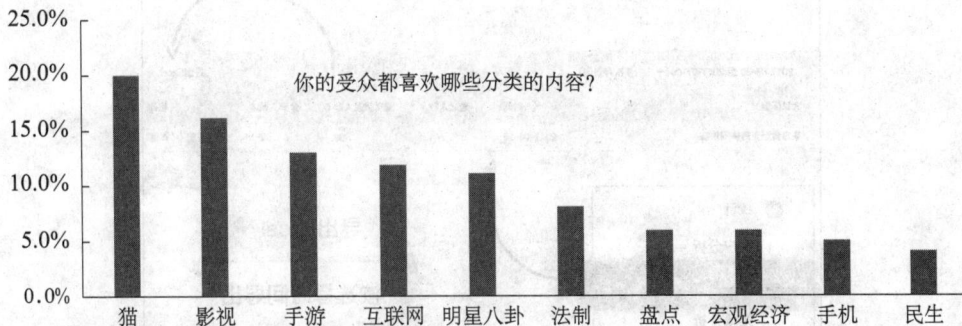

图 9-15 头条号粉丝爱好统计分析

好,例如视频内容实用性强,切合热点/槽点等。

播放完成率是指用户完整看完视频的比例。播放完成率低可能是因为视频内容不够吸引人或视频质量不佳,如视频模糊、抖动等。

退出率/跳出率是指用户在观看完短视频前几秒就关闭的比例。退出率/跳出率高可能是因为视频前几秒过于平淡,无法快速抓住用户注意力;或者视频标题与内容不相符合(尤其是当打开率高,但退出率也高时)。

平均播放进度/时长是指用户观看完视频所用的平均时间。该指标越低,说明视频内容不够吸引人,用户希望以快进的方式快速播放完短视频。

(三) 新媒体数据搜集

根据数据搜集来源不同,数据搜集的方式也有很多,数据搜集就是要充分搜集各平台的数据,进而使数据分析结果更为可信。

1. 内部数据搜集

内部数据是指新媒体平台自身产生的数据。新媒体平台后台管理都提供相应的数据分析功能,运营者可直接在后台查看或下载,如图 9-16 所示。

图 9-16 头条号后台数据导出

很多情况下,虽然各新媒体平台都提供了数据分析功能,但其分析方法或指标可能并不满足公司需求,这时候就需要将数据导出,但一些平台导出功能并不友好。此时可以借助第三方工具或插件,如新媒体管家、壹伴等进行导出,如图 9-17 所示。

2. 竞争对手和行业数据搜集

常用的竞争对手和行业数据搜集工具也有很多,根据数据分类不同也不尽相同,本节仅简单介绍这些工具,具体使用方法可参考每个工具的帮助文档,见表 9-6。

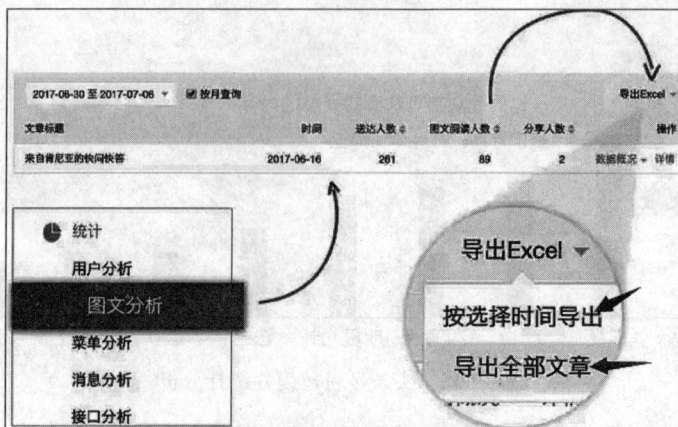

图 9-17　利用壹伴导出微信公众号数据

表 9-6　竞争对手和行业数据搜集工具

序号	名　　称	主　要　功　能	适　宜　平　台
1	新榜	各新媒体平台,如微信、微博、头条、抖音、小程序、淘直播等的粉丝数据预估、文章数据监测、综合排名(新榜指数)等。它是一款非常强大的工具,也是运用最广泛的新媒体数据搜集、分析工具之一	微信、微博、头条、抖音、小程序、淘直播等
2	清博大数据	各新媒体平台,如微信、微博、头条、抖音、快手、QQ、美拍、腾讯视频等的粉丝数据预估、文章数据监测、综合排名(清博指数)、舆情监测等	微信、微博、头条、抖音、快手、QQ、美拍、腾讯视频等
3	西瓜数据	500 万维系公众号运营及广告投放效果监控;微信公众号排行榜,不同账号对比分析等	微信公众号
4	新浪微热点(微舆情)	全国或不同地区,行业的热点事件、重大事件、热门人物、主要舆情观点、网友情绪、关键词等	行业数据
5	新浪舆情通	全网热门事件舆情监测,挖掘新闻线索、预测热点新闻、追溯新闻源头、分析网民观点、绘制受众画像、保护内容版权、制作运营分析报告	行业数据
6	U(铀)媒	多平台管理,如微信、微博、头条号、企鹅号、网易号、百家号、新浪看点等;相关账号分析,粉丝画像;竞品账号监测;热点内容监控等	微信、微博、头条号、企鹅号、网易号、百家号、新浪看点
7	知微传播	微博数据传播分析,如曝光量、传播路径、参与者、引爆点、水军等	微博
8	kolranking	抖音 KOL 数据,网红排行榜	抖音
9	飞瓜快数	快手号排行榜、热门视频数据分析、带货直播排行榜、热门直播商品等	快手
10	阿拉丁	小程序数据监测,多维度分析用户行为,小程序,排行榜	小程序
11	超微视矩	短视频自媒体、MCN 数据分析和监控,网红榜单、粉丝画像数据,实时监控广告投放效果	

续表

序号	名　称	主 要 功 能	适 宜 平 台
12	艾媒网	提供电商、新媒体、互联网、零售、金融、物流、旅游、生活等行业的专业数据报告和观点分析	行业数据
13	易观报告		
14	艾瑞报告		
15	企鹅智库		
16	CQASO	移动应用/App 大数据分析，如 App 排行榜、竞品对比、App 评论与评分统计	App 营销
17	蝉大师		
18	百度指数	分析相关平台的热门搜索和人物画像等	行业数据
19	微信指数		
20	360 指数		
21	头条指数		
22	好搜指数		
23	1688 指数		

此外，还有一些网站数据分析工具，如百度统计、友盟＋、Google Analytics、我要啦、腾讯分析、GrowingIO 等，可统计网站的 PV、UV、IP 数、跳出率、平均访问时长、转化次数等。

3. 数据调研

除了利用现有数据，数据分析人员也可以自行设计调研问卷、自行调研获得一手数据。常见的调研工具包括问卷星、麦客 CRM、金数据等。

4. 数据爬虫

除上述方法以外，数据分析人员还可以利用数据爬取技术，从网站爬取数据。数据爬取的方式也有很多，如果运营者或团队成员会使用编程语言，如 C＋＋、Java、Python 等，可自行编写代码进行爬取。或者购买爬虫工具进行爬取，常用的爬虫工具包括八爪鱼、集搜客、火车头等。其中，八爪鱼可以爬取电商购物网站、新闻网站、搜索引擎、社交平台等多种平台的数据；集搜客则主要用于采集微博的数据。

三、新媒体数据分析方法、工具和分析报告

(一)新媒体数据分析方法

根据数据分析的需求和数据本身的特点不同，可以有很多数据分析方法，但是，需要特别注意的是，新媒体数据分析应该以反映数据背后的业务逻辑为主。

1. 对比分析法

对比分析法包括横向对比和纵向对比：横向对比一般是同一时间维度下，分析不同数据指标或者不同主体的相同数据指标之间的钩稽关系，进而发现隐藏在数据背后的业务问题；纵向对比法一般是不同时间维度下，分析同一指标的变动情况。

首先，列出某品牌微信公众号文章发布情况及传播情况，见表 9-7。

表 9-7　某品牌微信公众号文章发布情况及传播情况

软 文 标 题	发布时间	阅读量	转发量	点赞数	留言数	留言回复数	留言回复率/%	文章形式类型
[考眼力]你能找出柑橘堆里的"丑柑"吗	10月3日	77	0	4	0	0	0	以图为主
【春日福利】三月嗨购好时节	10月15日	36	0	0	0	0	0	图文为主
丑柑热卖|限时五折秒杀	10月28日	227	0	4	0	0	0	文字为主
震惊!"甜蜜素"居然用到了耙耙柑上	11月5日	500	0	7	4	1	25	图文为主
元宵佳节|新年愿望清单中	11月26日	40	0	0	0	0	0	图文为主
新年新橘象|您有一封来自耙耙柑的邮件	12月3日	182	0	7	5	1	20	以图为主
现金红包|您有一个25元无门槛优惠券待领取	12月18日	86	0	2	1	0	0	图文为主
小程序|你有一个半价优惠券待领取	12月25日	214	0	9	0	0	0	文字为主
夏季吃水果,记住老中医的三句话	1月6日	109	0	2	0	0	0	图文为主
别老想着复联4,丑柑"涨价"了你都不知道	2月4日	83	0	1	0	0	0	图文为主
五一宅在家必备的游戏清单	2月16日	98	0	1	0	0	0	图文为主

其次,与竞争对手进行指标对比,如表 9-8 所示。

表 9-8　某品牌微信公众号文章发布情况及传播情况对比

微信公众号	预估粉丝量	发布文章数	总阅读量	总点赞数	留言数	留言回复数	留言回复率/%	分享数	打赏数
某品牌	3075	11	1652	39	10	2	20	0	0
王小二	130000	16	400000	700	300	120	40	47	6
甘福园	100000	15	380000	500	200	156	78	32	4
升森水果	40000	16	250000	300	400	234	58.5	11	0
水果侯先生	56000	16	320000	400	389	321	82.5	23	0
鲜丰水果	80000	16	360000	700	300	267	89	23	5
水果地带	70000	16	350000	800	600	567	94.5	23	0

最后,比较文章发布形式,如表 9-9 所示。

表 9-9　某品牌微信公众号文章发布情况及传播情况对比

微信公众号	图文介绍	投票图文	视频	活动图文	抽奖图文	热点图文
某品牌	√					
王小二	√	√	√	√	√	√
甘福园	√	√	√	√	√	√
升森水果	√	√	√	√	√	√
水果侯先生	√	√	√	√	√	√
鲜丰水果	√	√	√	√	√	√
水果地带	√	√	√	√	√	√

通过上述分析可以发现,该品牌微信运营存在如下问题:文章形式均为图文,过于单一;发布的文章数量较少,频率较低;文章质量较差;留言回复率低,粉丝互动效果差;文章实用性或互动性不强,无法引起二次转发。

2. 分类分析法

分类分析法又叫分组分析法,是指将总体数据按照某一特征划分成若干个部分再加以分析的一种方法,常见于用户画像。将用户划分为不同的性别、年龄、地域、来源、兴趣、星座等,有助于实现精准化营销。虽然大多数新媒体平台提供了基本的用户画像,但有的时候,运营者可能需要将不同的分类指标进行组合分析,例如来自北京的、年龄在 20～30 岁的、喜欢美食的女性粉丝。

3. 漏斗图分析法

漏斗图分析法一般适用于数据之间有明显的递进关系(在数学计算上表现为上一层为分母,下一层为分子),例如,微信传播数据指标送达(人数)、公众号消息阅读、从公众号分享到朋友圈、在朋友圈再次分享、在朋友圈阅读之间就存在明显的递进关系,如图 9-18 所示。

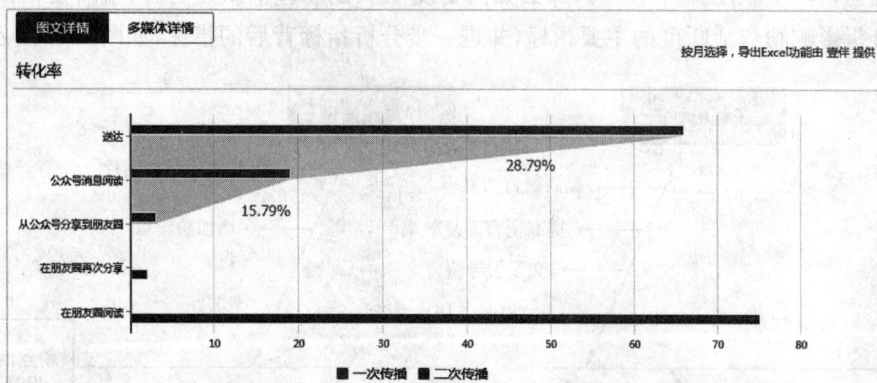

图 9-18 漏斗图分析

一般情况下,漏斗图越接近矩形越好,即每一步的转化率接近 100%,但这是理想的情况。运营人员要做的就是分析漏斗形状为什么没有接近矩形,例如送达(人数)很高,但是公众号消息阅读很低,说明粉丝的活跃程度非常差或者文章标题、首图不够吸引人;而文章阅读量很高,但是粉丝增加很少,则需要分析是否没有为读者提供便捷的关注渠道,或者微信公众号的介绍不够清晰,或者文章本身没有引导用户关注的描述等。

4. 雷达图分析法

雷达图常用于多维度分析,对研究对象进行综合评价、整体评价(如排行榜),并进行不同对象的对比。图 9-19 所示为知微微博传播分析,采用曝光量、情感值、内容评价、用户总评四个维度对某条微博与行业平均水平进行比较。

5. 鱼骨图分析法

鱼骨图分析法又称因果分析法,是一种发现问题"根本原因"的分析方法。严格来说,鱼骨图分析法是一种思维方式,将其作为新媒体数据分析的方法,就是要强调新媒体数据分析应该侧重数据背后的业务逻辑,而不仅是用数学方法统计分析数字。

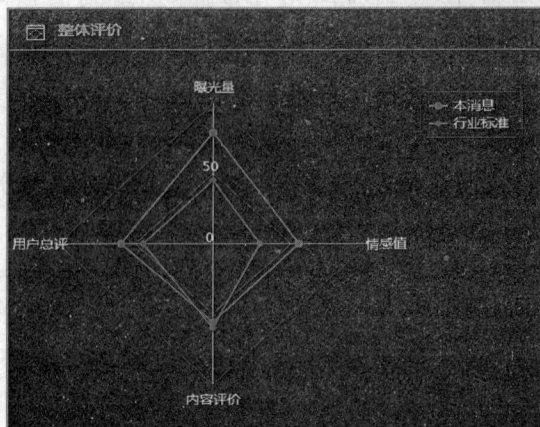

图 9-19　知微微博传播分析

例如,一个粉丝量百万级的微信公众号,增粉不再是运营的主要目标,公司将下一阶段的目标定位为粉丝活跃度提升 10%。那么如何实现 10% 的粉丝活跃度提升,就需要借助鱼骨图分析法分析影响粉丝活跃度的主要指标,并进一步分析指标背后的指标,如图 9-20 所示。

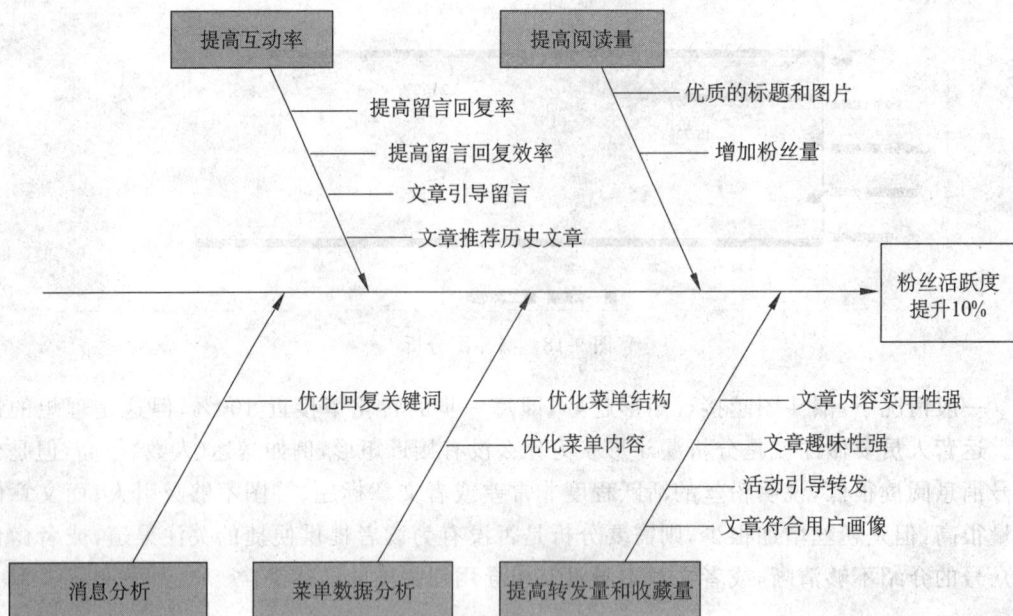

图 9-20　鱼骨图分析法

6. 词云分析法

对于非数值型数据,例如用户的评论、弹幕等,通过词云分析的方式,分析用户的核心观点(高频词汇)。词云分析包括两个步骤,首先是获取数据,其次是制作词云。

首先,通过集搜客微博采集工具(图 9-21),采集微博"看电影"发布的"2019 收入最高女演员"微博下的转发 & 评论内容,最终采集评论 993 条(图 9-22)。

其次,使用词云制作软件(如纽扣词云、清博词频统计等工具)制作词云,如图 9-23 所示。

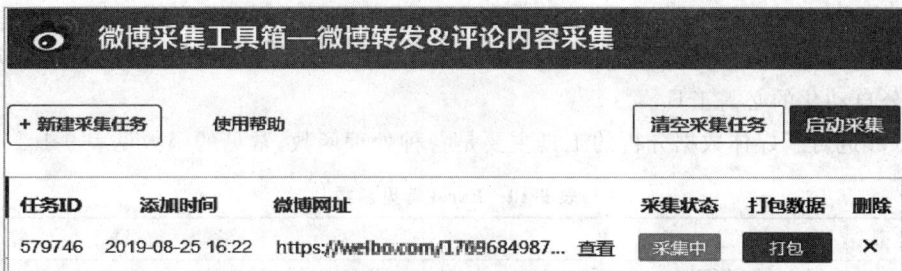

图 9-21 集搜客采集微博数据

图 9-22 微博数据采集结果

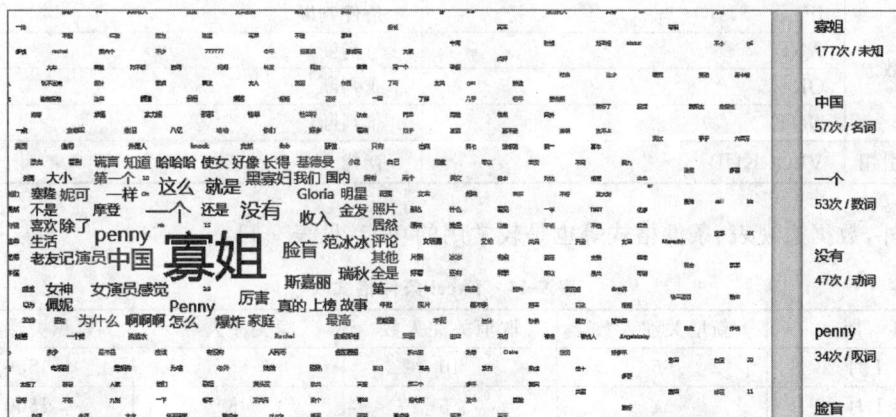

图 9-23 词云图

通过词云分析,可以发现出现次数最高的词语分别是寡姐、中国、一个、没有、penny、脸盲等。因此,如果想要确定一篇文案的主题,可以从"寡姐、penny 获得 2019 全球收入最高女演员""中国一个也没有""看外国人都是脸盲"等主题入手。

(二)媒体营销数据分析工具

新媒体数据分析的工具有很多,事实上,本章所介绍的 20 多种数据搜集工具,大多也具备数据处理、统计和分析等功能。除这些专门应用于新媒体营销的工具以外,常见的数据分析工具还有以下几种。

1. Excel

虽然当前各种数据分析工具非常多,但是 Excel 仍然是商业数据分析必备的工具之一,也是办公自动化的必需工具。

Excel 进行新媒体数据分析的工具主要是各种处理函数,常见的函数见表 9-10。

表 9-10　Excel 常见函数

函数类型	函　　数	函 数 解 释
数学函数	SUM/SUMIF	求和
	ACERAGE/AVERAGEIF	求平均值
	MAX	求最大值
	MIN	求最小值
	RAND/RANDBETWEEN	随机生成数
	ROUND/ROUNDDOWN/ROUNDUP	四舍五入
日期函数	TODAY	取当前日期
	NOW	取当前时间
	DATEDIF	计算日期差值
统计	RANK	排名
	COUNT/COUNTA/COUNTIF	计数
文本函数	LEFT	取字符串左边的值
	RIGHT	取字符串右边的值
	MID	取字符串从指定位置开始到指定长度的值
逻辑函数	IF	条件判断
	AND	与判断
	OR	或判断
	NOT	非判断
查找或引用	VLOOKUP	查找

此外,数据透视表、条件格式等也是较常用的功能,见表 9-11。

表 9-11　Excel 条件格式

日　　期	新增关注人数	取消关注人数	净关注人数	累积关注人数
2021 年 1 月 23 日	66	10	56	1556
2021 年 1 月 22 日	64	3	48	1500
2021 年 1 月 21 日	84	8	76	1452
2021 年 1 月 20 日	60	7	53	1376
2021 年 1 月 19 日	20	7	13	1323
2021 年 1 月 18 日	96	5	91	1310
2021 年 1 月 17 日	49	4	45	1219
2021 年 1 月 16 日	88	7	81	1174
2021 年 1 月 15 日	76	7	69	1093
2021 年 1 月 14 日	36	7	29	1024
2021 年 1 月 13 日	54	10	44	995
2021 年 1 月 12 日	68	3	65	951

日　期	新增关注人数	取消关注人数	净关注人数	累积关注人数
2021 年 1 月 11 日	94	1	93	886
2021 年 1 月 10 日	21	6	15	793
2021 年 1 月 9 日	40	4	36	778

关于 Excel 相关功能的具体使用,读者可自行学习。

2. BDP

BDP 是一款非常方便的数据分析和可视化利器,是新媒体营销数据分析常用工具之一,如果掌握不好 Excel 函数,BDP 无疑是一个较优的选择。BDP 具有以下特点。

(1) 一键对接业务数据。BDP 支持 40 多种常见数据源,包括数据库、新媒体平台、数据统计、企业管理软件、公共数据等。用户不需要先将数据源下载到本地然后上传,只需要授权数据源账号密码,即可实现自动实时对接。

(2) 拖曳完成数据处理。BDP 操作简单,不需要使用函数、代码等,只需要通过拖曳方式就可以实现数据统计分析。

(3) 可视化效果好。BDP 支持 30 多种图表类型,几乎涵盖新媒体数据分析的所有常见图表,如图 9-24 所示。

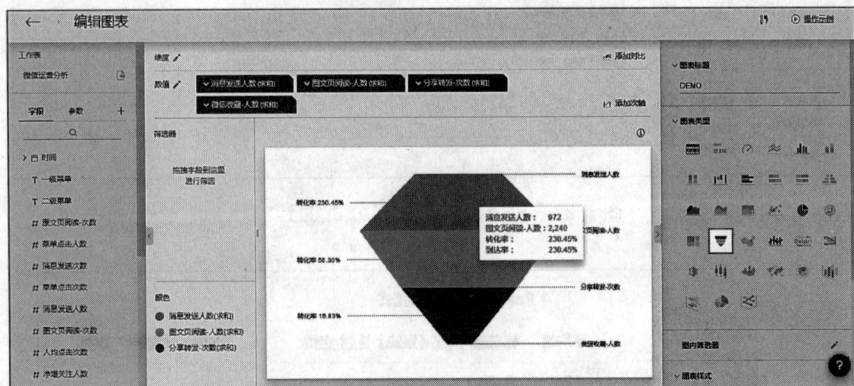

图 9-24　BDP 数据分析工具(1)

(4) 支持远程仪表板查看。BDP 可以将所有数据表以仪表板形式呈现,且仪表板中还可以插入图片和视频。更重要的是,仪表板还支持分享至微信、微博、QQ 空间等,方便管理者、决策者远程查看,且相关数据根据 BDP 后台数据变动而实时变动,如图 9-25 所示。

3. SPSSAU

SPSS、SAS 都是非常专业的数据统计分析软件,被广泛应用于数据分析领域,但对一些人来说,使用这种专业软件有一定难度,有时候甚至需要用到简单的程序语言。SPSSAU 是一款在线数据分析工具,只需要将所需数据上传,并利用拖曳的方式实现复杂的统计分析,如方差分析、回归分析、信度分析、效度分析、聚类分析、主成分分析、岭回归分析等,如图 9-26 所示。

此外,系统还会根据数据分析结果,自动给出分析结论及解释。例如,利用 SPSSAU 分析性别和网购快递选择之间是否有关系,如图 9-27 所示。

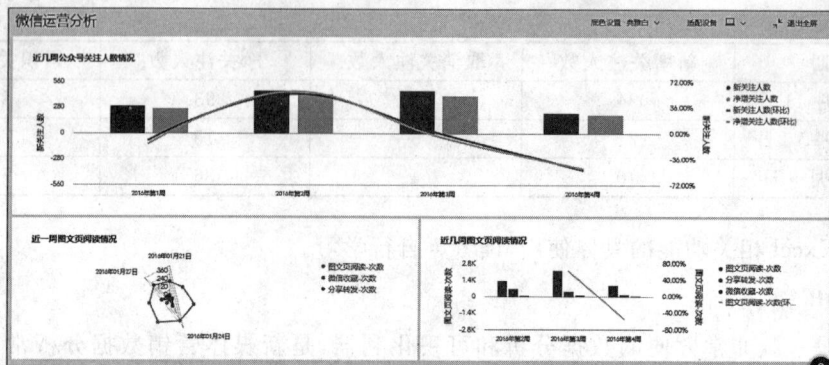

图 9-25　BDP 数据分析工具(2)

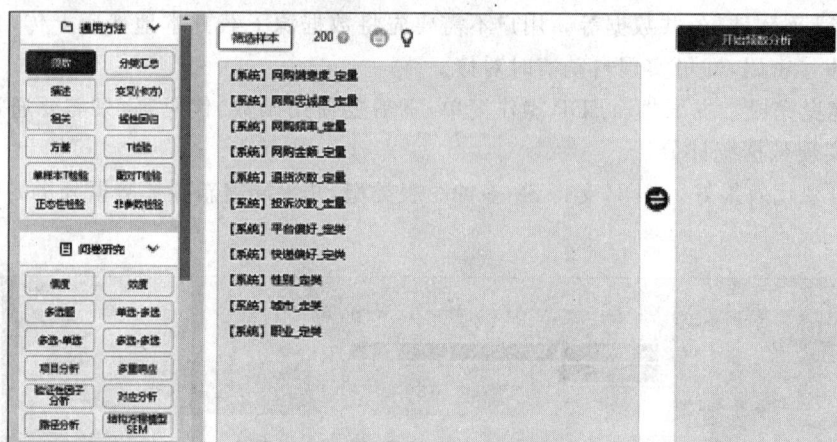

图 9-26　SPASSAU 数据分析工具(1)

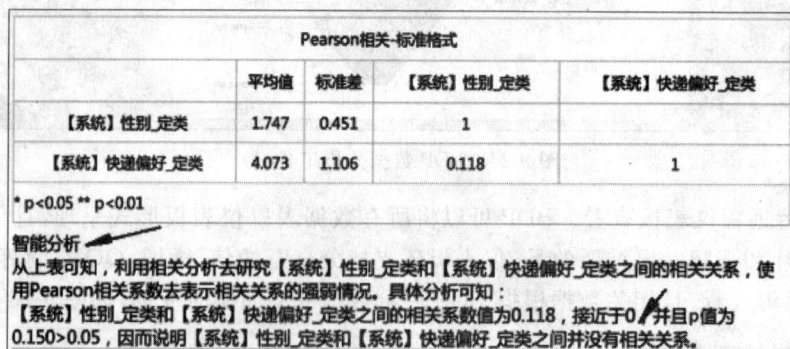

Pearson相关-标准格式				
	平均值	标准差	【系统】性别_定类	【系统】快递偏好_定类
【系统】性别_定类	1.747	0.451	1	
【系统】快递偏好_定类	4.073	1.106	0.118	1

* p<0.05 ** p<0.01

智能分析
从上表可知，利用相关分析去研究【系统】性别_定类和【系统】快递偏好_定类之间的相关关系，使用Pearson相关系数去表示相关关系的强弱情况。具体分析可知：
【系统】性别_定类和【系统】快递偏好_定类之间的相关系数值为0.118，接近于0，并且p值为0.150>0.05，因而说明【系统】性别_定类和【系统】快递偏好_定类之间并没有相关关系。

图 9-27　SPASSAU 数据分析工具(2)

　　Tableau 和 PowerBI 也是目前较为流行的数据分析和可视化工具，读者可查阅相关书籍学习。

4. 图表类型

　　图表可以让人在众多的数据中，快速发现数据的规律，因此，正确的可视化图表展示非常重要。但是从实践中发现，部分从业人员并不真正理解不同图表的含义及适用场景，见表 9-12。

表 9-12　图表类型

序号	图表类型	适　用　场　景
1	柱状图	适用于二维数据,但主要关注其中一个维度的数据变化。另外,数据之间并不存在明显的比例或因果关系,如近 7 日粉丝活跃分布
2	条形图	显示各个项目之间的比较情况,它和柱状图的作用类似
3	饼图	适用于数据之间存在比例关系,且比例之和为 100% 的数据,如文章阅读来源分析
4	折线图	反映数据之间的趋势变化,如净关注人数的变动趋势
5	雷达图	多维数据进行分析,如综合排名、指数分析
6	漏斗图	数据之间存在转化或递进关系,如文章传播转化率
7	散点图	大量数据的相关性分析,如阅读量和新增粉丝量之间的关系
8	地图	与地理位置相关的数据,如粉丝城市分布
9	词云图	显示词频,可以用来做一些用户画像、用户标签的工作
10	旭日图	多层数据的比例关系,相当于多层饼图,如用一张图表示粉丝中不同星座的比例,以及每个星座中男女性别的比例

(三) 新媒体数据分析报告

数据分析的最终价值是要对将数据分析的结论以数据分析报告的形式提交给决策者,为决策者考评岗位绩效、优化运营策略、预测运营方向等提供依据。

1. 可读性强

每个人都有自己的阅读习惯,可读性强是指报告应该符合读者的阅读习惯,可以从以下 3 个方面考虑数据分析报告的可读性。

(1) 逻辑性。数据分析报告应该采用常用的、科学合理的分析方法和思路,得出的结论必须有支撑。例如,当评价阅读量高低时,很难就单个数据确定是高还是低,一定要有所比较,比较对象可以是绩效目标、历史数据、竞品数据、行业平均数据等,切忌主观判断。

(2) 图文结合。根据科学研究,人脑对图像的记忆速度和持久性都强于文字,因此,数据分析报告应尽量用图表和数字来描述,切忌用大篇幅文字叙述。

(3) 语言描述。针对读者对象不同,采用不同的语言描述,如需要给非专业人士看,例如其他部门同事、老板、客户进行分析汇报时,尽量使用形象易懂的语言,少使用专业词汇。

2. 明确需求和目的

根据数据分析报告使用的目的,报告内容应有所侧重,一份完整的数据分析报告,除了应该包括数据分析的背景、基本思路、方法、结论,还应包括通过数据分析发现的业务问题及解决方案。例如,在对外发布时,数据分析报告应该尽量详尽,描述应尽量专业;在对决策层汇报时,数据分析报告应该侧重于结论、建议,避免包含太多过程数据,甚至可以将结论和建议部分放在报告的最前面。

3. 结论明确

数据分析报告最终要辅助决策,因此对所分析的数据一定要有结论,而且结论明确,不能让读者自行分析。但是也需要注意,文章结论应该遵循"二八定律",避免出现一份报告几十个结论,让读者难以抓住核心问题。例如,通过对头条号的平均阅读进度、跳出率、平均阅读速度进行分析(图 9-28),发现平均阅读进度和平均阅读速度都很高,因此,文章质量存在前优后劣的问题,用户阅读前面部分文章,并未跳出阅读,但阅读到后面发现文章可能偏离主题,使文章价值不大,后面内容有充水的嫌疑或者文章太过于冗长,因此加速阅读或结束阅读。

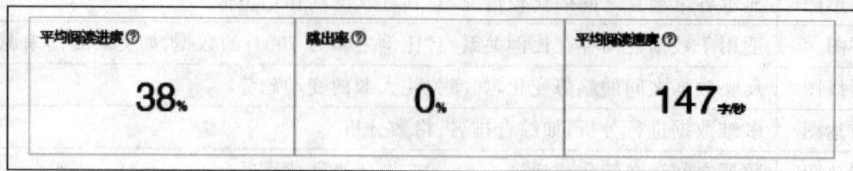

图 9-28 头条号平均阅读进度、跳出率、平均阅读速度分析

4. 有建设性意见

数据分析不仅能给出问题原因,也必须能给出对应的解决措施。

例如,通过图 9-28 的分析,建议下一步重点是优化文章质量,保证文章质量的一致性,不能出现前面认真写、后面胡乱堆砌的现象。具体建议见表 9-13。

表 9-13 优化文章质量措施

问 题 项	措 施	目 的
篇幅过于啰唆、冗长	5～8 张配图,中间间隔小段文字	加深阅读进度
文章重心找不到	缩减文字,多采用小标题	强化用户对于文章内容的感知,优化阅读速度
网络新词、看不懂	口语化,直白粗暴	减少用户跳出
用户反馈看完还不会做	内容操作性加强	用户的获得感加强,增加转发、收藏
进入其他无关领域	减少对应出现的词频	做到有针对性地推荐

(表来源:鸟哥笔记——木木君)

自我练习

选择题

1. 数据分析的一般步骤包括(   )。
   A. 数据搜集   B. 数据处理   C. 数据分析
   D. 数据可视化   E. 数据利用
2. 按照数据来源进行分类,新媒体数据可以分为(   )。
   A. 内部数据(一手数据)   B. 竞争对手的数据
   C. 行业的数据   D. 内部数据
3. 微信公众号的数据分析包括(   )。
   A. 内容分析   B. 用户分析   C. 菜单分析
   D. 消息分析   E. 接口分析   F. 网页分析

新媒体营销应用

任务十　认识新媒体舆情危机与管理

新媒体时代的今天,互联网凭借即时性、交互性和多元性等独特的传播优势,打破了传统媒体舆论一统的局面,使人与人之间信息的传播沟通方式由以往的"单向平面性"变为今天的"多向网状立体性",新媒体的这种特性在带来信息传播便捷、快速的同时,也带来了信息传播、管理的不确定和不可控性,这就对企业的舆情管理提出了新的挑战。

学习完本任务,学生可以了解新媒体舆情危机的概念及特点、了解新媒体舆情的生命周期理论、了解新媒体舆情应对策略及新媒体舆情管控方法,并从北京红黄蓝幼儿园"虐童"事件及舆情处理案例中认识新媒体舆情危机,体会新媒体舆情管理的策略和方法,为在未来的工作中能够及时正确地处理企业舆情危机奠定较好的基础。

项目任务书

课内学时	4	课外学时	持续 2 周,累计不少于 4 学时
学习目标			

课内学时	4	课外学时	持续 2 周,累计不少于 4 学时
学习目标	1. 了解新媒体舆情危机的概念及特点 2. 了解新媒体舆情的生命周期理论 3. 熟悉新媒体舆情应对策略 4. 熟悉新媒体舆情管控方法		
项目任务描述	1. 认真阅读北京红黄蓝幼儿园"虐童"事件及舆情处理案例,体会园方的危机处理措施 2. 学生小组结合知识点的学习,通过讨论,检讨园方的危机处理方法措施的经验和教训,进而了解新媒体环境下舆情危机处理过程的原则、引导策略及管控措施 3. 通过海底捞的舆情危机公关案例的研读学习,从正反两个角度反思新媒体环境下舆情危机的处理艺术		
学习方法	1. 听教师讲解相关知识 2. 学生小组讨论,分工合作,完成所分配的任务 3. 课后请你写一篇"海底捞舆情危机处理的成功和不足"的文章,要求不少于 2000 字		

续表

所涉及的专业知识	社会心理学、网络传播学、舆论学原理、舆情管理、公共关系学、沟通艺术、管理及激励理论等
本任务与其他任务的关系	本任务是后续任务的先行任务。学习本任务后,会在后续的任务学习中,陆续用到本任务的知识点
学习材料与工具	学习材料:任务指导书后所附的基础知识 学习工具:项目任务书、任务指导书、手机、笔
学习组织方式	部分步骤以团队为单位组织

任务指导书

完成任务的基本路径如下。

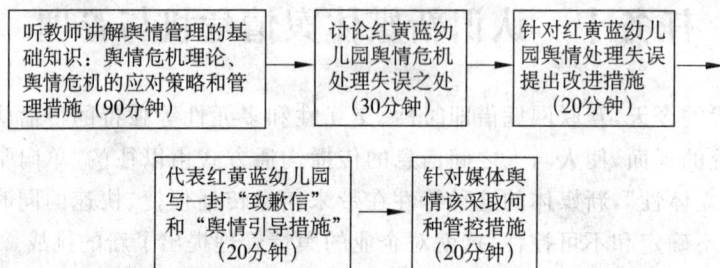

听教师讲解舆情管理的基础知识:舆情危机理论、舆情危机的应对策略和管理措施(90分钟) → 讨论红黄蓝幼儿园舆情危机处理失误之处(30分钟) → 针对红黄蓝幼儿园舆情处理失误提出改进措施(20分钟) →

代表红黄蓝幼儿园写一封"致歉信"和"舆情引导措施"(20分钟) → 针对媒体舆情该采取何种管控措施(20分钟)

第一步:听教师讲解舆情危机的基础知识。

第二步:学生讨论红黄蓝幼儿园舆情危机处理失误之处。

阅读北京红黄蓝幼儿园"虐童"事件及舆情处理案例,研讨园方应对舆论危机的失误之处,填写表 10-1。

表 10-1 任务产出——红黄蓝幼儿园舆情危机处理失误汇总

失误 1:
失误 2:
失误 3:
失误 4:
失误 5:
……

第三步:学生针对红黄蓝幼儿园舆情处理失误提出改进措施,填写表10-2。

表10-2 任务产出——红黄蓝幼儿园舆情处理失误的改进措施

措施1:
措施2:
措施3:
措施4:
措施5:

第四步:学生代表红黄蓝幼儿园园方,向家长和社会关注公众写一封"致歉信"和园方的"舆情引导措施",填写表10-3。

表10-3 任务产出——代表红黄蓝幼儿园的"致歉信"和"舆情引导措施"

向家长和社会关注公众写一封"致歉信"	"舆情引导措施"
	措施1:
	措施2:
	措施3:
	措施4:
	措施5:

第五步:学生小组讨论,针对媒体舆情,园方该采取何种管控措施,填写表10-4。

表 10-4 任务产出——园方应采取何种管控措施

措施 1:
措施 2:
措施 3:
措施 4:
措施 5:

任务阅读案例

北京红黄蓝幼儿园"虐童"事件及舆情处理

一、事件回放

2017 年 11 月 22 日,十余名家长反映称,朝阳区管庄红黄蓝幼儿园(新天地分园)国际小二班的幼儿遭遇老师虐待,并提供孩子被虐待的照片。随后,北京朝阳警方介入事件调查,朝阳区教育委员会工作人员成立工作组进驻幼儿园进行调查。

2017 年 11 月 22 日,家长声讨北京红黄蓝幼儿园(新天地分园)涉嫌虐待儿童的帖子开始在网上流传。

2017 年 11 月 22 日,北京警方接到家长报案进行调查取证。涉事老师和保育员暂时停职,配合警方调查。

2017 年 11 月 22 日起,网传北京市朝阳区管庄红黄蓝幼儿园(新天地分园)有"爷爷医生、叔叔医生"猥亵儿童,并有涉军相关内容。

2017 年 11 月 23 日,有家长到幼儿园门口找学校要说法。

2017 年 11 月 23 日,章子怡微博发布极具讽刺意味的动态"听说有三种颜色上不了热搜",事件也由此爆发,引发网友大规模讨论。

2017 年 11 月 23 日,涉事幼儿园工作人员在回答现场记者的提问时表示,网传的图片不一定可靠,有很多技术手段可以处理图片,希望能够澄清罪责。

2017 年 11 月 23 日晚,红黄蓝幼儿园(市场品牌部总监)回应媒体:"目前没有任何证据能证明家长反映的信息是真实的。"

当天,北京市朝阳区政府表明警方已成立专案组;区政府已成立工作组进驻幼儿园;教育部表示已责成地方有关部门立即启动调查,尽快查清事实真相。

2017 年 11 月 24 日,红黄蓝幼儿园发表声明:已配合警方提供了相关监控资料及设备,涉事老师暂时停职,配合公安部门调查,并称对诬告行为已经报案。发表声明后,红黄蓝幼儿园官微也关闭了评论。

2017 年 11 月 24 日,"老虎团"政委冯俊峰公布了初步调查结果:涉事幼儿园与部队没有牵连,没有发现官兵涉及传言中的所谓猥亵等行为,并表示还将继续进行调查,如发现有军人参与违法违纪活动,将坚决查处,绝不姑息。

2017 年 11 月 25 日,北京警方通报红黄蓝幼儿园虐童案:园内存在教师虐待儿童问题,涉事教师被刑拘,院长被停职。

2017 年 11 月 28 日,朝阳警方再次通报,编造"老虎团"人员集体猥亵幼儿虚假信息的刘某被依法行政拘留,李某某被批评教育并在微博公开致歉。女童家长赵某某承认发表的"'爷爷医生、叔叔医生'脱光衣物检查女儿身体"的言论系其编造,并愿意向社会澄清事实,公开道歉。

2017 年 11 月 29 日,红黄蓝教育机构针对红黄蓝幼儿园(新天地分园)事件发布道歉信:"我们备感难过和耻辱,向孩子们和大家深深道歉,对不起! 我们没有资格祈求原谅,唯有拿出实际行动,并承诺对幼儿园监控系统进行全面升级,以确保做到无死角不间断实时监控。"

2017 年 11 月 30 日,国新办举行新闻发布会。对于近期舆论关注的幼儿园虐童事件,教育部副部长做出回应称,正积极推进学前教育立法;司法部部长张军表示,应把坏事变成普法的"好"事,借助典型事件、典型案例达到普法的效果。

二、事件影响力

(1) 危机持续时间长:事件从 2017 年 11 月 22 日开始爆发至 2017 年 11 月 30 日结束,持续时间长,过程跌宕起伏。

(2) 受关注度较高:事发后主管部门、执法机关迅速介入;家长、公众、媒体、明星名人关注度空前,事件迅速成为公众的讨论焦点,舆论一发不可收拾。

(3) 负面影响力大:事件揭露国内学前教育在扩张中存在较为严重的管理漏洞问题,成为国内幼教行业的负面典型,倒逼社会呼吁幼教行业的健康发展甚至惊动国新办、教育部做出回应。

(4) 对红黄蓝杀伤力巨大:2017 年 11 月 24 日,虐童事件曝光后,"红黄蓝"美股一开盘即暴跌 40%,同时,红黄蓝美国证券投资者书面委托北京及美国律师团队拟就红黄蓝幼儿园在美上市公司涉嫌证券欺诈,令投资者受损一案提起集体诉讼。"红黄蓝"教育社会形象及国际形象都广受恶评,并可能面临经济索赔。

(5) 对涉事家长和儿童造成较大心理创伤,打击社会公众对国内幼教行业的信任。

(资料来源:根据以下网站资料改编。

1. https://www.sohu.com/a/206541057_4139132;

2. https://wenku.baidu.com/view/9feece89dc3383c4bb4cf7ec4afe04a1b071b0e2.html)

基础知识

一、网络舆情的概念和特性

（一）网络舆情的概念

1. 舆情

舆情是"舆论情况"的简称，是指在一定时期的一定社会空间内，围绕新闻事件、社会现象和社会问题所表达的信念、态度、意见和情绪的总和。

网络舆情

2. 网络舆情

网络舆情（internet public opinion，IPO）是以网络为载体，以事件为核心，广大网民情感、态度、意见、观点的表达、传播与互动，以及后续影响力的集合，是互联网上流行的对社会问题产生不同看法的网络舆论，是社会舆论的一种表现形式，是对现实生活中某些热点、焦点问题所持的言论和观点。

网络舆情有两个要素：①新闻事件、社会现象和社会问题主要通过互联网首发或传播；②表达信念、态度、意见和情绪的公众主要是网民。

（二）网络舆情的特性

互联网已成为中国老百姓的话语平台，新媒体推动社会进入人人都有"麦克风"的时代，各个网络平台，特别是网络社区已成为网络公众进行表达观点、舆论监督、匿名发帖和利益诉求的舆论集散地。由于网络社区舆论的传播具有完全互动性、传播速度很快、信息空间巨大、可逆性和混乱性等特点，使网络舆情具有以下几点特性。

1. 自由性

互联网是完全开放的，通过 BBS、微博和博客网站，网民可以立即发表意见。由于互联网的匿名特点，多数网民会自然地表达自己的真实观点和情绪，网络舆情比较客观地反映了现实社会的矛盾，也比较真实地体现了不同群体的价值观，所以企业要建立舆情监测机制，监测舆情动态。

2. 交互性

网民有强烈的参与意识，在对某一事件进行评论的过程中，有许多网民参与讨论，网民之间形成互动场面，赞成的观点和反对的观点同时出现，甚至出现意见交锋，互动使各种观点和意见能够快速地表达出来；网络舆情能够得到更加集中的反映，所以企业要参与舆情互动，以树立自身的正面形象。

3. 多元性

网络舆情的主题极为宽泛，话题的确定往往是自发、随意的。从舆情的话题来看，涉及政治、经济、文化、军事、外交及社会生活的各个方面，网民可以随时在网上发布，发表后的言论可以被任意评论和转载，所以企业要集中自己关注的领域，细致分析。

4. 偏差性

网络舆情更易受到各种主观因素的影响。一些言论缺乏理性,一些网民发表情绪化的言论把互联网作为发泄情绪的场所,但由于缺少规则限制和有效监督,网络成为有些网民发泄情绪的空间,在现实生活中遇到挫折,对社会问题片面认识等都会利用网络进行宣泄,通过相互感染,这些情绪化言论很可能在众人的响应下发展成为有害的舆论。所以企业要注意负面舆论,引导舆论发展方向。

5. 突发性

一个热点事件的存在加上一种情绪化的意见,就可以成为点燃一片舆论的导火索。事件发生时,网民可以立即在网络中发表意见,可以迅速地汇聚形成公共意见,各种渠道的意见又可以迅速地进行互动,从而迅速形成强大意见声势,网络舆论的形成往往非常迅速,所以企业要有对策;制定应急预案,慎重应对突发事件。

(三)网络舆情受到越来越多企业的重视

相对于报纸、广播、电视、杂志四大传统媒体,新媒体被形象地称为"第五媒体",是网络舆情产生和发展的主要载体,由于网络媒体的自发性、广泛性,其影响力远远超出平面媒体。互联网进入我国多年来,网民数量呈现几何级增长。截至 2020 年 12 月,我国网民规模达9.89 亿。互联网已经逐渐渗透到社会生活的各个领域,对人们的工作、生活消费、娱乐等产生了深刻影响。与传统媒体相比,在互联互通的大数据时代,新媒体传播信息不受时间和空间的限制,使网民人人都拥有"麦克风",可以自由地表达观点与诉求。不断涌现的新媒体凭借其自身方便、快捷、可互动的优势,为人们提供了自由表达意见的网络空间,已逐渐成为网络舆情传播的主渠道。因此,网络舆情受到越来越多企业的普遍重视。

二、网络舆情事件的生命周期理论

(一)网络舆情事件的生命周期

网络舆情事件的生命周期理论包括两个含义:①网络舆情突发事件具有一定的生命周期,即任一特定的突发事件,都会从其萌发走向消亡。②网络舆情突发事件可以分为若干阶段,其演进具有一定的规律性。网络舆情突发事件一般分为 5 个阶段(图 10-1)。

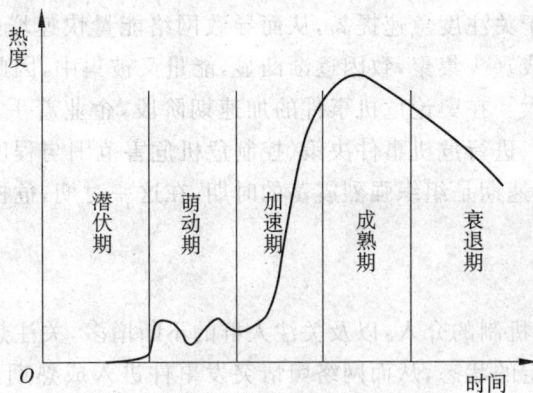

图 10-1　网络舆情事件的生命周期

（1）潜伏期：表现为网络舆情突发事件的致因已经存在，但因为能量不够或缺乏强力触发而暂未显化为突发事件。

（2）萌动期：表现为网络舆情突发事件已现端倪。

（3）加速期：表现为网络能量快速集聚，意见领袖出现，热度大幅增加。

（4）成熟期：表现为网络舆情主导意见已形成，关注人数相对较稳定，热度处于平衡。

（5）衰退期：表现为热度开始冷却，社会关注度下降。

（二）网络舆情事件生命周期各个时期的特征

1. 潜伏期

网络舆情突发事件处于潜伏期时，由于事件尚未爆发，网络的关注度较低，并且舆论看法各异，没有形成较强的统一力量，故而该阶段是遏制致因的最佳时机。但也正是由于网络观点分散，以致被掩埋其中，使之具有较强的隐蔽性而不易被察觉。在重点观察网络舆情事件案例中发现，大多数公共危机事件都有一个从量变到质变的过程。酝酿期是导致公共危机发生的各种诱因逐渐积累的过程，这时公共危机事件并没有真正发生，但却表现出一些征兆，预示着危机即将来临。有些危机的征兆较为明显，有些危机的征兆则不十分明显，让人难以识别和判断。在公共危机爆发之前，如果能及时发现危机的各种征兆，并提前采取措施将危机遏制在萌芽之中，则可以收到事半功倍的效果，避免可能造成的危害。但是，危机的发生往往是由那些征兆不明显、导致容易被危机应对人员所忽视，或征兆离危机爆发时间很短，以至于危机应对人员没有足够的反应时间而造成的。

2. 萌动期

随着网络舆情的展开，网络关注度呈现波动状态，一些具有代表性的舆论开始凸显，而分散的观念也出现，以某些观点为中心的多头集聚，自此网络舆情突发事件进入萌动期。在这一阶段网络能量开始缓慢聚集，而突发事件也开始初现端倪，该阶段的网络舆情处于不稳定的状态，是引导介入的最佳时期。当舆论危机诱因积累到一定的程度，就会导致危机的发生。此时关键性危机事件已经发生，事件演变迅速，出人意料。如果得不到立即处理，危机可能进一步升级，影响范围和影响强度有可能进一步扩大。纵观大多数舆论危机事件的案例，基本上都具有萌动期的典型特征。

3. 加速期

在加速期阶段，由于关注度急速提高，从而导致网络能量快速增强，同时网络舆情开始偏向少数几个中心，形成寡头集聚，致因逐渐凸显，能量又被集中，因此推动突发事件迅速发展，影响面积也快速扩大。在舆论危机事件的加速期阶段，企业着手对危机事件进行处理，包括开展危机事件调查、进行危机事件决策、控制危机危害范围与程度、实施危机沟通、开展各种恢复性工作等。加速期是组织强烈震荡的时期，在这一时期，危机处理的决策水平和决策速度至关重要。

4. 成熟期

随着突发事件应对机制的介入，以及关注人群的不断增多，关注热度的提高速率呈递减趋势，最终达到相对稳定的状态，从而网络舆情突发事件进入成熟期，在该阶段网络舆论已经高度集中，致因完全凸显，网络能量也随着关注热度而趋于稳定，整个突发事件的蔓延减缓得到初步控制。

5. 衰退期

进入衰退期后,网络舆情突发事件的关注度随着致因的逐渐消除,以及网民新鲜感的减弱缓慢降低,从而网络能量下降,突发事件逐步解决。在衰退期,舆论危机事态已经得到控制,危机爆发后所引发的各种显性问题基本得到解决,危机风暴已经过去,危机处理人员所承受的压力也随之减弱。此时,舆情危机处理部门要谨防就事论事,要善于通过舆论危机事件的现象,寻找舆论危机发生的根本原因,并提出有针对性的改革措施,防止危机可能引起的各种后遗症和危机卷土重来。同时,在衰退期的后续阶段,也是自我分析、自我检讨的疗伤止痛阶段,认真分析问题出在什么地方,并尽可能采取相应的改革措施是不可忽视的工作。只有从根本上解决危机的本质问题,才能杜绝舆论危机事件的再次发生。

(三) 网络舆情事件生命周期的应对策略

在舆论事件不同的生命周期阶段,有不同的舆论意见、不同的关注度及不同的舆论导向,企业应该在不同的时期,采取不同的应对策略。

1. 潜伏期

在网络舆情处于潜伏期时,网络上很难发现相关舆情,此时的应对策略主要是依靠现代化的信息技术和网络技术,对网络信息进行采集、整理,对舆情发展进行密切的监测和关注,其主要的负责组织是企业的公关部门、客服部门或网络舆情监测机构。在对网络舆情进行监测时,应更偏重对源头的监测,尽可能在舆情源头就及时掌握舆情的动向。对企业来讲,网络公众关注的都是我们企业的产品和服务,所以企业要重点关注客户的意见和投诉,特别是多次与企业沟通仍然没有得到处理的客户,企业要给予重点关注,并在一定时间里跟踪事件的处理进度和结果。同时监测机构应设定关键词,主动关注客户群及各大主要论坛,如天涯、百度贴吧、猫扑等,尤其是那些网民评论中用词强度很高的发帖,更要列入重点监测对象。

2. 萌动期

如果处于网络舆情的萌动阶段,则应对策略应更偏重于对群众的舆情潮涌做好充分的应对准备,包括针对网民对舆论事件的质疑和不满进行调查核实。在这一阶段中,企业相关部门应尽可能早地核实舆情信息,进入舆情爆发阶段才能尽可能早地提出相应的应对方案,将危机尽早缓和化解。该阶段网络舆情监测,应注意网民对危机事件的评论用词强度和表达频率,一般来说,用词强度越大、表达频率越高,则民众对这一危机事件的反应越强烈,需要企业相关组织或个人尽快处理该事件,平息舆情。这一阶段的网络舆情监测除了依靠先进的技术手段,还要结合经验丰富的网络舆情危机工作人员和专家的判断,仅依靠单纯的电子技术不一定能够准确判断出危机的状态。在舆情的萌动期,另一较重要的特征是舆情的影响力水平呈现急剧升高的态势,各主要商业媒体网站的跟踪报道将迅速提升舆情的影响力。因此,企业网络舆情监测组织应更加偏重于对主流商业媒体网站和门户网站的监控,特别是影响力水平较高的一些网站,如新浪、搜狐、腾讯等,尽早发现舆情危机的态势和程度。与此同时,企业网络舆情监测组织还应收集网民对这一危机事件的态度,特别是一些反面和质疑的态度观点,提供给企业决策者,作为危急应对的参考意见。

3. 加速期

当舆论危机事件处于加速发展期时,影响范围扩大,企业网络舆情监测组织一项重要的工作就是及时将舆情的现状和态势通知给涉及舆论危机事件的相关部门,并把搜集的网民观点提交给相关部门和决策者。而企业决策者在收到通知后,要在第一时间通过网络表明对危机事件的态度和公开透明的处理过程,并尽可能快速地查明事件真相。与此同时,相关部门还要将事件具体情况上报给董事会,公司要上下同心,共同应对此次危机事件,提高舆论危机的处理速度,以免事态失控,缩短网络舆情持续时间。此阶段需要网络舆情所涉及的企业相关部门组织能迅速有效地进行调查和回应,能够判断事件的危机程度,并进行相应的回应。在做回应时要注意态度诚恳,如果明显属于企业的责任或失误,要勇于承认并进行诚恳的道歉,尽可能缓解网民对事件的不满情绪。

4. 成熟期

如果在加速期的问题不能得到及时处理,网络舆情的危机程度急速攀升至最高点,危机持续处于高位。舆情就从加速期到了成熟期,此时用词强度、表达频率和影响力均保持很高的水平。这一时期是网友的愤怒情绪集中爆发的时期,也是各主要媒体集中关注事态发展的时期。在这个过程中评论文章集中出现,大都表达对事件的不满和愤怒,主流报纸的评论观点和"意见领袖"的观点都引导着危机的态势。企业的危机处理部门应主导舆情走势,解决危机事件的速度决定网络舆情爆发期持续时间的长短,同时,企业回应的有效性和及时与否、处理过程透明与否及处理结果公正与否将直接决定网民对这一危机事件处理的满意度。企业危机处理部门主要应从以下几个方面做出应对。

(1) 在回应的及时性方面,在危机事件爆发的第一时间、危机事件涉及的相关主体应在有影响力的媒体上正式公开表明对这一事件的态度,还要说明对事件处理的过程和准备采取的措施。如果事件真实情况尚未得以证实,则要迅速及时地表明处理过程。

(2) 在舆论危机事件的网络舆情应对时,企业相关部门一定要做到信息的公开透明,否则会加剧危机程度。

(3) 在危机事件网络舆情成熟阶段,由于掀起网络舆情的主体是广大网民,因此在处理危机事件时,要考虑网民的意见和质疑,尽可能对网民的质疑给予合理的解释,将网民的质疑消除,才能够缓和危机。

(4) 在回应网络舆情时,企业相关部门机构和个人要注意自身言辞,最好采用企业发言人制度,统一信息发布的内容和口径,同时尽可能避免一些容易引起网民激烈情绪和不满的用词。

(5) 要善于发挥和利用"意见领袖"的地位和作用。由于每个人处理信息的能力不同,大众传播时代遗留下的权威性仍将在网络新闻媒介中发挥作用,人们遵循一种"权威法则"来主动选择信息。当网络上出现大量信息和言论,受众无所适从时,他们对于权威意见的依赖会更强烈。因此,在对一些由谣言或不实夸大言论而引起的网络舆情时,可在公开事实、有理有据地对事实加以澄清的同时,选择利用意见领袖来帮助平息谣言,尽快控制舆情态势。

5. 衰退期

舆论危机事件网络舆情处于衰退期阶段,则其应对策略应以事件的反思和相关制度的修正为主。危机事件涉及的企业相关部门和个人要做的最主要的工作就是对这一事件进行总结,发现日常工作中的不足和缺点,结合相关的深度思考文章,通过相应的制度修正或者措施对引起危机的行为进行规范,尽可能在日后的工作中不再出现此类失误。如果该危机事件影响了企业的形象和公信力,并且在成熟期阶段的应对中由于应对不利没有得到改善,则企业还应想方设法对企业形象进行修复,对企业形象美誉度进行提升。在日常工作中,要满足网络公众的知情权和话语权,处理好公众、媒体和企业政府三方面的关系,要重视塑造企业形象的深远意义。

三、网络舆情危机事件处理的 5S 原则

舆情危机事件处理的 5S 原则是指舆情危机发生后,为解决舆情危机所采用的原则(图 10-2)。包括承担责任原则、真诚沟通原则、速度第一原则、系统运行原则和权威证实原则。

网络舆情危机
事件处理的 5S 原则

图 10-2 舆情危机处理 5S 原则

(一)承担责任

危机发生后,公众会关心以下两方面的问题。

1. 利益问题

利益是公众关注的焦点,因此无论谁是谁非,企业都应该承担相应的责任。即使受害者在事故发生中有一定责任,企业也不应首先追究其责任,否则会各执己见,加深矛盾,引起公众的反感,不利于问题的解决。

2. 感情问题

公众很在意企业是否在意自己的感受,因此企业应该站在受害者的立场上表示同情和安慰,并通过新闻媒介向公众致歉,解决深层次的心理、情感关系问题,从而赢得公众的理解和信任。实际上,公众和媒体往往在心目中已经有了一杆秤,即企业应该怎样处理,我才会感到满意。因此企业绝对不能选择对抗,态度至关重要。

(二)真诚沟通

企业的一举一动都将接受质疑,因此企业千万不要有侥幸心理,企图蒙混过关。而应该主动与新闻媒介联系,尽快与公众沟通,说明事实真相,促使双方互相理解,消除公众的疑虑

与不安。真诚沟通是处理危机的基本原则之一。这里的真诚是指"三诚",即诚意、诚恳、诚实。如果做到了"三诚",则大多数问题都可迎刃而解。

1. 诚意

在事件发生后的第一时间,公司的高层应向公众说明情况,并致以歉意,从而体现企业勇于承担责任、对消费者负责的企业文化,以赢得消费者的同情和理解。

2. 诚恳

一切以消费者的利益为重,不回避问题和错误,及时与媒体和公众沟通,向消费者说明危机处理的进展情况,重拾消费者的信任和尊重。

3. 诚实

诚实是危机处理最关键也最有效的解决办法。我们会原谅一个人的错误,但不会原谅一个人说谎。

(三)速度第一

速度方面,主要体现在两个方面。

1. 反应要快

"好事不出门,坏事传千里"。在危机出现的最初 12~24 小时内,消息会像病毒一样,以裂变的方式高速传播。这时候可靠的消息并不多,社会上充斥着谣言和猜测,公司的一举一动将是外界评判公司如何处理这次危机的主要根据,媒体、公众及政府都会密切注视公司发出的第一份声明,因此公司对媒体上的言论,要第一时间做出反应。

2. 决策迅速

对于公司在处理危机方面的做法和立场,舆论赞成与否往往都会立刻见于传媒报道,因此公司必须当机立断、快速反应、果决行动,与媒体和公众进行沟通,从而迅速控制事态,否则会扩大突发危机的范围,甚至可能失去对全局的控制。危机发生后,能否首先控制住事态,使其不扩大、不升级、不蔓延,是处理危机的关键。

(四)系统运行

危机的系统运作主要是做好以下几点。

(1)以冷对热、以静制动。危机会使人处于焦躁或恐惧之中,所以企业高层应以"冷"对"热"、以"静"制"动",镇定自若,以减轻企业员工的心理压力。

(2)统一观点,稳住阵脚。在企业内部迅速统一观点,对危机有清醒认识,从而稳住阵脚,万众一心,同仇敌忾。

(3)组建班子,专项负责。一般情况下,危机公关小组由企业的公关部成员和企业涉及危机的高层领导直接组成。这样一方面是高效率的保证,另一方面是对外口径一致的保证,使公众信赖企业处理危机的诚意。

(4)果断决策,迅速实施。危机瞬息万变,在危机决策时,由于信息匮乏,任何模糊的决策都会产生严重的后果,所以必须最大限度地集中决策使用资源,迅速做出决策,系统部署,付诸实施。

（5）合纵连横，借助外力。当危机来临时，应和政府部分、行业协会、同行企业及新闻媒体充分配合，联手对付危机，在众人拾柴火焰高的同时，增强公信力、影响力。

（6）循序渐进，标本兼治。要真正彻底地消除危机，需要在控制事态后，及时准确地找到危机的症结，对症下药，谋求治"本"。如果仅仅停留在治标阶段，就会前功尽弃，甚至引发新的危机。

（五）权威证实

1. 主动邀请媒体参与

在舆论危机的处理过程中，各种谣言和凭空猜想满天飞，需要企业做大量的工作来辟谣，澄清事实，而在这一过程中，媒体的观点很重要，为了让公众相信企业的解释，企业应主动邀请媒体参与企业的调查过程，以加强说服力。

2. 请第三方权威机构

自己称赞自己是没有用的，只会给人落下"老王卖瓜，自卖自夸"的印象，没有权威的认可只会徒留笑柄，在危机发生后，企业不要自己整天拿着高音喇叭叫冤，而要曲线救国，请权威部门、重量级的专家、意见领袖或第三者在前台说话，解除消费者对企业的警戒心理，重获信任。

四、新媒体舆情的信息源和引导策略

（一）了解传播舆论新闻的信息源

传播舆论新闻的新媒体信息源主要有以下几种。

（1）新浪，包括新闻、微博、新闻留言板、新闻客户端。

（2）腾讯，包括新闻、新闻客户端、微博、微信、QQ弹出框。

（3）百度，包括搜索引擎、新闻聚合、新闻客户端、贴吧、热搜词。

（4）搜狐，包括新闻、新闻留言板、新闻客户端。

（5）网易，包括新闻、新闻留言板、新闻客户端。

（6）凤凰，包括新闻、新闻客户端、新闻留言板。

（7）天涯、凯迪，包括社区、论坛。

（8）论坛与社区BBS。

（9）聚合新闻RSS。

（10）MSN。

（11）新闻热搜词。

（二）新媒体舆情的引导策略

在新媒体环境下，舆情既然已经发生，企业就不能一味地被动响应，更不能装聋作哑地被动挨网民的轰炸，应该变被动为主动，做好舆情引导工作。要树立正面的企业形象，积累正能量，并且做到在事件发生后早知道、早发现、早处理，第一时间了解民意，变被动为主动，需要从以下4个方面入手。

（1）建立应对专业队伍和处理机制。提高应对网络舆论的能力，并形成有效的舆情引导,是舆情管理能力的重要方面。能否正确对待网络舆论,不只是技巧和智慧问题,敢于应对、从容应对网络舆论监督,是舆情管理成熟的重要标志。实践证明,企业的舆情管理工作不仅需要关注自己,也要关注竞争对手与整个行业。因此,企业应学会巧妙利用网络技术手段,采取人、机结合的工作模式,合理利用专业的舆情监测系统,最大限度地提高舆情管理工作的效率。

(2)防患于未然,利用技术手段快速了解网络舆情。要做到有效的危机预防,就要通过专业网络舆情监测软件,及时掌握民意,进行信息搜集、监测系统,搜集政治、经济、政策、科技、金融、各种市场、竞争对手、供求、消费者等与企业发展有关的信息。监测系统通过网页对各类内容的自动监测、敏感过滤、主题检测、统计报告,实现企业对自己相关网络舆情监督管理的需要,最终形成舆情分析报告,为决策层全面掌握舆情动态,做出正确的舆论引导。

(3)树立良好的网络口碑。针对企业的相关事件,在行业、财经等网络媒体上发布相关新闻,丰富网络信息内容。同时,结合企业实际,通过监测自己和竞争对手在网络上被搜索的次数/关键词,被提及和评论的频率以及口碑状况,来完善自身品牌的形象建设。

(4)应对危机,引导舆论。舆情监测一项重要的职责就是应对危机,要建立应急预警机制,用事实和数据说话,举行媒体沟通会,积极引导论坛、网站等舆论宣传,最大限度为客户减轻负面报道影响。除加强与媒体、消费者沟通外,还要加强与政府相关单位、权威机构及专家、协会的沟通,与公司董事及股东、渠道、经销商沟通,获得理解,维护企业利益。

五、新媒体舆情危机处理的错误心理和管控策略

(一)新媒体舆情危机处理的几种错误心理

(1)封锁消息。一旦危机发生,企业首先想到的就是如何封堵消息,不让公众知道。有的企业甚至不惜利用各种手段或甚至媒体公关来封堵网上言论和传闻,没有及时做出正确的回应,延误了舆论危机的最佳处理时机。最后酿成不可挽回的后果,企业和品牌形象则受到极大的伤害。

(2)一味辟谣和否认。有时即使危机已经出现,媒体开始报道或炒作,有些企业和部门出于各种原因,还不顾事实一味进行"辟谣",试图用企业的一家之言来掩盖成千上万网友的质疑声音,往往越描越黑,给人以"此地无银三百两"的嫌疑,从而对企业形象造成很不好的影响。

(3)鸵鸟政策。鸵鸟政策是指一是不好说而不想说;二是不屑说,信奉"沉默是金"的信条。突发事件发生后,虽然引起媒体和公众极大关注和强烈反响,甚至出现铺天盖地的批评和指责,但企业却任凭媒体轰炸,"我自岿然不动",一概不予理睬,要知道在新媒体时代的今天,一个企业的良好品牌形象是离不开广大网民的监督和支持的。

(4)反应迟缓,敷衍塞责。对媒体的炒作、公众的批评,有些企业迟迟不作反应。最后,在媒体和公众千呼万唤的压力下,虽然有所回应,但犹抱琵琶半遮面,三言两语,闪烁其词,始终以被动回应的姿态敷衍网民,给外界以无视网民呼声和利益的傲慢形象。不关注客户利益的企业,终究会被网民所抛弃。

(5)忽视网络舆论和网络民意。有人统计,中国80%的危机从网络媒体爆发,而且100%的企业危机有网络媒体参与,许多既不是主流媒体义正词严的深入新闻报道,也不是

中央电视台严肃调查取证的焦点访谈,而是网民所发的小帖子、邮件或博客文章使某些事件迅速成为民众关注的焦点,并引来传统媒体的大规模介入。例如,河北三鹿集团的"三聚氰胺"事件,就是从北京某社区论坛的"帖子"中所引起的,最终致使一个奶制品行业巨头迅速消失。

(二)新媒体舆情危机的管控策略

(1)果断采取措施,有效制止事态扩大。企业出现品牌危机往往是在意想不到的情况下,在极短促的时间内发生,而且会在社会上产生"爆炸性"影响。因此应立即采取措施做出妥善处理,迅速做出反应,尽量减轻其对企业的危害。首先,对导致危机的事件本身,应迅速弄清原因,控制事态的进一步发展和蔓延;其次,迅速利用传播媒介等有效手段及时公布组织所采取的一切措施,制止流言的产生。例如在 2019 年 3 月出现的"强生门"事件中,强生公司第一时间就启动了危机公关,并联合第三方权威机构——国家质量监督检验检疫总局公布了对产品的检查结果,有效地制止了事态的扩大。

(2)成立舆情控制组织机构,组织专人开展舆情监测。迅速成立处理事件的专门机构,由本组织一名主要负责人担任机构领导,公共关系部会同各有关职能部门人员组成有权威性、有效率的工作班子。对危害特别严重的公共关系危机事件应由最高负责人直接指挥。在事件处理过程中不随意更换负责处理工作的人员,以保证工作的连贯性。每天定时进行网络舆情搜索,对重要媒体进行实时监控,掌握舆情动态和发展。对舆情动态进行全面监控,通过专业人员的甄别进行筛选,及时做好研判和上报。对无事实根据或单纯情绪发泄性攻击或影响力小的言论,可进行记录,不予处置,让其自行淹没在信息洪流中;对言之凿凿、有理有据、影响力大的帖子,要尽快调查事实,落实责任人,分层、分级、分段应对。坚持舆情即时汇报反馈制度,详细、准确记录舆情产生时间、主要内容、受众反应等各项内容,必要时编发"舆情快报"及时向主管部门和上级领导报送。对恶意攻击、诽谤、谣言等,必要时联系相关网站管理者或公安部门,坚决依法予以处理。

(3)确定新闻发言人。危机出现后要统一对新闻界的口径,由新闻发言人代表组织对公众和社会各界公布真相,介绍本企业正在做的种种努力,毫无保留地公开事故的真相,对涉及机密的情况应妥善解释,求得记者的理解和同情。由专人负责发布消息,主动向新闻界提供真实、准确的消息,公开表明组织的态度和处理原则,集中处理与事件有关的新闻采访,给记者提供权威的资料,以避免报道失实。

(4)建立立体化宣传网络,正面挤压负面信息传播空间。在新媒体环境下,企业应顺势而为,从自说自话、自娱自乐的新闻内宣向重视社会媒体、寻求社会认同的品牌传播转型,从倚重传统媒体宣传向借力新媒体的微传播转变,关注民意动态,掌握网络流行语言,积极通过各类媒体与大众实现对话与沟通,切实加大舆论引导,加强企业新闻宣传报道的艺术性,为企业和谐发展营造良好氛围。例如,可设立官博作为重要的舆情维护手段,对网友提出的意见和建议在第一时间进行转发评论,妥善安排处置;针对网友提出的各类问题,官博编辑要及时通过内部咨询给予解答;对于相关舆情,也要及时通过官博回应答复,从而最大限度地化解网友焦虑心理,避免舆情升级。

(5)重视和培养第三方力量,掌握舆论引导主动权。第三方力量不仅包括各类媒介,也包括普通大众、名人及其他利益机构。我国企业在应对舆情危机时,使用第三方的能力相对匮乏。要重视使用第三方机构、第三方信源,提高对第三方的使用能力。在日常的品牌传播中,可通过第三方力量在社会中打造企业的知名度和美誉度,如多邀请媒体进行专题策划、宣传引导,让专家学者、媒体记者、热心网友走进一线参观采访,通过他们的报道消除误解、引导舆论,传播企业正能量。再如,加强与各级各类媒体的关系维护,重视记者的日常采访工作,积极给媒体记者提供采访便利和权威的书面材料,不仅可在潜移默化中融入企业正面宣传,还可以防止最终报道表述失当、失真。而在舆情危机来临时,借助第三方力量发声,更具权威性和可信性。

(6)迅速、扎实、全面开展工作,安抚好受害者。根据危机处理的方针、对策和有关安排,认真了解受害者的情况,实事求是地承担责任,并诚恳地道歉,冷静地听取被害者的意见,了解和确认有关赔偿损失的要求,给受害者以安慰和同情。并尽可能提供其所需的服务,尽最大努力做好善后处理工作。以期迅速获得公众的谅解、宽容,了解公众的需求,及时弥补公众的损失。

(7)充分吸取教训,进行危机后的形象恢复管理。在舆情危机发生后,不论处理的结果好坏,或多或少都会对企业的形象造成一定的影响,企业不能停止于就事论事、惩处相关责任人、公开致歉等补救性措施。要从根本上,如制度、人员、服务等各方面反思危机形成的原因,从危机处置策略、舆情监控管理、企业队伍建设等方面举一反三,总结经验教训。说到底,做好舆情应对,以不变应万变的真理,是要做好内功,从源头上减少舆情的发生。而这绝非一日之功。

六、海底捞的舆情危机公关案例

(一)事件回放

1. 海底捞简介

海底捞全称是四川海底捞餐饮股份有限公司,成立于1994年,是一家以经营川味火锅为主、融汇各地火锅特色于一体的大型跨省直营餐饮品牌火锅店。奉行"服务至上,顾客至上"的理念。坚持"绿色,无公害,一次性"的选料和底料熬制的原则。20多年来,公司在北京、上海、西安等57个城市有190家直营餐厅。在中国台湾有2家直营餐厅。新加坡有4家、美国洛杉矶有1家、韩国首尔有3家、日本东京有1家直营餐厅。

2. 事件概述

2017年8月25日,有媒体发布一篇"暗访海底捞:老鼠爬进食品柜 火锅漏勺掏下水道……"的文章,海底捞被再一次推到风口浪尖。报道称记者暗访发现,北京海底捞劲松分店、太阳宫分店的后厨存在"老鼠爬进装食物柜子""清理地面和墙壁的扫帚、抹布与餐具一同清洗""洗碗机油污未清洁"和"火锅漏勺用于掏下水道垃圾"等卫生问题。一石激起千层浪,海底捞"老鼠门"事件一时引起大众热议。

3. 事件发展进程

2017年8月25日,法制晚报在其新闻客户端"看法新闻"及新浪官方微博"看法新闻"发文爆料称,记者暗访近4个月,发现海底捞北京劲松店、太阳宫店老鼠在后厨地上乱窜、打扫卫生的簸箕和餐具同池混洗等现象,随即,新浪网、突袭资讯、中国青年网、新华网进行转载报道,引发网民关注和热议。当天下午,海底捞官方微博海底捞火锅发文回应,致歉并承诺整改(见后附"企业致歉信"和"事件处理结果通报",图 10-3 和图 10-4)。期间,"看法新闻"客户端曝光相关视频。在北京市食药监局两次约谈海底捞负责人后,2017 年 8 月 27 日,海底捞再次发表声明。至此,媒体进行持续跟踪报道,网民也对该事件保持持续关注。

图 10-3　海底捞致歉信

(二)事件影响力

1. 食品安全,人人关心

民以食为天,海底捞"老鼠门"事件引发广泛关注,究其原因是食品安全问题的敏感性。

2. 折射食品安全管理部门监管力度薄弱

事件实质仍旧是食品安全监管太弱的问题。这不仅只是企业自身的问题,还涉及职能部门机制建设等。因此,网友对此类事件体现了理解的态度。

(三)海底捞处理过程

(1)展示企业良好的态度。2017 年 8 月 25 日 14:00,海底捞在北京劲松店、北京太阳宫店食品卫生安全事件爆发 3 小时后,发表了道歉声明,承认报道事实。在发布道歉声明后不到 3 小时,就告知公众其确定的处理方案。

(2)停业整顿,争取理解。2017 年 8 月 25 日晚间海底捞再发情况通报,回应"老鼠爬进

关于海底捞火锅北京劲松店、北京太阳宫店事件处理通报

海底捞各门店：

今天有媒体报道我公司北京劲松店、北京太阳宫店后厨出现老鼠、餐具清洗、使用及下水道疏通等存在卫生隐患等问题。经公司调查，认为媒体报道中披露的问题属实。

公司决定采取以下措施：

1. 北京劲松店、北京太阳宫店主动停业整改、全面彻查，并聘请第三方公司，对下水道、屋顶等各个卫生死角排查除鼠。责任人：公司副总经理谢英。

2. 组织所有门店立即排查，避免类似情况发生；主动向政府主管部门汇报事情调查经过及处理建议；积极配合政府部门监管要求，开展阳光餐饮工作，做到明厨亮灶，信息化、可视化，对现有监控设备进行硬件升级，实现网络化监控；责任人：公司总经理杨小丽。

3. 欢迎顾客、媒体朋友和管理部门前往海底捞门店检查监督，并对我们的工作提出修改意见；责任人：公司副总经理杨斌；联系电话：4009107107。

4. 迅速与我们合作的第三方虫害治理公司从新技术的运用，以及门店设计等方向研究整改措施；责任人：公司董事施永宏。

5. 海外门店依据当地法律法规，同步进行严查整改；责任人：公司董事苟轶群、袁华强。

6. 涉事停业的两家门店的干部和职工无须恐慌，你们只需按照制度要求进行整改并承担相应的责任。该类事件的发生，更多的是公司深层次的管理问题，主要责任由公司董事会承担。

7. 各门店在此次整改活动中，应依据所在国家、地区的法律法规，以及公司相关规定进行整改。

四川海底捞餐饮股份有限公司

2017年8月25日

图 10-4　海底捞事件处理通报

食品柜"事件：两家涉事门店停业整改，全面彻查，聘请第三方公司对屋顶、下水道等卫生死角排查鼠患；组织所有门店立即排查，避免类似情况的发生；公司总经理等 6 名高管是责任人；涉事停业的两家门店的干部和职工无须恐慌，只需按照制度要求进行整改并承担相应的责任，主要责任由公司董事会承担等。

（3）重建声誉，积极沟通。2017 年 8 月 27 日 15：00，海底捞官网发布《关于积极落实整改，主动接受社会、监督的声明》，表示对北京食药监局的约谈内容全部接受；同时将媒体和社会公众指出的问题和建议，全部纳入整改措施。

（4）重建声誉，重视消费者和员工。海底捞并没有将问题推给个别员工，而是将整个事件归因为管理制度问题，并告知"涉事停业的两家门店的职工无须恐慌"，主要责任由公司董事会承担，在舆论面前竭力保全员工。在后厨事件危机后 1 个月内，海底捞实现明厨亮灶，消费者可在店内工作人员的带领下参观海底捞的后厨，并且可以拍照、拍摄视频。另外，消费者还可通过海底捞的点餐 iPad 观看后厨直播。

（四）海底捞遵循的舆论危机处理原则

1. 承担责任原则

海底捞在首次回应中,开篇便承认问题属实,允诺在所有门店进行整改,并愿意承担相应的经济责任和法律责任,正是体现了承担责任的态度。第一,海底捞并没有把责任缩小在问题门店;第二,海底捞并没有将问题推给个别员工,而是将事件归因为管理制度问题,在舆论面前竭力保全员工,这种被舆论称为"这锅我背、这错我改、员工我养"的态度,赢得了多数网民的好感。

2. 真诚沟通原则

在此次舆情处置中,海底捞始终保持诚恳、认真、负责的姿态,在公开信中多处表示"十分愧疚""十分惭愧和自责",并感谢媒体和公众的监督,处理态度正面积极。行动方面,海底捞也迅速做出了处理、应对和反馈,如发表处理细则、明确相关责任人、公开监督电话等,一连串动作都有力彰显了海底捞痛改前非的决心,符合真诚沟通原则。

3. 速度第一原则

此次海底捞快速处置化解危机,是对"速度第一原则"的再一次佐证。2017 年 8 月 25 日 11:00,《法制晚报》报道揭发海底捞的食品卫生问题并且信息扩散程度呈现铺天盖地之势。面对严峻局面,海底捞在最快的时间内发现问题并采取实际行动,在事发后 3 小时即进行了首次回应,以道歉为主旨,成为迅速止损的第一步;紧接着又在 20 分钟后发布了处理方案,面面俱到地详细罗列了七条后续举措,为危机处置搭起了整体框架,其速度不可谓不快。

4. 系统运行原则

海底捞训练有素、自成章法的应对,正是其危机公关机制系统性运作的结果。在信息发布方面,三封通报依次为道歉信、处理通报、整改声明,先是态度上认错,再是问题纠正,最后是制度完善,遵循了舆情处置规律。在实体处置方面,海底捞接连公布了一系列整改措施,从新技术的运用到门店设计,再到社会监督方式等,并且注重从细节入手提升可操作性,如公布了整改具体负责人的职位、姓名甚至联系电话,让一场浮于表面的"危机公关"变为有迹可循的"公关管理"。从整体上来看,海底捞应对危机时的系统部署和周密策划,不仅稳住了阵脚,也增加了公众的信赖感。

5. 权威证实原则

在此次事件中,海底捞多次提及"聘请第三方公司在卫生死角排查除鼠""与第三方虫害治理公司合作"等,表示对暴露问题的处理决心。海底捞还充分利用权威第三方表明积极处理危机的态度,例如表示将主动向政府主管机关汇报,与政府和媒体积极配合,增强了公司的公信力和影响力。此外,海底捞还擅于利用媒体为己宣传,在其发布公开声明与处理方案之后,便有大量正面跟进报道,一时间,"三小时内火线回应,海底捞危机公关高在哪里?""为什么那么多人选择原谅海底捞"等文章纷纷被载出,公众视线也随之转向海底捞的公关措施。

（五）海底捞危机处理的优点

1. 快速反应查明原因

在海底捞卫生安全问题被曝出后,该公司很快便做出了自己的判断,给卫生安全事件进行定性,确定公司处理事件的原则立场、方案与程序。同时,针对这个问题,对消费者予以安抚,避免情绪恶化。另外,海底捞在最快时间内,把企业已经掌握的危机概况和企业危机管理举措,向新闻媒体做简短说明,阐明企业立场与态度,争取媒体的信任与支持。

2. 尽可能选择广泛的传播渠道

海底捞凭借强有力的品牌知名度,通过官网、微博等渠道,对事件首先表明了态度。这使通过包括自媒体、广播电视、口口相传等的方式,使消费者广泛知道了事件产生的原因,并了解到海底捞已经对事件做了处理。

3. 真诚坦率地面对媒体和公众

这一点海底捞做得非常好。其声明中,把事件发生的原因、经过、处理结果、未来如何做,非常真诚地表达出来,短时间内一系列的文章"三小时内火线回应,海底捞危机公关高在哪里?""为什么那么多人选择原谅海底捞"等文章纷纷被载出,很好地回应了媒体和公众的关切。

4. 主动承担责任

海底捞在几次回应中都提出承担全部责任。在此次舆情处置中,海底捞始终保持诚恳、认真、负责的姿态,在公开信中多处表示"十分愧疚""十分惭愧和自责",并且以谦卑的口吻,感谢媒体和公众帮助自己发现问题,希望大家监督自己的工作,不断传递正面积极的处理态度。没有任何言语闪躲和煽情段落,做到了内容直击要点、措辞不偏不倚,体现了海底捞勇敢承认错误、真诚道歉的处置基调。

(资料来源:根据以下网站资料改编。

1. https://www.zhihu.com/question/19574802/answer/743863799;

2. https://wiki.mbalib.com/wiki/%E5%8D%B1%E6%9C%BA%E5%85%AC%E5%85%B35S%E5%8E%9F%E5%88%99)

✎ 自我练习

一、选择题

1. 网络舆情的特性有( )。

    A. 自由性   B. 交互性   C. 多元性

    D. 偏差性   E. 突发性

2. 网络舆情事件生命周期可分为( )。

    A. 潜伏期   B. 萌动期   C. 加速期

    D. 成熟期   E. 衰退期

3. 网络舆论危机事件处理的5S原则指( )。

    A. 承担责任原则   B. 真诚沟通原则   C. 速度第一原则

    D. 系统运行原则   E. 权威证实原则

4. 新媒体舆情的引导策略有( )。

    A. 建立应对专业队伍和处理机制

    B. 防患于未然,利用技术手段快速了解网络舆情

  C. 以不变应万变

  D. 应对危机，引导舆论

  E. 树立良好的网络口碑

二、综述题

1. 在网络舆情的处理过程中，我们该如何来引导和管控？

2. 根据本任务学习的舆情危机处理的知识，分析海底捞危机处理案例，对比北京红黄蓝幼儿园"虐童"事件及舆情处理案例，并进一步搜集资料，谈谈你对海底捞危机处理的看法，写一篇"海底捞舆情危机处理的成功和不足"。要求不低于 2000 字。

任务十一　新媒体营销案例分析

  随着市场竞争越来越激烈，新媒体早已成为企业营销推广的主阵地。有的企业擅长新媒体营销，例如卫龙作为一个辣条品牌，在其产品本身并不占优势的情况下，却通过新媒体营销获得较高知名度；也有些企业不擅长新媒体营销，没能利用新媒体平台的获得品牌推广的优势。

  正所谓"夫以铜为镜，可以正衣冠；以史为镜，可以知兴替；以人为镜，可以明得失"，学习完本任务，学生通过对新媒体营销案例的搜集和分析，借鉴其他企业或品牌在新媒体营销中的可优化的问题或者可取的优点，达到"师夷长技以自强"的目的。此外，本任务也是前述任务的综合运用，要求学生站在一个更为全面的角度，而不仅是某个特定角度（如团队、渠道、文案、数据等）去分析新媒体营销。

项目任务书

课内学时	5	课外学时	持续 2 周，累计不少于 4 学时
学习目标	1. 了解新媒体营销案例分析的一般步骤 2. 了解新媒体营销案例分析的常用方法 3. 了解新媒体营销案例分析报告的撰写方法 4. 能够对某新媒体营销案例进行较全面、系统的分析，发现问题并提出解决方案		
项目任务描述	1. 选择一个新媒体营销案例或者自行搜集典型的新媒体营销案例，描述案例背景 2. 分析案例中存在的问题或可取之处 3. 提出建议或经验参考，并形成案例分析报告		
学习方法	1. 教师讲授基础知识和案例 2. 学生自主完成项目任务		
所涉及的专业知识	案例分析的一般方法；新媒体营销战略；新媒体营销用户定位；新媒体营销渠道；新媒体营销团队管理；新媒体营销舆情管理；新媒体营销数据分析；常见管理学理论等		
本任务与其他任务的关系	本任务是继学习本书其他任务之后的综合练习，要求学生站在一个更为全面的角度，而不仅是某个特定角度（如团队、渠道、文案、数据等）去分析新媒体营销		

续表

学习材料与工具	学习材料:任务指导书后所附的基础知识 学习工具:项目任务书、任务指导书、计算机、笔
学习组织方式	以团队为单位组织

任务指导书

完成任务的基本路径如下。

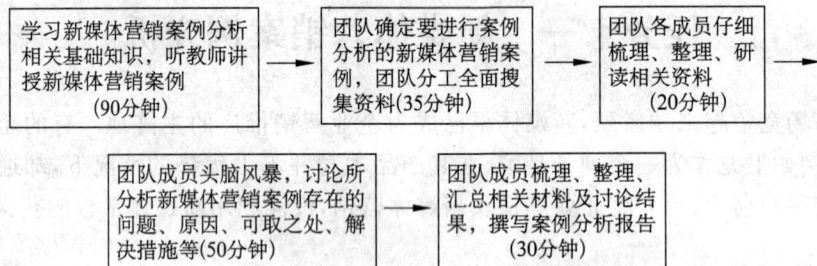

```
学习新媒体营销案例分析     团队确定要进行案例       团队各成员仔细
相关基础知识,听教师讲  →  分析的新媒体营销案   →   梳理、整理、研
授新媒体营销案例          例,团队分工全面搜       读相关资料
  (90分钟)              集资料(35分钟)          (20分钟)

团队成员头脑风暴,讨论所     团队成员梳理、整理、
分析新媒体营销案例存在的  →  汇总相关材料及讨论结
问题、原因、可取之处、解      果,撰写案例分析报告
决措施等(50分钟)           (30分钟)
```

第一步:学习了解新媒体营销案例分析相关基础知识,填写基础知识测试表,见表 11-1。

表 11-1　新媒体案例分析基础知识测试

新媒体营销案例分析的一般步骤:		
1.	2.	3.
4.	5.	
新媒体营销案例分析的常用方法:		
1.	2.	3.
4.	5.	6.
新媒体营销案例分析报告的内容:		
1.	2.	3.
4.	5.	6.
7.	8.	

第二步:确定要进行分析的新媒体营销案例,填写新媒体营销案例清单,见表 11-2。

学生可从本章的几个案例中选择一个案例进行分析,也可以自行搜集案例进行分析。此外,确定被分析的案例之后,还应该选择几个相关案例进行对比分析。

表 11-2　新媒体营销案例清单

将主要分析的新媒体营销案例是(100 字以内简要描述即可):
将进行对比分析的新媒体营销案例是:
将进行对比分析的新媒体营销案例是:

第三步:全面搜集资料,填写××新媒体营销案例背景,见表 11-3。

想要全面、系统、准确地分析所选案例存在的问题,并给出建议,大量的参考资料是必要的。团队成员应该在现有资料的基础上,进一步采用各种渠道和工具搜集被分析案例及相关对比案例的资料,资料包括但不限于企业规模、行业、业务、产品及服务、新媒体定位、策略、新媒体营销事件的时间、营销方法、营销渠道、效果数据等。此外,还可以搜集一些现有的研究报告作为参考和佐证。

表 11-3　××新媒体营销案例背景

××新媒体营销公司概况(包括但不限于企业规模、行业、业务、产品及服务等):
××新媒体营销事件概况(包括但不限于时间、营销方法、营销渠道、效果数据等):
其他辅助资料:

注:对比分析的案例可参考此思路。

第四步:团队各成员仔细梳理、整理、研读相关资料。

第五步:案例讨论,填写××新媒体营销案例分析表,见表 11-4。

团队成员头脑风暴,讨论所分析新媒体营销案例存在的问题、原因、可取之处、解决措施等。

表 11-4　新媒体营销案例分析

序号	关键词	问题描述	问题证明	主要解决措施
示例	文案形式单一	该企业品牌特征较为年轻,而其文案形式以传统的图文为主,较为单调,传播效果较差	文案形式均是图文、没有视频、H5 等,而其他品牌形式丰富	增加文案形式,如投票、H5、视频、抽奖、游戏等
1				
2				
3				
4				
5				
6				

第六步:汇总新媒体营销案例分析的整个过程及相关结论,按照案例分析报告撰写的一般要求和注意事项,撰写案例分析报告,见表 11-5。

表 11-5　××新媒体营销案例分析报告

××新媒体营销案例分析报告摘要
××新媒体营销案例分析报告关键词
1. ××新媒体营销案例背景概述
2. ××新媒体营销案例分析方法概述
3. 行业及竞品调研分析
4. ××新媒体营销案例问题及经验分析
5. ××新媒体营销案例建议
6. ××新媒体营销案例总结

基础知识

一、新媒体营销案例分析概述

(一)新媒体营销案例分析的概念

新媒体营销案例分析是指以特定的新媒体营销案例为分析对象,结合新媒体营销的相关知识及案例分析相关方法,发现被分析对象在新媒体营销中存在的可优化的问题或者可取的优点,并针对该问题提出改进建议,总结优点以供参考等,以达到"师夷长技以自强"的效果。

案例学习法是哈佛大学于 1880 年开发完成的,也是哈佛商学院最著名的教学方法,还是其成为全球顶级商学院的秘诀,在两年时间里,学生们要分析数百个案例。通过对案例的分析,可以提升学生的分析能力、判断能力、系统思维能力、辩证思维能力、发现问题及提出建议的能力等。

(二)新媒体营销案例分析的常用方法

1. 头脑风暴法

头脑风暴法(brain storming)由美国 BBDO 广告公司的奥斯本于 1938 年首创,它既是一种案例分析方法,也是案例分析过程中的一种组织管理方式。

由于新媒体营销案例分析要求尽可能全面地从不同角度对案例进行分析,而个人的能力和视角往往会受到限制,因此,融合群体的智慧十分必要,该方法可被应用于案例问题分析及优化建议等环节。

头脑风暴法要求团队成员以会议、座谈等方式,在正常融洽和不受任何限制的气氛中,打破常规,积极思考,畅所欲言,充分发表各自的看法。

2. 对比分析法

仅仅分析某个企业的新媒体营销案例往往难以发现问题,通过将被分析的案例与其他企业,尤其是行业标杆企业的案例进行对比分析,就可以很容易地发现其中存在的差异。再结合被分析企业的背景及存在的差异,即可比较容易地发现被分析企业在新媒体营销中所存在的问题;同时,参考标杆企业的做法也可比较容易地提出相关建议。

此外,在运用对比分析法时,还应该注意,新媒体营销相关策略和方法的行业局限性并不强,而且当前跨界营销也已经成为一种新的营销方式,因此,在对比研究本行业的标杆案例时,还应该关注其他行业,尤其是替代产品行业的新媒体营销案例。

3. 鱼骨图分析法

鱼骨图分析法又称因果分析法,是一种发现问题"根本原因"的分析方法,可被重点应用于问题分析讨论环节,相关使用方法可参考任务九熟悉新媒体营销与数据管理。

此外,为便于梳理和分析,读者还可以借助思维导图绘制工具,如 Xmind、MindMapper 等。

4. 数据分析法

新媒体营销的效果往往可以直观地体现在数据上,通过数据分析也可以发现新媒体营销中所存在的问题。因此,对案例分析中涉及数据的内容可采用数据分析方法。

5. SWOT 分析法

SWOT 是指优势(strengths)、劣势(weaknesses)、机会(opportunities)、威胁(threats),即企业在市场竞争中所面临的内部优势、劣势和外部的机会、威胁等。运用 SWOT 可以对被分析对象所处的情境进行全面、系统、准确的研究,从而根据研究结果制定出相应的改进策略、计划和对策等。SWOT 分析法用于分析企业新媒体营销战略等宏观问题。

6. 4P、4C、4R、4I

4P、4C、4R、4I 是市场营销学中比较经典的几个营销分析方法,如图 11-1 所示。其分别在不同的市场环境背景下诞生,应用的场景也各不相同,对于网络营销策略的分析,可重点参考 4I 分析法。关于这些方法的具体含义及使用方法,读者可参考相关营销书籍。

4P 是指产品(product)、定价(price)、渠道(place)和促销(promotion)。

4C 是指顾客(customer)、成本(cost)、便利(convenience)和沟通(communication)。

4R 是指关系(relationship)、节省(retrenchment)、关联(relevancy)和报酬(rewards)。

4I 是指网络整合营销的 4I 原则,包括趣味原则(interesting)、利益原则(interests)、互动原则(interaction)、个性原则(individuality)。

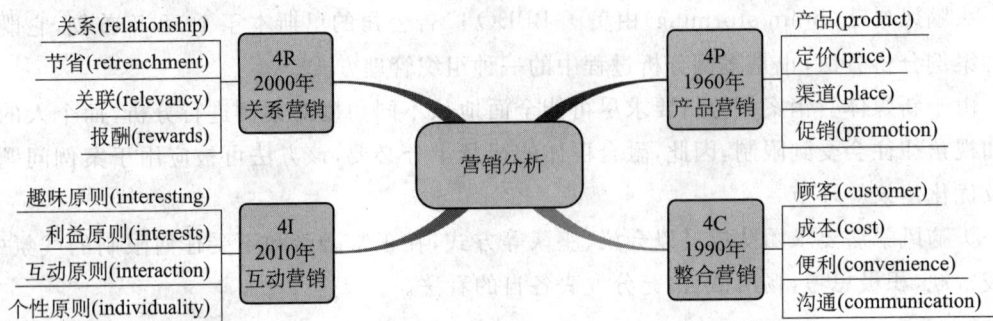

图 11-1　4P、4C、4R、4I

(三)新媒体营销案例分析的一般步骤

1. 确定分析案例

确定要分析的案例,明确分析的背景、目的以及意义等,选择进行对比分析的案例。

2. 全面搜集案例资料

想要全面、系统、准确地分析案例所存在的问题,并给出建议,大量的资料参考是必要的。除给定的案例资料外,读者还可以采用各种渠道和工具自主搜集更多的案例资料,搜集的渠道包括企业的官网、企业的各个新媒体营销渠道、行业研究报告等。资料包括但不限于企业规模、行业、业务、产品及服务、新媒体定位、策略、新媒体营销事件的时间、营销方法、营销渠道、效果数据等。此外,还可以搜集一些现有的研究报告作为参考和佐证。

在搜集标杆企业新媒体营销案例时,读者可尝试关注行业协会有关新媒体营销的获奖案例,如"中国新媒体营销金指尖奖""中国杰出品牌营销年会""中国国际广告节"等。

3. 系统整理、梳理和阅读案例资料

将搜集的案例资料进行分类整理,并仔细阅读,尤其涉及数据部分,要善于发现数据之间的钩稽关系及隐藏在数据背后的问题。

4. 分析案例问题

利用头脑风暴法,结合相关理论知识、工具和方法及个人经验等,可对案例进行深入讨论分析,从而发现企业新媒体营销中存在的问题,总结可借鉴之处。

在分析问题时应该注意区别结果、问题和原因,不能混淆。例如,粉丝取消关注数量增加了,就要分析这是由哪些原因(如文案内容与粉丝定位不匹配)导致的结果? 假如产生问题的原因是没有对粉丝进行用户画像,那么解决方法应该是对粉丝进行精准的用户画像。

5. 提出针对性建议

根据案例问题分析,提出对应的解决措施,应该注意的是,解决措施应细节、具体且可执行(解决措施可结合 5W2H 方式进行思考或表述)。

(四)新媒体营销案例分析报告

案例分析报告是指将案例分析以简明的书面形式表达出来的材料。

一份完整的新媒体营销案例分析报告一般包括标题、摘要、关键词、案例描述、分析方法描述、问题分析、建议及总结等内容。

新媒体营销
案例分析报告

1. 摘要

摘要是对整个案例分析报告的概述,即读者在仅阅读摘要的情况下,就可以概括地了解案例分析报告的主要内容,因此,摘要的内容一般不宜过多,以 300～500 字为宜。摘要的撰写方式可采用三段式:第一段为案例分析报告的研究背景;第二段为案例分析报告采用的主要分析方法和分析思路;第三段也是摘要的核心,写明通过案例分析发现的问题或优点及针对这些问题提出的建议等,第三段应该占据摘要总字数的 50％～60％。

2. 关键词

关键词是指描述该案例分析报告最核心的、最具代表性的词,以 3～5 个词为宜。

3. 案例描述

案例描述是被分析案例的概要描述,包括相关企业(如企业规模、行业、业务、产品及服务等)和新媒体营销事件(如时间、营销方法、渠道、效果数据等)简介。案例描述尽量全面且简洁,既要将案例的各个方面都描述到,又要避免过于冗长。

4. 分析方法描述

如果报告阅读对象对案例分析报告中的部分理论、方法或工具不够了解,有必要在案例分析报告中简要介绍案例分析所采用的理论、方法或工具等。

5. 问题分析

问题分析是整个案例分析报告的核心内容,注意所提出的问题必须论据充分,紧扣案例主题,避免无中生有或自说自话。例如,当你认为营销互动率不高时,最好能给出具体的数据,如给出粉丝的 100 条留言中,仅回复了 10 条这样具体的数据。此外,还应该进行必要的对比分析,例如同样是认为营销互动率不高,那么环比是增加还是减少,同行业相比是多还是少? 这些都有必要明确指出。此外,还要善于发现案例中的可借鉴之处,而不能仅仅发现问题。

6. 建议

针对发现的问题进行深入的分析,找到问题发生的原因,针对这些原因提出有针对性、可执行的建议和措施。

7. 总结

总结是对全文进行的总结,可以看作摘要的扩展,除摘要中的内容外,还可以针对案例分析过程中分析行为本身存在的不足进行总结。

最后,案例分析报告的撰写还应该注意排版规范、图文结合、逻辑性强、描述精炼、易懂等。

二、卫龙食品新媒体营销案例分析

(一)卫龙食品简介

卫龙食品创办于 1999 年,是集研发、生产、加工和销售于一体的现代化休闲食品品牌,旗下产品主要是辣条等豆制品。

2010 年,"卫龙休闲豆制品"系列产品在一线明星赵薇的代言和新媒体的支持下推向市场。

2012 年,卫龙力邀人气女星杨幂加盟。赵薇与杨幂的联合代言,能更好地诠释卫龙的品牌理念,将其品牌竞争力提升到一个新的高度并在同类产品中稳稳占据了主流地位。卫龙旗下的"亲嘴烧"和"亲嘴香干"系列食品形成竞争力超强的"双驾马车",通过组合销售方式加强良性循环,创造了卫龙公司的销售佳绩。

2014 年,文章代言卫龙。卫龙食品新品发布会于 2014 年 7 月 25 日在漯河国际会展中心顺利举办,并取得圆满成功。此次发布会以"共创传奇"为主题,受到了各界人士的高度重视,共同见证新品的上市。

随着中国消费市场的不断升级,2017 年卫龙食品致力于培育引领潮流的拳头产品,积极打造经典、亲嘴、卫来等多个系列,形成多口味、多系列的辣味休闲食品。作为极富竞争力的食品公司,卫龙从未停止过对营销策略的探寻。随着新媒体的日益兴起,卫龙公司迅速做出反应,结合企业网站、论坛、微博、微信公众号等多种营销方式,开展大量营销策略的实践工作,积累了丰富的营销经验。

(二)卫龙食品新媒体营销渠道

1. 微博营销

微博具有内容短小、实时传播、高交互性等特点,近年来发展迅速。卫龙食品通过新浪微博和腾讯微博建立与消费者沟通的平台,并通过微博进行产品推介、活动报、粉丝互动等营销工作。2018 年年初,通过新浪卫龙食品"因细节而发烧"等热点话题的制造,引发人们对于卫龙食品的极大关注,如图 11-2 所示。

图 11-2　新浪卫龙食品热点话题

2. 微信营销

微信营销是近年来兴起的一种营销方式。卫龙食品建立了专门的微信公众号,辅助官方微博在智能机客户端进行营销,并通过如"卫龙霸业原班人马自制真人秀"等活动获取用户资料,从而准确地锁定潜在客户,为后期各项营销工作的开展奠定基础。此外,卫龙食品微信号还借助各类热点话题(如"就算是圣诞节,也阻止不了爱学习的心"等互动活动)提高自身的关注度,以保障营销工作的顺利进行,如图 11-3 所示。

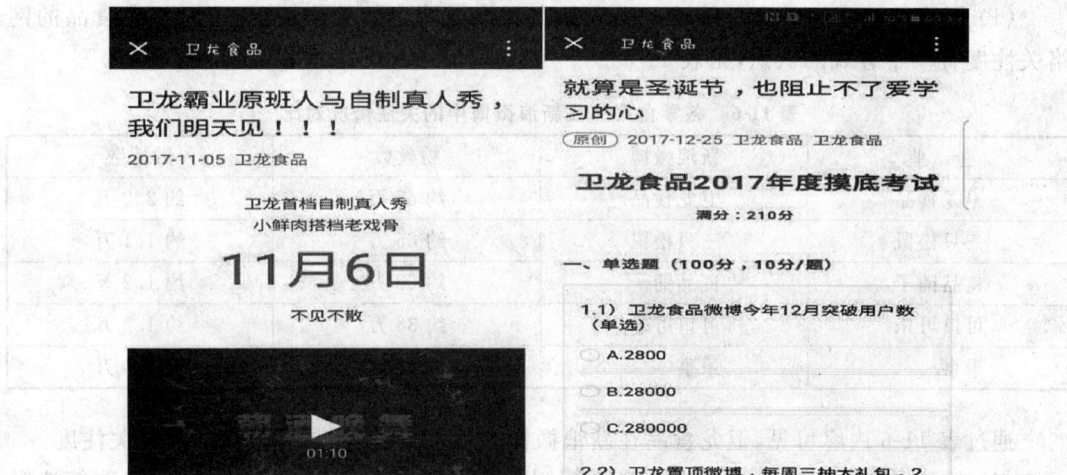

图 11-3　真人秀、圣诞节爱等热点话题结合

3. 论坛营销

借助搜狐论坛、网易论坛、百度贴吧等,卫龙食品实现了自身营销工作的延伸。如百度"卫龙"吧就为广大喜爱卫龙食品的网友提供了一个自主交流的平台(图 11-4),从而有效地增加了相关粉丝的忠诚度与关注度。

4. 搜索引擎营销

在百度的搜索栏输入"卫龙食品",相关搜索结果从上到下排序分别为"卫龙食品-百度百科""卫龙食品-百度图片""卫龙食品-百度百科""卫龙吧"。由此可见,卫龙食品在搜索引擎 SEO 效果佳,在产品推广与销售方面功不可没。

图 11-4　百度"卫龙"吧

（三）行业品牌新媒体营销对比

卫龙食品、三只松鼠、良品铺子、可口可乐、乐事都属于食品企业,因此,可以将这些企业作为对比分析对象,通过对比这几家企业的网络关注度、粉丝黏度、关键词热议度、百度指数、微信公众号营销活动等新媒体营销工作评价指标,进一步分析卫龙食品新媒体营销情况。

(1) 网络关注度的对比。通过上述产品在新浪微博中的关注情况,可对卫龙食品的网络关注度有一个客观的认识,见表 11-6。

表 11-6　各零食产品在新浪微博中的关注情况对比

企　业	新浪微博	粉丝数	微博数
卫龙食品	卫龙食品	约 67 万	约 2.2 万
三只松鼠	三只松鼠	约 65 万	约 1.1 万
良品铺子	良品铺子	约 62 万	约 1.2 万
可口可乐	可口可乐	约 38 万	约 1.2 万
乐事	乐事	约 12 万	约 1.0 万

通过表 11-6 内容可见,卫龙食品在新浪微博上粉丝量较多,具有较高的网络关注度。

(2) 粉丝黏度的对比。为了进一步说明卫龙食品新媒体营销的现状,本次选取新浪微博用户"卫龙食品""可口可乐""良品铺子""三只松鼠""乐事",通过分析其最近发布状态的转发数量、留言数量及其占总体粉丝的比例,来深入比较上述产品的粉丝黏度,见表 11-7。

表 11-7　各零食产品的新浪微博粉丝黏度对比

新浪微博	最近状态转发数	最近状态留言数	粉丝数	转发比例/%	留言比例/%
卫龙食品	1735	1967	约 67 万	0.25	0.29
三只松鼠	1409	719	约 65 万	0.21	0.11
良品铺子	1749	199	约 62 万	0.28	<0.1
可口可乐	349	347	约 38 万	<0.1	<0.1
乐事	1048	892	约 12 万	0.87	0.74

通过表 11-7 可知，卫龙食品新浪微博粉丝的转发比例、留言比例均处于较高的水平，说明粉丝具有较高的黏度。卫龙食品经常在微博上开展抽奖送礼等活动，且经常编辑一些能引起年轻人关注的信息，因此在实际效果中，卫龙食品借助微博开展的相关新媒体营销活动的"粉丝关注－实际行为转化率"高于其他零食产品。

（3）关键词热议度的对比。借助微博微指数的查询，可了解特定关键词的热议度，并对企业在相关行业的影响力、微博舆情及账号的发展趋势进行评价。本次研究通过对卫龙食品、三只松鼠、良品铺子、可口可乐、乐事的品牌关键词近 4 年最高热议微指数的对比，分析针对上述产品的新媒体营销工作热度，见表 11-8。

表 11-8　新浪微博关键词最高热议微指数对比

关键词	2014 年最高/日期	2015 年最高/日期	2016 年最高/日期	2017 年最高/日期
卫龙食品	10652/11 月 11 日	12620/6 月 8 日	18620/12 月 12 日	20806/12 月 12 日
三只松鼠	20562/12 月 11 日	21589/11 月 11 日	24658/12 月 11 日	26360/12 月 11 日
良品铺子	15962/6 月 8 日	48596/12 月 11 日	21036/11 月 11 日	19319/12 月 11 日
可口可乐	24658/7 月 5 日	21852/8 月 26 日	25023/1 月 31 日	25162/12 月 27 日
乐事	22560/8 月 25 日	21056/11 月 11 日	23540/12 月 11 日	20254/12 月 11 日

通过表 11-8 中的相关数据可知，从 2014 年以来，卫龙食品这一关键词的热议度逐渐提升。在 2015 年 6 月 8 日到 2016 年 12 月 12 日间，卫龙食品的热议度出现了显著的增长，而这无疑与 2016 年的网络红人张全蛋到生产车间进行淘宝直播有关，这次的直播让观众看到了卫龙流水线的干净、整洁、安全性，整个操作流程都非常符合一个品牌应该具备的内核，这跟传统辣条生产有不一样的感觉。这次直播吸引了 40 多万人的关注。2016 年 9 月苹果 7 上市时，卫龙模仿苹果 7 的广告设计同样赢得了公众的注意力。此次的包装设计使卫龙从传统辣条中跳脱出来，成为可以细看和细品的美食。由此可见，卫龙食品这两次的新媒体营销策略作用十分显著。

（4）百度指数的对比。百度指数基于对百度用户搜索行为数据的分析，从而达到洞察网民的兴趣与需求、定位受众特征、监测舆情动向等众多目的。文章通过对卫龙食品、三只松鼠、良品铺子、可口可乐、乐事近 30 天搜索指数的对比，支持相关企业新媒体营销工作的热度研究，见表 11-9。

表 11-9　百度近 30 天搜索指数对比（2018 年 3 月 9 日至 2018 年 4 月 9 日）

指 数 类 别	卫龙食品	三只松鼠	良品铺子	可口可乐	乐事
计算机搜索指数	995	1115	786	954	281
移动客户端搜索指数	1437	2294	996	1250	450
整体搜索指数	2432	3409	1782	2204	731

通过表 11-9 可见，在 2018 年 3 月 9 日至 2018 年 4 月 9 日期间，三只松鼠的百度搜索指数占据了上述 5 个品牌的最高位，且远高于其他品牌。虽然卫龙食品位居第二，然而相较其他品牌的搜索指数并未呈现出显著的优势。可见，卫龙食品营销策略的热度已经逐步降温，未来卫龙食品还需要进一步加强新媒体营销工作，从而持续提升自身的关注度。

（5）微信公众号营销活动的对比。随着我国微信用户的增加，现在许多品牌都建立了企业的微信公众号,并利用公众号平台进行了相关营销活动的推广。通过对上述 5 个品牌各自下属的微信公众号集合营销活动的对比,可为卫龙食品营销工作的相关评价提供支持数据,见表 11-10。

表 11-10　微信公众号营销活动对比(2018 年 3 月 9 日至 2018 年 4 月 9 日)

企　业	营　销　活　动
卫龙食品	碎花新风尚、领红包买辣条、辣条维密秀、集赞赢产品等
三只松鼠	使用家长基金帮扶企业员工、举办松鼠爱廉日、继续推出松鼠故事等
良品铺子	举行平安夜互动、有奖话题互动等
可口可乐	携手鹿晗举办"鹿晗愿望季"活动、宣传可口可乐中国荣获"中国杰出雇主"、科普可口可乐家族历史大事记、举行有奖话题互动等
乐事	举办"DISS 不开心 熊抱逗乐薯"活动、有奖话题互动等

通过表 11-10 中的内容可更加全面地了解卫龙食品的营销活动。可以看到,与其他品牌相比,卫龙食品更注重其自身新产品的开发,以及推出相关周边产品并开展优惠活动。

(四)卫龙食品新媒体营销分析总结

1. 营销群体针对性强

卫龙食品将产品消费者主要定位于年轻群体,在代言人选取、营销策略制定等方面紧紧抓住年轻群体的喜好。卫龙食品选取的代言人包括赵薇、杨幂、文章都是人气明星,这显示出了卫龙食品对年轻消费群体明星偏好的把握。并且卫龙食品在 2015 年在电子商务各大平台不断铺开销售渠道,拉开线上销售的帷幕,迅速入驻 B2C、C2C 等平台。这些平台均是现阶段年轻群体优先选择购买的渠道。

2016 年,卫龙食品推出了极具特色的新包装,从而展现出这一品牌的年轻态特色,如图 11-5 所示。

图 11-5　2016 年卫龙推出的新包装

2. 营销方式较为丰富

新媒体背景下卫龙食品的另一特征是丰富的营销方式。卫龙食品通过企业网站、微博、微信等多种渠道开展营销工作,通过转发抽奖、网络广告投放、微电影产品植入、NBA 总决赛等活动吸引人们的关注。借助卫龙食品的明星资源,企业还运用"线上明星+线下体验店造势"的营销方式来提升自身热点,如图 11-6 所示。

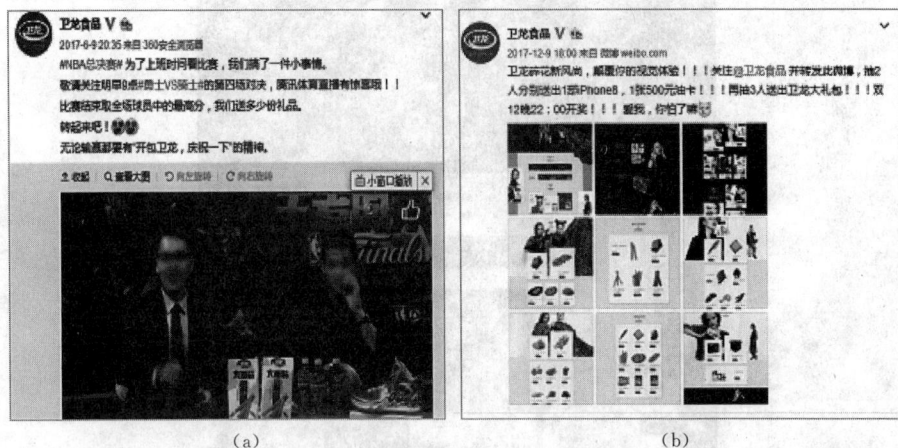

(a)   (b)

图 11-6　卫龙食品"线上活动促销"和"线上明星促销"

3. 善于模仿标杆

2016 年 10 月 15 日,卫龙公司推出了独特的线下体验店,此店铺不仅装修类似苹果手机体验店,其食品的包装也与苹果手机的包装相似,由此霸占连续 3 天的头条,吸引众多顾客前去体验并购买,如图 11-7 所示。

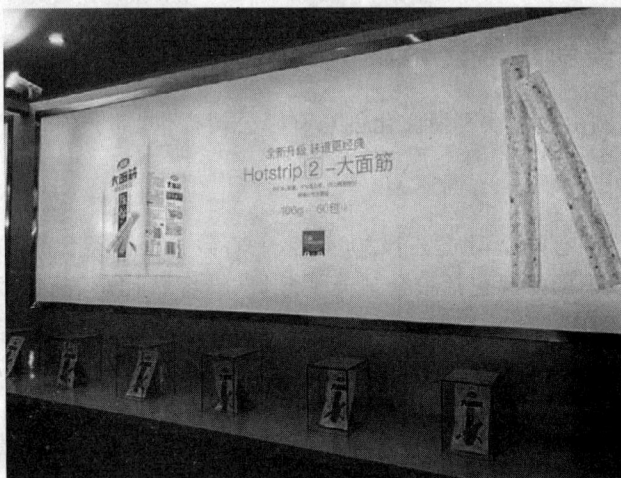

图 11-7　2016 年卫龙食品线下辣条体验店

4. 注重本土文化特征

卫龙食品营销的另一个策略就是对本土文化的密切关注。2017 年 12 月 12 日,卫龙公司推出中国风碎花新风尚活动,中国特色的碎花风格吸引众多顾客的注意(图 11-8)。广告迎合了中国人在表达中国特色的独特审美观,从而广受好评。

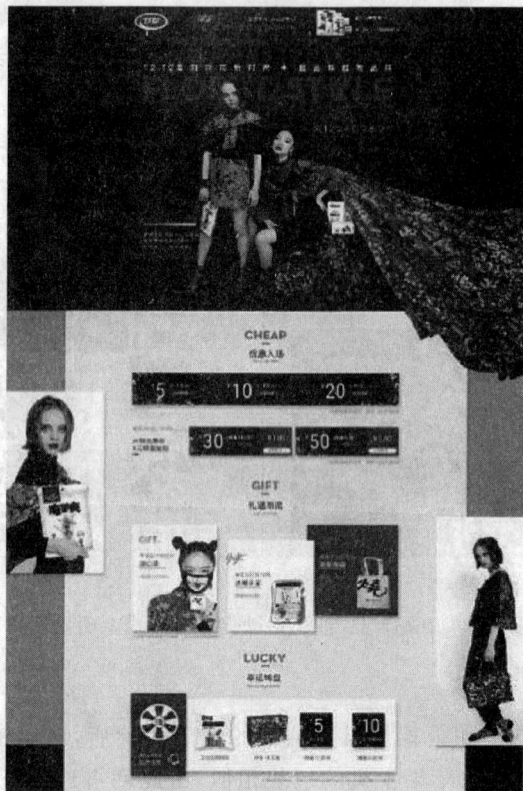

图 11-8　2017 年卫龙食品中国碎花新风尚活动

三、粮全其美新媒体营销案例分析

案例说明:本案例由上海欧赛斯文化创意有限公司提供,部分内容精简。

(一)案例背景

上海粮全其美食品有限公司成立于 2004 年,一直致力于面类食品及小吃、饮品的研发、生产及推广。公司旗下的品牌包括粮全其美手抓饼、惟客特比萨、随饮豆浆等。经过 10 年的创新经营,公司已经成为一家集生产研发、招商加盟、餐饮连锁、进出口贸易、项目推广于一体的综合型食品发展企业。公司主力产品——粮全其美手抓饼已在 27 个省及直辖市内,覆盖了超过 300 个城市,直营及加盟门店峰值数量有近万家,进一步巩固了行业领军品牌的地位。但是,扎堆手抓饼产品的品牌日益增多,且大多选择线上和餐饮渠道,导致市场竞争渐趋激烈。当下部分企业开始瞄上商超渠道,粮全其美也意欲通过商超树立形象,开辟出一条全新的手抓饼品牌化之路。

(二)行业营销现状分析

经过市场调研,目前手抓饼行业品牌日益增多,如安井、三全、思念、麦麦颂、吾味俱全等,而这些品牌在营销宣传上都存在以下问题。

(1) 产品诉求点同质化较高,如来自中国台湾。

(2) 手抓饼行业整体缺乏数字营销意识。

(3) 目前竞争对手在数字营销领域尚未发力,基本是自然生成的内容。

(4) 相对来说,粮全其美在数字营销领域的内容还算丰富,但停留在自说自话阶段,缺乏与消费者的沟通与互动。

(三)"网红"食品案例对比与思考

1. 卫龙

辣条行业年产值 500 亿元,垃圾食品卫龙辣条变身"零食之王"。卫龙做出了与其他食品商家的差异化,在各大互联网平台,卫龙耍得了贱,卖得了萌。借助互联网平台,营造出具有趣味性(图 11-9)、娱乐性、独特性(图 11-10)的新消费场景,促进整个卫龙品牌的爆发,卫龙不再是传统意义的食品,而是一个互联网的产物,是一个热词。人们从此把辣条和卫龙画上等号。

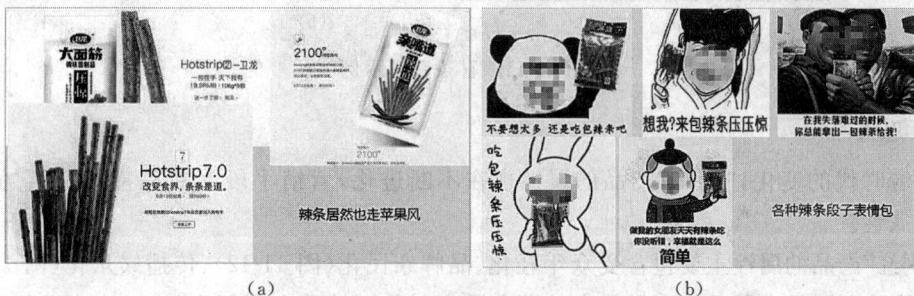

(a)　　　　(b)

图 11-9　卫龙辣条营销示例 1

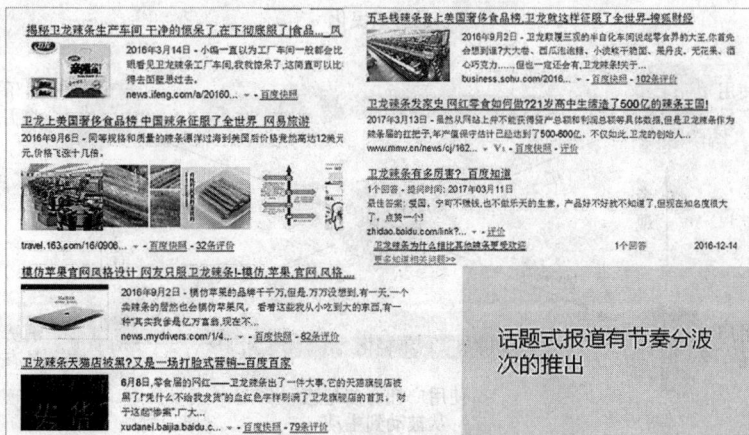

图 11-10　卫龙辣条营销示例 2

2. 喜茶

网红喜茶店门前夸张的排队盛况是喜茶最好的营销手段。喜茶采用适度的饥饿营销,其店铺都在人流量很大的位置,但是店面却很小。通过店员有序地引导,排队显示出了它的超高人气。此外,喜茶没有大范围投放广告,更多的是依靠消费者的口碑传播。在这方面,喜茶毫无保留地选择了拥抱新媒体,尽最大的可能,让喜茶的名字出现在大家的朋友圈、微博里。大半优秀的上海本地吃喝玩乐类公众号都对喜茶进行了推荐和报道,如图 11-11 所示。

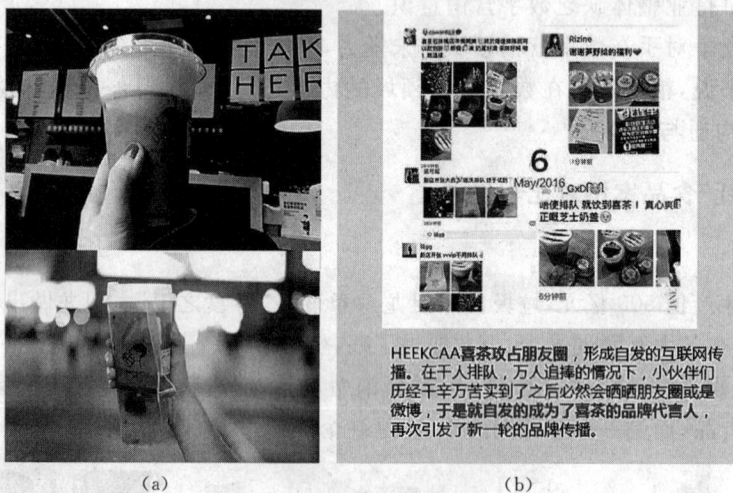

　　　　（a）　　　　　　　　　　　　（b）

图 11-11　喜茶营销示例

3. 思考

随着时代的变化,"网红"产品的属性也在不断进化,营销手段不断完善,那么它们都具有哪些属性?

"网红"产品的属性主要包含受众年轻化、品牌亲民化(图 11-12)、传播娱乐化(图 11-13)。更深层次的原因是中国正迎来最伟大的消费升级时代。消费人群正在改变,中产阶级开始崛起,"80 后""90 后"人群开始成为消费主力军。

品牌亲民化

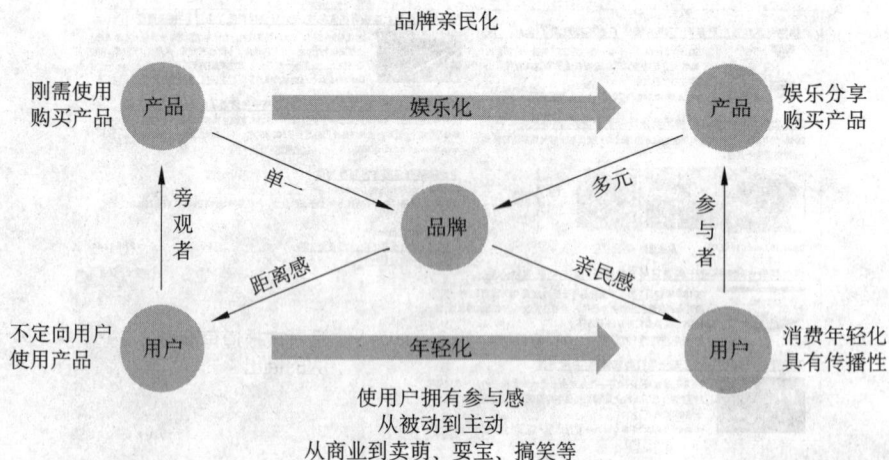

图 11-12　新媒体环境下品牌营销亲民化

信息渠道正在逐渐改变,现在互联网正在迅速地消灭信息不对称;互联网在消灭一个个中心的同时,也在构建着一个个属于自己的中心。

消费升级的背景下,人们更看重功能体验之上的附加价值、品质、健康、社交货币、仪式感和参与感、个性化与定制化。

图 11-13　新媒体环境下品牌传播娱乐化

一个满怀个性与情怀的"逼格经济"时代正在到来,每个人都想通过全方位的消费细节打造,让自己变得更加精致,有一点"小特别"。

传统的营销沟通是单向的,而在新媒体环境下,内容营销应该是双向沟通。内容营销让我们与已有的客户和潜在客户有了交流的渠道,但不是像推销那样直接让他们购买,所以内容营销的基本目标是给客户有关系有作用的信息,例如从专业的角度解决他们的问题。要用内容感染客户,用内容取信于客户,响亮地告诉客户"我存在",在最短时间内让客户明晰"我能够"。新媒体环境下五大走心内容传播思路如图 11-14 所示。

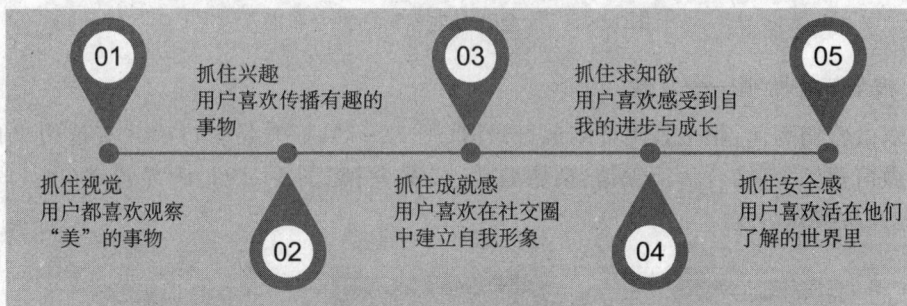

图 11-14　新媒体环境下五大走心内容传播思路

（四）粮全其美营销优化策略

1. 粮全其美营销新定位

经过对手抓饼行业的分析及"网红"食品的思考,粮全其美将内容营销的方向定位为时尚健康的食品品牌、亲切有责任感的专业企业、对产品品质有卓越追求和快乐的正能量分享者,如图 11-15 所示。

2. 粮全其美内容营销平台布局

基于粮全其美新的营销定位,其营销布局主要包括官网、双微及问答平台、论坛、文库、新闻等,如图 11-16 所示。

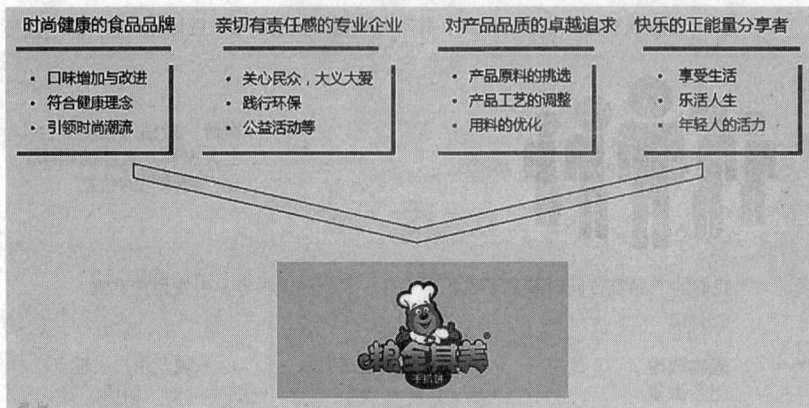

图 11-15　粮全其美内容营销新定位

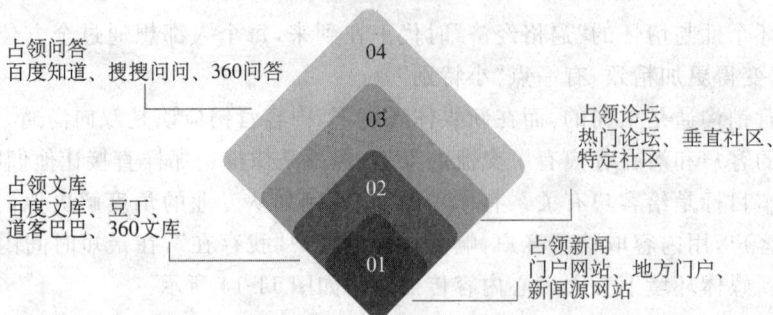

图 11-16　粮全其美内容营销平台布局

3. 粮全其美营销——双微

以双微营销为例,粮全其美计划通过微博(图 11-17),提升品牌口碑并实现用户自动传播。在微信营销上,结合活动营销、话题营销、借势营销(图 11-18)、跨界营销(图 11-19)等方式,提升品牌知名度。

图 11-17　构建基于微博的口碑提升体系

活动营销:制造有吸引力的微信活动,通过多个渠道推送吸引消费者参与,拉动粉丝增长。

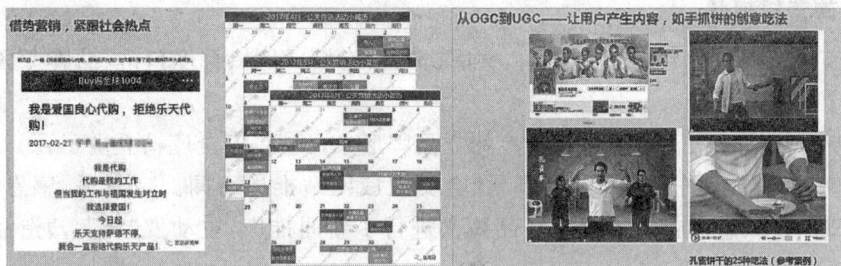

图 11-18　借势营销

图 11-19　跨界营销

话题营销：将品牌或产品以喜闻乐见且具有传播力的内容，进行合理推送，吸引粉丝讨论。

借势营销：及时了解最新社会性话题，娱乐、时令、热点等诸多方面话题，与品牌、服务特点融合。

客服营销：为微信粉丝提供高质量的客户服务，体现品牌人性化关怀和沟通。

四、惠尔顿企业新媒体营销案例分析

案例说明：本案例由上海欧赛斯文化创意有限公司提供，部分内容加以精简。

（一）案例背景

WellDon/惠尔顿儿童汽车安全座椅是中、加（加拿大）合资企业惠尔顿公司生产的主导专利产品。公司产品在欧洲、韩国、日本等全球 30 多个国家和地区的中高端市场均颇具口碑，设计风格与产品品质都深受客户的认可；同时也是国内最早经欧洲权威认证机构——TNO 认证并全线通过 ECE R44/03、ECE R44/04 国际公认的认证标准的品牌产品之一。

知己知彼，百战不殆。我们通过对安全座椅行业营销现状分析，了解惠尔顿与竞争对手的营销信息，并由现状作出有参考性的结论，引发思考，进而制定出惠尔顿行之有效的大营销体系及推广战略，助力惠尔顿抢占市场，奠定其领导地位。

（二）行业营销现状分析

下面从行业口碑营销、行业双微营销、官网、渠道营销 4 个方面了解安全座椅行业营销现状。

1. 口碑营销现状

安全座椅行业口碑营销覆盖新闻、文库、知道、论坛、百科、百度口碑、品牌专区、SEO关键词等多个渠道和平台。

（1）新闻营销现状。新闻可以推广树立品牌形象，目前，安全座椅企业已意识到新闻营销的重要性，纷纷在汽车评测类、母婴、社会类权威网站推送新闻。宝得适、感恩、路途乐、Cybex、RECARO、惠尔顿等安全座椅品牌都进行了新闻推广，主动发"声"，塑造品牌形象，见表11-11。

表 11-11　安全座椅行业新闻营销

品　牌	软文数量/篇	推　送　平　台
宝贝第一	1010	汽车大世界、新浪汽车、网易新闻、凤凰网、第一车网、太平洋亲子网、凤凰汽车、爱极客、网上车市、中华网等网站
感恩	310	咸宁新闻网、南方网、大众生活报网、凤凰汽车、上海热线财经频道、中国江苏网、太平洋汽车网等网站
宝得适	404	中华网、慧聪网、孕婴童行业资讯、网易新闻、太平洋汽车网、爱极客、太平洋汽车网、中国经济网等网站
路途乐	777	太平洋汽车网、爱极客、汽车时代网、凤凰网陕西频道、海外网、网易汽车、新浪汽车、上海热线财经频道等网站
好孩子	2000	网易数码、汽车之家、太平洋亲子网、千龙网、搜狐汽车、中国视窗、中国科技网、中国日报等网站
Cybex	172	中国网、中国视窗、慧聪网、搜狐汽车、南方网、爱极客、凤凰汽车、海报时尚网、腾讯财经等网站
Kiddy	85	爱极客、爱卡汽车网、网易新闻、汽车大世界、孕婴童行业资讯、亿邦动力网、中国经济网等网站
惠尔顿	105	网易汽车、闽南网、爱极客、IT168、慧聪网、中国经济网、新华网江苏站、凤凰网江苏站等网站

（2）文库营销现状。文库能够长期为品牌塑造形象，为品牌官网带来流量，还能有助于提高网站权重。宝得适、感恩、路途乐、安默凯尔、惠尔顿等安全座椅品牌都进行了文库推广，为品牌长期塑造形象。

（3）知道营销现状。知道帮助消费者了解品牌，为品牌形成良好口碑，提升美誉度。安全座椅作为一个购买前置的产品，因此知道推广成为关键。宝得适、感恩、路途乐、安默凯尔、惠尔顿等安全座椅品牌都进行了知道推广，为品牌提升美誉度。

（4）论坛营销现状。宝贝第一、宝得适、感恩、惠尔顿等安全座椅品牌都进行了论坛推广，为品牌形成良好口碑。论坛覆盖安装、评测、指导性、活动、口碑、盘点等多种内容。虽然安全座椅品牌都有百度贴吧，但从极少数的关注人数及发帖数量来看社群并未形成，用户联系不强。

（5）百科营销现状。百科是品牌电子名片、形象阵地，具有权威性，为品牌提高了知名度。百科的权重高，稳定性强，推广效果持续时间长。其中，与竞争品牌不同，惠尔顿做了产品百度百科，但是其内容仍存在单薄、可读性不高的问题。

（6）百度口碑营销现状。百度口碑是 UGC 聚合互动平台，汇聚了来自真实网友、行业专家等人群口碑内容，也有来自商家的反馈，提升了品牌美誉度。好孩子、感恩等品牌做了百度口碑推广，从网民评价数量来看，感恩做得比较好。惠尔顿百度口碑网民评价仅为1，低于其他品牌。

（7）品牌专区营销现状。品牌专区具有信息前移、增强信任、危机公关处理的作用，提升了品牌在消费者心中的好感度，塑造品牌形象，价格较高。

Cybex 百度品牌专区位于首页第一条，醒目，呈现大品牌感。涵盖品牌 Logo、品牌简介、产品、购买渠道、品牌动态等信息。而宝贝第一、感恩、Kiddy、巧儿宜、安默凯尔、路途乐、艾乐贝贝、惠尔顿没有投放百度品牌专区，如图 11-20 所示。

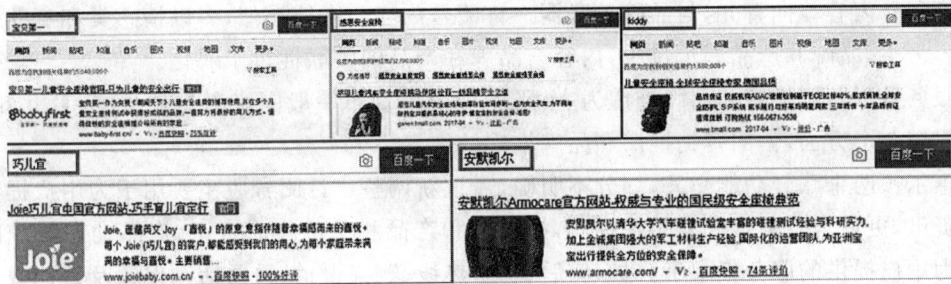

图 11-20　安全座椅行业品牌专区营销

（8）SEO 关键词营销现状。SEO 关键词能够帮助消费者找到品牌，提高品牌网站知名度与访问量。

经百度推广查询，宝贝第一有38个关键词被搜索：首页收录宝贝第一、baby first、宝贝第一官网等7个关键词，第二页收录13个，第三页收录4个。

经百度推广查询，路途乐有35个关键词被搜索：首页收录路途乐、儿童安全座椅、儿童安全座椅官网等11个关键词，第二页收录14个，第三页收录3个。

经百度推广查询，惠尔顿有3个关键词被搜索：首页收录惠尔顿1个关键词，N 页后收录2个。

（9）总结。

① 从安全座椅行业口碑营销现状来看，各大品牌或多或少都在做口碑营销，但并没有真正做口碑营销推广做得好的品牌。

② 从安全座椅行业口碑营销内容现状来看，各大品牌口碑营销内容注重品牌美誉度，而并非销售。

③ 从惠尔顿口碑营销现状来看，惠尔顿口碑营销推广力度明显低于其他品牌，严重影响品牌的曝光率和美誉度。

④ 由于惠尔顿品牌名称同时被深圳市惠尔顿信息技术有限公司注册，因此口碑搜索时，深圳惠尔顿直接干扰品牌推广。

2. 惠尔顿及宝贝第一的双微营销现状

要了解惠尔顿和它直接竞争者宝贝第一两个品牌的营销现状，可以从双微账号现状、双微调性、双微内容、双微菜单现状、双微互动量5个因素进行分析。

1）惠尔顿双微营销现状

惠尔顿双微的主要风格是"国际范""专业范"和"活力"。例如,全球超过920万家庭的选择,国际明星(夏天的爸爸夏克立)代言;宣称安全座椅专家;平面设计色彩明亮跳跃,代言人富有激情等。

双微图片多以卡通插画、实物、代言人图、步骤图、促销图、新闻图、表情图等组成,整体呈现与国际、安全、活力的品牌调性不符,难以对惠尔顿产生明确的认知。

（1）惠尔顿微博营销现状。微博运营的内容主题多为早安语、晚安语、安全鱼儿、亲子互动、代言人、促销活动等主题,其中与安全座椅相关的信息占比极低,使微博看起来更像是育儿微博。

（2）惠尔顿微信营销现状。惠尔顿微信公众号包括订阅号和服务号。

订阅号内容偏向育儿,与品牌关联弱。订阅号内容与微博类似,多以情感类和育儿知识类内容为主,品牌和产品展示过少,内容与品牌和产品的关联性过于弱化。

服务号以营销推广和品牌推广为主,服务号内容发布一般围绕惠尔顿品牌、育儿知识、活动促销3个方面,偏向营销推广和品牌推广的内容。

惠尔顿两个账号功能交叉,划分不明确,需重新调整。订阅号应主要用于为用户提供信息和资讯,更适合营销推广和品牌推广,如品牌和产品相关的实时资讯、产品动态等。服务号应为用户提供的服务集中于会员、售后、客服热线、购买渠道、重要活动促销及其他服务。

此外,惠尔顿还通过跨界活动、结合热点话题等方式进行了品牌营销,但存在以下问题。

公益活动是传播品牌影响力,提升品牌形象的较为有效的方式之一,但早餐环卫工主题与品牌关联度较弱,难以形成声量。

惠儿顿携手音乐交通广播进行安装安全座椅的线下活动,通过活动影响力传播给汽车用户。但活动对象还有进一步细化的空间,如孕前待产的家庭则更符合惠尔顿安全座椅消费的核心人群。

惠尔顿微信热点结合频率较高,植树节、3·15等均有双微响应,但一般是以产品放在海报直接曝光,创意及内容并未体现与品牌相关的亮点。

另外,惠尔顿微信活动形式比较局限,与安全座椅或品牌关联度较低。惠尔顿双微活动示例如图11-21所示。

图11-21　惠尔顿双微活动示例

由于惠尔顿双微定位不明确,创意少,内容缺乏吸引力,导致双微运营互动量不乐观,如图11-22所示。

话　题	均互动量
#早安#	6
#晚安#	6
#亲子与安全知识#	15
#惠尔顿亲子好时光#	6
#一天一首春天的歌#	6
转发	2
活动	53

微博互动量

账号类型	均阅读量
服务号	400
订阅号	78

微信阅读量

图 11-22　惠尔顿双微互动情况

2）宝贝第一双微营销现状

宝贝第一双微图片主要是以孩子的视角呈现出创意想象和温馨童话场景；其文案主要是从妈妈与孩子的对话角度，同时运用幽默活跃的互联网语言，如图 11-23 所示。

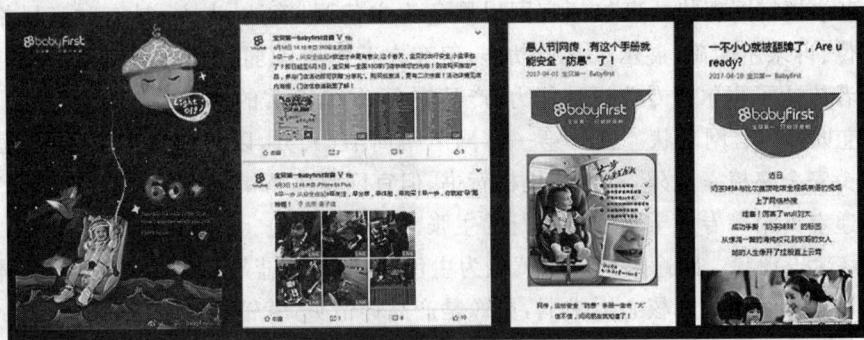

图 11-23　宝贝第一双微风格示例

此外，宝贝第一双微内容以品牌推广和营销推广为核心，且双微联动，内容活动的步调基本相同。而且常规内容数量较少，在话题空白期才发布。活动均紧密围绕品牌和产品展开，也会利用热点策划活动，相比常规内容，以 hashtag 和活动双力驱动品牌曝光，活动具有更大的传播力，如图 11-24 所示。如宝贝第一结合热点积极性很高，创意出发点也与品牌和产品紧密关联。

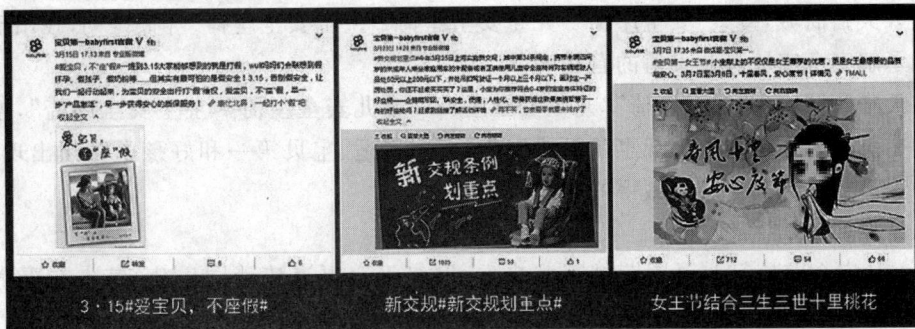

3·15#爱宝贝，不座假#　　新交规#新交规划重点#　　女王节结合三生三世十里桃花

图 11-24　宝贝第一双微活动示例

最后,宝贝第一的双微互动量相对较高,如表 11-12 所示。

表 11-12　宝贝第一双微互动情况

微博互动量	微信阅读量
活动 1500～2500	4000～5000
常规内容 10	—

3)总结

(1)从惠尔顿双微营销现状来看,惠尔顿双微全年运营没有主线,推广缺乏着力点,无法形成强大的品牌凝聚力。

(2)惠尔顿虽然微博、微信粉丝量不算少,但双微运营内容阅读量、点赞率、评论量几乎为 0,双微营销效果几乎为 0,惠尔顿双微无法成为营销工具,存在意义低。

(3)宝贝第一的双微主线略显清晰,目的相对明确,双微联动,只是互动能力也不尽如人意。

3. 各安全座椅品牌官网现状

(1)惠尔顿官网现状。惠尔顿官网以黑色为主色调,简洁、大方,具有时尚风格。惠尔顿官网定位、诉求不明确,展示了宣传功能,但存在营销氛围弱、国际范缺失等问题,但有效地向消费者传达了惠尔顿专业设计能力、产品安全、热销欧美的形象。

(2)宝贝第一官网现状。宝贝第一官网风格简洁、大方,以蓝白色为主色调,官网首页中包含热销安全座椅。此外,有权威机构背书,但官网整体营销氛围弱,更多起展示作用,向浏览者传递宝贝第一专注宝宝安全出行的主张。

(3)路途乐现状。路途乐官网以黄色为主色调,红、绿、蓝等色彩为辅色调,整体展现活泼可爱的风格。官网品牌核心诉求弱,更像是产品详情页,营销氛围浓厚,品牌形象弱。

(4)宝得适官网现状。宝得适官网以白色为主色调,整体风格简洁、大方、国际化;营销氛围弱,更像是一个安全座椅服务者,告诉消费者如何选择安全座椅,官网主打德国制造为差异化诉求。

(5)总结。①从安全座椅行业品牌官网现状来看,网站集中了销售和品牌展示功能。②从惠尔顿官网现状来看,目前官网无法体现"欧美更欢迎的中国安全座椅"的品牌定位形象。

4. 销售渠道营销现状

进入天猫商城,搜索"安全座椅""儿童安全座椅""宝宝安全座椅"等关键词,在出现的页面中可了解安全座椅行业渠道的营销现状。

在天猫商城输入"安全座椅""儿童安全座椅""婴儿安全座椅""宝宝安全座椅",搜索结果中第一页面前十位都未出现惠尔顿旗舰店,而宝得适、宝贝第一和好孩子频频出现,说明它们的渠道营销比其他品牌做得好,如图 11-25 所示。

总结如下。

(1)从安全座椅行业渠道营销现状来看,网络平台渠道建设同质化,基本在渠道铺设上,各个品牌没有明显差异。

(2)从各大网销平台来看,惠尔顿渠道营销方式远远滞后于其他竞争品牌。

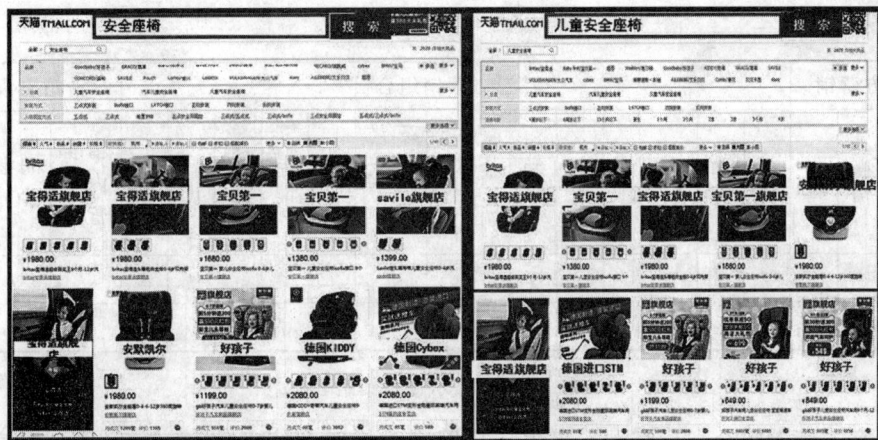

图 11-25　安全座椅行业销售渠道营销

（三）惠尔顿营销策略优化

经过上述分析，针对惠尔顿营销策略提出以下几点优化建议。

1. 惠尔顿的营销核心——积累持续长久的美誉度

由于惠尔顿产品为安全座椅，而安全座椅是特定时期的消费品（一般是 0～4 岁婴幼儿），且消费人群特殊（拥有汽车）；此外，安全座椅属于耐用消费品，一般为单次消费。因此，惠尔顿营销的核心应该是积累持续长久的美誉度。

2. 惠尔顿营销方式

为了积累持续长久的美誉度，惠尔顿营销方式主要包括口碑营销、精准营销、双微营销和渠道营销，如图 11-26 所示。

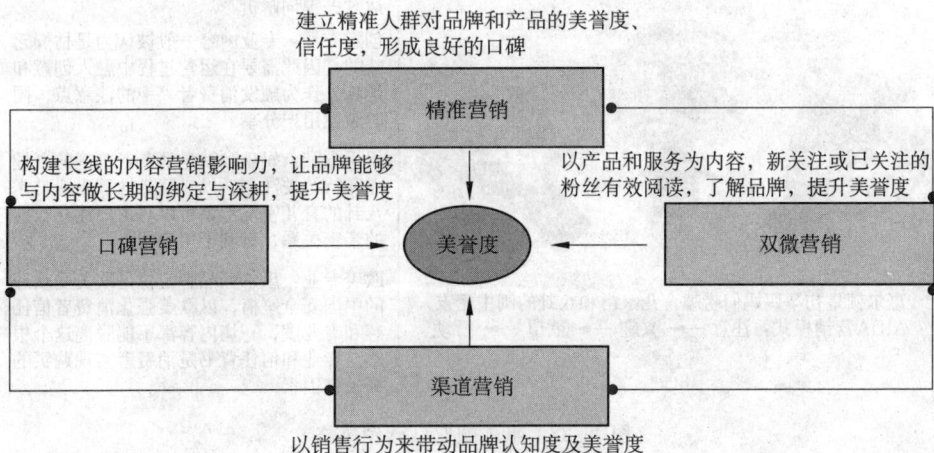

图 11-26　惠尔顿营销方式

3. 惠尔顿营销渠道组合

基于以上营销布局，结合各营销渠道的特点，惠尔顿的主要和辅助营销渠道及平台如

图 11-27 所示。

分类	官方营销			第三方营销组合													精准营销		
	官网	微信	微博	百科	问答	论坛	口碑	经验	知乎	SEO关键词	SEM	品牌专区	新闻	文库	百度	百家	精准内容营销	母婴KOL	汽车KOL
主				√	√	√	√	√	√		√						√	√	√
辅	√	√	√									√	√	√	√	√			

图 11-27　惠尔顿营销组合

(1) 官方营销组合——官网。惠尔顿官网应重构四大核心重点,包括:突出欧美范、时尚范;突出"欧美更欢迎的中国安全座椅"主张,传递品牌实力;提升官网营销氛围;深度植入品牌"关键词"。

(2) 官方营销组合——双微营销。安全座椅作为耐用级消费品,购买次数极低,是不需要深度经营长期的客户关系的。因此惠尔顿更适合利用服务号完善客户的购买体验,利用微博进行品牌和产品宣传,暂时关闭订阅号,减少传播资源浪费。微信服务号作为真正意义上的服务公众号更为适合,形成以建立惠尔顿品牌美誉度为核心的"服务号＋微博"双号运营布局,微信为主、微博为辅。

微信服务号定位:为中国家庭提供最贴心便捷的儿童安全座椅一站式服务。

微博定位:提供惠尔顿品牌和产品动向,与惠尔顿一起守护宝宝出行安全。

因此,双微的运营风格应该体现欧美专业、创意有趣、娱乐幽默等特点,如图 11-28、表 11-13 所示。

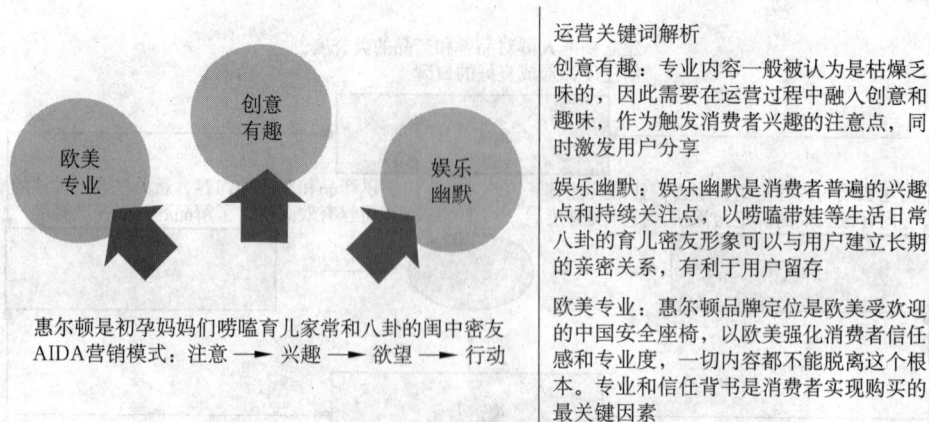

运营关键词解析

创意有趣:专业内容一般被认为是枯燥乏味的,因此需要在运营过程中融入创意和趣味,作为触发消费者兴趣的注意点,同时激发用户分享

娱乐幽默:娱乐幽默是消费者普遍的兴趣点和持续关注点,以唠嗑带娃等生活日常八卦的育儿密友形象可以与用户建立长期的亲密关系,有利于用户留存

欧美专业:惠尔顿品牌定位是欧美受欢迎的中国安全座椅,以欧美强化消费者信任感和专业度,一切内容都不能脱离这个根本。专业和信任背书是消费者实现购买的最关键因素

惠尔顿是初孕妈妈们唠嗑育儿家常和八卦的闺中密友
AIDA营销模式:注意 → 兴趣 → 欲望 → 行动

图 11-28　惠尔顿双微营销风格

(3) 第三方营销组合。第三方营销组合如百科、问答、论坛、口碑、经验、知乎、SEO 关键词、SEM、品牌专区等,如图 11-29 所示。

惠尔顿 SEO 营销关键词包括品牌关键词、技术关键词、长尾关键词,不论是哪种关键词,都应该紧扣安全、欧美等核心关键词,如图 11-30 所示。

表 11-13　惠尔顿双微营销示例

序号	类别	话题	内容概要	条数	占比/%
1	品牌类	＃惠尔顿安全座椅＃ ＃安全座椅＃ ＃儿童安全座椅＃ ＃惠尔顿＋ 产品系列名＃	介绍惠尔顿安全座椅产品	12	50
		＃开惠啦＃	介绍惠尔顿安全座椅相关促销	3	
		＃惠尔顿大喇叭＃	介绍惠尔顿企业相关的新闻资讯,包括调侃大 boss、员工等趣味八卦,提升品牌亲和力	3	
		＃约惠有礼＃	与惠尔顿安全座椅相关的有奖小互动,送分题	4	
		＃惠尔顿亲测＃	安全座椅评测报告	4	
		＃周五请回答＃	解答粉丝提问的周五专栏	4	
2	lifestyle	＃带上萌宝看世界＃	为周末亲子时光提供出行计划	4	30
		＃守护天使＃	出行安全知识普及,以欧美宝贝安全出行作为良好示范	8	
		＃我有宝宝啦＃	欧美、中国等之知名明星怀孕的幸福写照	2	
		＃宝贝回家＃	联合宝贝回家公益组织,转发相关内容	4	
3	转发	—	转发警察发布的孩童安全出行、KOL、消费者的产品等分享	4	10
4	活动	每月大活动	结合 campaign 或围绕当下热点做活动	3	8
		＃最粉丝＃	每月挑选积极互动的粉丝送出小礼品,提升活跃度	1	2

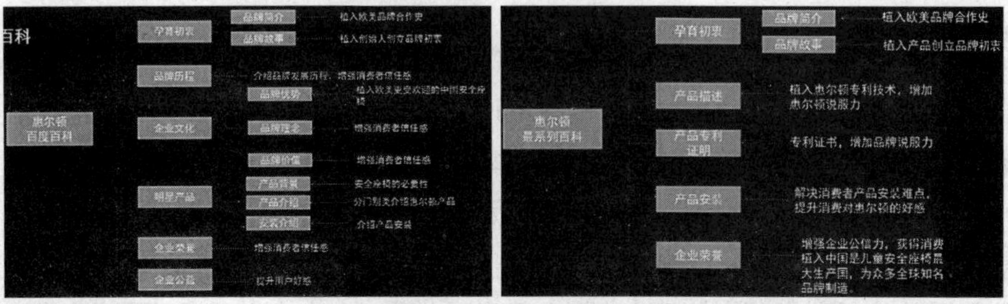

图 11-29　惠尔顿百科营销

此外,儿童安全座椅耐用、复购率低,消费者在购买产品时会搜寻各种专业评测机构的文章,以及朋友圈的文章。针对消费者消费特性,惠尔顿应该在专业的母婴、汽车评测机构撰写评测文章,同时,惠尔顿的软文也应该以围绕品牌、产品、活动方向来塑造品牌形象,打消消费者的顾虑。

4. 精准营销组合

精准营销可以选择目标消费群体一致的母婴渠道商,如孩子王、苏宁红孩子等,也可以选择母婴 KOL 或汽车 KOL,如图 11-31 所示。

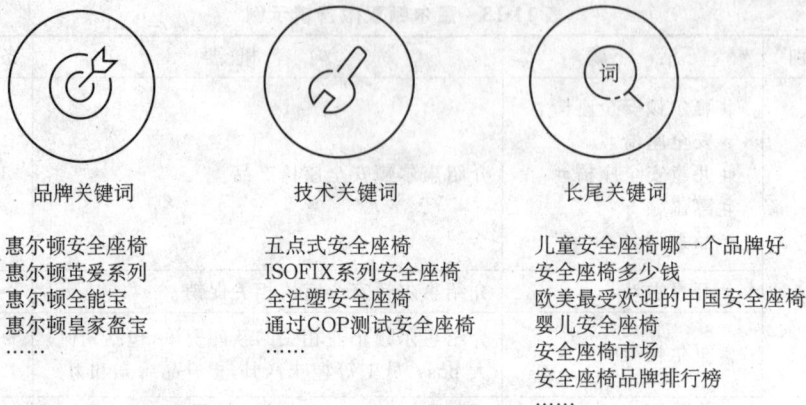

品牌关键词	技术关键词	长尾关键词
惠尔顿安全座椅 惠尔顿茧爱系列 惠尔顿全能宝 惠尔顿皇家盍宝 ……	五点式安全座椅 ISOFIX系列安全座椅 全注塑安全座椅 通过COP测试安全座椅 ……	儿童安全座椅哪一个品牌好 安全座椅多少钱 欧美最受欢迎的中国安全座椅 婴儿安全座椅 安全座椅市场 安全座椅品牌排行榜 ……

图 11-30　惠尔顿 SEO 营销关键词

母婴KOL

媒体名称	地址/ID	粉丝/万
母婴集中营	petcamp	50
母婴亲子育儿	muyingqinziyuer	48
亲子育儿指南	yuerzn	29
育儿知识大全	toraise	26
亲子育儿手册	qzyesc	51
亲子育儿手册	parentbook	65
亲子育儿指南	parenguide	31
母婴亲子育儿	matern	49
健康育儿宝典	healthcanon	37
亲子健康中心	parenscenter	28

汽车KOL

媒体名称	地址/ID	粉丝/万
热门汽车精选	hotcarsnews	86
汽车热点	qicherd	61
汽车热评榜	qicherpb	72
汽车杂谈	carstalk	34
汽车点评	autodp	47
汽车新闻资讯	qcxwzx	30
汽车那点事	carabout	66
汽车基地	carbase	54
汽车热议	carnursing	58
热门汽车排行榜	autolist	67

图 11-31　精准营销母婴 KOL 和汽车 KOL

（四）惠尔顿营销计划

综合以上的分析,制订了全年惠尔顿营销计划及详细的执行措施。

1. 核心主题——欧美更欢迎的中国安全座椅

惠尔顿营销核心主题应该包括更受欢迎、欧美、中国安全座椅等关键词。

更受欢迎:惠尔顿为欧美 32 家主流品牌指定制造商,在欧美主流品牌圈里受到欢迎,是支撑品牌品质的信任背书;此外,惠尔顿 14 年来远销欧美,为全球 1030 万宝宝家庭带去安全呵护,受到欧美家庭的欢迎和青睐,是支撑品牌品质的信任背书。

欧美:品牌定位从"欧美"的角度切入,突出了惠尔顿产品不仅品质可靠,值得信赖;又能让消费者享受欧美的品质生活,为其中高端产品定位做溢价支撑。

中国安全座椅:强调中国制造,突出国家存在感的识别标志,打造中国品牌,增强民族凝聚力和自豪感。

2. 核心目标

树立"欧美更欢迎的中国安全座椅"品牌形象,提升惠尔顿安全座椅美誉度,拉动惠尔顿安全座椅销量。

3. 品牌营销年度计划

基于年度营销核心主题和目标,制订品牌年度营销计划,如图 11-32 所示。

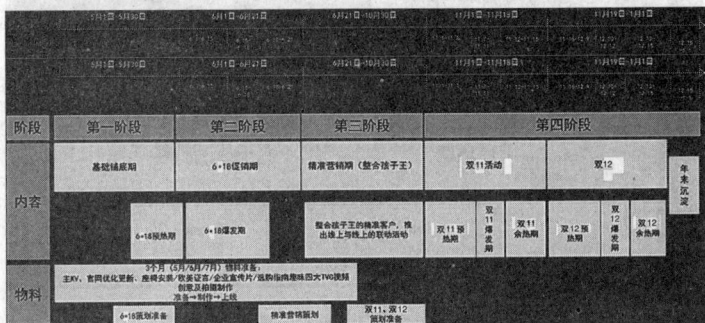

图 11-32　惠尔顿营销计划时间轴

(1) 第一阶段营销计划(5 月 1 日—5 月 30 日)。第一阶段为基础铺底期,主要目的是通过内容营销的基础建设建立口碑阵营,增加惠尔顿品牌的知名度,通过评测类软文增加惠尔顿美誉度,提高消费者购买意愿,同时为 6·18 活动做铺垫。该阶段营销方向主要是欧美更受欢迎的中国安全座椅,惠尔顿安全座椅质量与安全性两个方面。

(2) 第二阶段营销计划(6 月 1 日—6 月 21 日)。第二阶段为 6·18 促销期,主要目的是为 6·18 活动销售造势,让消费者锁定惠尔顿产品。该阶段营销方向主要是欧美更受欢迎的中国安全座椅,惠尔顿 6·18 大促销,惠尔顿安全座椅技术信息全面解析,如图 11-33 和图 11-34 所示。

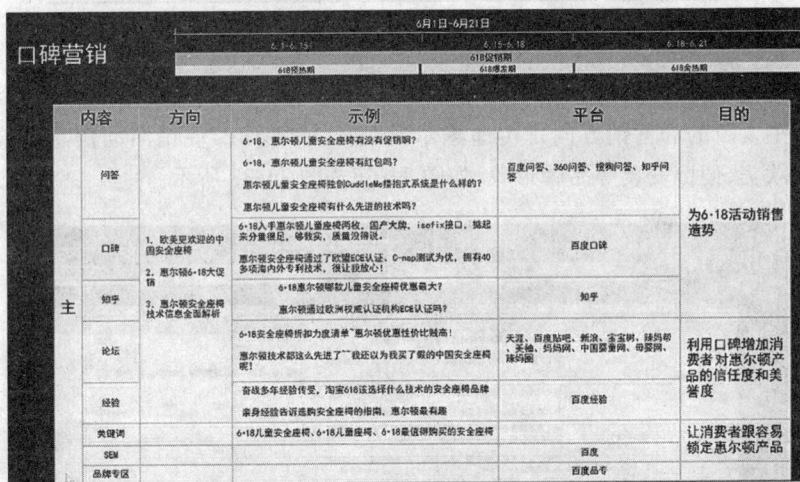

图 11-33　第二阶段口碑营销示例(主)

此外,惠尔顿双微重新定义成以真正服务为主导的功能账号,提高客户的购买体验,辅助 6·18 活动流程,通过发送促销券、打折券、互动游戏推动 6·18 活动,如图 11-35 所示。

(3) 第三阶段营销计划(6 月 21 日—10 月 30 日)。第三阶段为精准营销期,主要是整合孩子王的精准客户,推出线上与线下的联动活动。此外,借助 KOL 推动客户认知实现意见领袖的功能,将前期准备好的视频物料等内容进行精准投放。

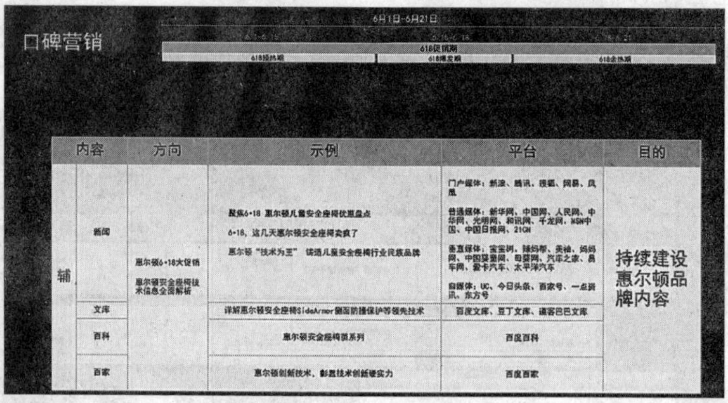

图 11-34　第二阶段口碑营销示例（辅）

图 11-35　第二阶段双微营销示例

（4）第四阶段营销计划（11 月 1 日—12 月 31 日）。第四阶段主要是"双 11"活动和"双 12"活动促销期，主要目的和营销方向是传递惠尔顿"双 11""双 12"促销活动信息，突出惠尔顿安全座椅安全、欧美、便捷安装等品牌形象，如图 11-36～图 11-38 所示。

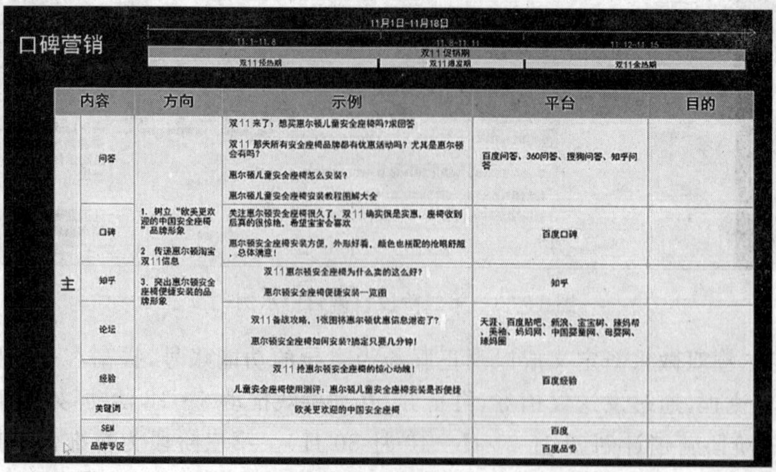

图 11-36　第四阶段口碑营销示例（主）

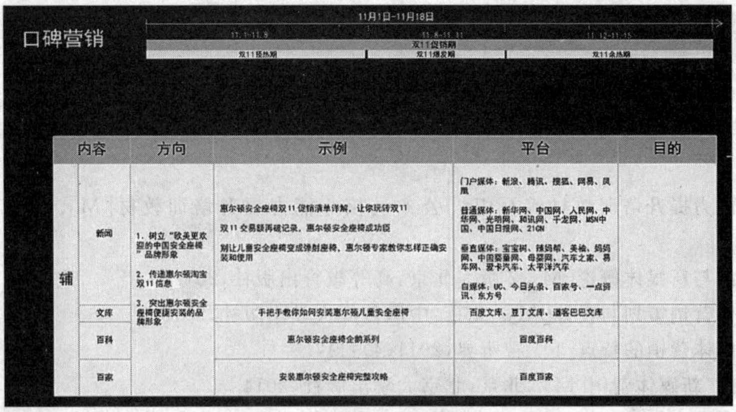

图 11-37　第四阶段口碑营销示例(辅)

图 11-38　第四阶段双微营销示例

自我练习

选择题

1. 新媒体营销案例分析的常用方法有(　　　)。

   A. 头脑风暴法　　　　B. 对比分析法　　　　C. 鱼骨图分析法

   D. 数据分析法　　　　E. SWOT 分析法

2. 新媒体营销案例分析的一般步骤有(　　　)。

   A. 确定分析案例　　　　　　　　　　B. 全面搜集案例资料

   C. 系统整理、梳理和阅读案例资料　　D. 分析案例问题

   E. 提出针对性建议

3. 新媒体营销案例分析报告一般包括(　　　)。

   A. 标题、摘要、关键词　　　　　　B. 案例描述

   C. 分析方法描述　　　　　　　　　D. 问题分析

   E. 建议及总结

参 考 文 献

[1] 公务员核心能力提升培训教材编写组. 公务员核心能力提升培训教材[M]. 北京:中国言实出版社,2014.

[2] 李良荣. 网络与新媒体概论[M]. 2版. 北京:高等教育出版社,2019.

[3] 谭笑. 跨媒体营销策划与设计[M]. 北京:中国传媒大学出版社,2016.

[4] 栾轶玫. 新媒体营销的特点[J]. 视听界,2011(4):117.

[5] 肖凭,文艳霞. 新媒体营销[M]. 北京:北京大学出版社,2014.

[6] 勾俊伟. 新媒体运营:产品运营＋内容运营＋用户运营＋活动运营[M]. 北京:人民邮电出版社,2018.